周蓓 主編

『民國專題史』叢書

(美)孟罗·斯密 著 姚梅鎮 譯

河南人民出版社

歐陸法律發達史

論述從日耳曼古代法律直至近代私法的發展歷史，前後兩千年，縱橫十餘國，内容包括古日耳曼法概觀、羅馬法與日耳曼法之溝通、歐陸法律分合之情形三部分

圖書在版編目(CIP)數據

歐陸法律發達史 / (美)孟羅·斯密著; 姚梅鎮譯. —鄭州 :
河南人民出版社, 2016. 4(2017. 1 重印)
(民國專題史叢書 / 周蓓主編)
ISBN 978-7-215-10038-1

Ⅰ. ①歐… Ⅱ. ①孟… ②姚… Ⅲ. ①大陸法係-法學史-歐洲 Ⅳ. ①D909.5

中國版本圖書館 CIP 數據核字(2016)第 079696 號

河南人民出版社出版發行
(地址: 鄭州市經五路 66 號 郵政編碼: 450002 電話: 65788063)
新華書店經銷 河南新華印刷集團有限公司印刷
開本 710 毫米×1000 毫米 1/16 印張 16
字數 230 千字
2016 年 4 月第 1 版 2017 年 1 月第 3 次印刷

定價: 108.00 圓

出版前言

中國現代學術體系是在晚清西學東漸的大潮中逐步形成的。至民國初建，中央政治權威進一步分散和削弱，加之新文化運動帶給國人思想上的空前解放，新學的啓蒙，新知識分子的産生，民國學術如草長鶯飛，進入一個自由而蓬勃的時代。中國傳統學科乃中國學術之根基與菁華所在，民國學人采用『取今復古，别立新宗』之方法，引入西方的學術觀念，積極改造，使史學、文學等學科向現代學術方向轉型。此外，大力推介西方社會科學的新學科和自然科學，在學習、借鑒乃至移植西方現代學術話語和研究範式的過程中，逐漸建立中國現代學科，使中國的學科門類迅速擴展。一時間，新舊更迭，中西交流，百花齊放，萬壑争流，開創了中國現代學術的源頭。

伴隨知識轉型和研究範式轉换而來的，還有學術著作撰寫方式的創新。中國古代的著作向來以單篇流傳，經後人整理匯編後，方以成册成集的面目出現并持續傳播。直到十九世紀末，東西方的歷史編撰體裁不外乎多卷本的編年體、紀傳體和紀事本末體等，章節體的出現標志着近代西方學術規範的産生和新史學的興起。章節體具有依時間順序，按章節編排；因事立題，分篇綜論；既分門别類，又綜合通貫的特點。以章、節搭建起論述之框架，結構分明，邏輯清晰，較傳統的撰寫體裁容量大、系統性强。它的傳入，使中國現代學術體系從内容到形式被納入了全球化的軌道。民國時期專題史的研究、譯介、編纂、出版恰恰是在這樣的背景下欣欣而發，是學術的實驗場，也是歷史的記録儀。編選『民國專題史』叢書的初衷正是爲了從一個側面展示中國學術從傳統向現代過渡的歷史進程。

專題史是對一個學科歷史的總結，是學科入門的必備和學科研究的基礎，也是對一個時代艱深新鋭問題的解答，是學術研究的高點。民國專題史著作中，既包含通論某一學科全部或一時代（區域、國别）的變化過程的，又囊括對一時代或一問題作特殊研究的，還有少部分是對某一專題的史料進行收集的。原創與翻譯并重，翻譯的底本大多選擇該學科的代表著作或歐美大學普及教本，兼顧權威性和流行性，其中日本學者的論著占據了相當比重。日本與中國同屬東亞儒家文化圈，他們在接納西方學術思想和研究模式時，已作了某種消化與調適，從思維轉換的角度看，更便于中國借鑒和利用，他們的著作因而被時人廣泛引進。

與當代學術研究日趨專業化、專門化、專家化的『窄化』道路迥乎不同的是，中國傳統學術崇尚『學問主通不主專，貴通人不尚專家』的通識型治學門徑，處于過渡轉型期的民國學術在不同程度上保留了這種特徵。民國學術大師諸學科貫通一脉、上千年縱横捭闔之功力自不待冗言，外交家著倫理政治史、文學家著哲學史、化學家著戰争史等亦不乏其人，民國專題史研究呈現出開放、融通、跨界撰述的特點。與此同時必須看到，自晚清以來，中國的命運就在外侮屢犯、内亂頻仍的窘境中跌宕彷徨，民族存亡仿若命懸一綫。這股以創建學科、總結經驗、解決問題爲指歸的專題史出版風潮背後，包裹着民國學人企望以西學爲工具拯民族于衰微的探索精神，及以學術救亡的愛國之心。梁任公曾言：『史學者，學問之最博大而最切要者也，國民之明鏡也，愛國心之源泉也。』這種位卑未敢忘憂國的歷史使命感和國民意識是今人無法漠視和遺忘的。

『民國專題史』叢書收録的範圍包括現代各個學科，不僅限于人文社會科學，學科分類以《民國總書目》的分科爲標準，計有哲學、宗教、社會、政治、法律、軍事、經濟、文化、教育、語言文字、中國文學、外國文學、中國歷史、西方史、自然科學、醫學、工業、交通共19個學科門類。本叢書分輯整理出版，内不分科，單本發行，方便讀者按需索驥。既可作爲大專院校圖書館、學術研究機構館藏之必備資源，也可滿足個人研讀或興趣之收藏。

與目前市場已有的一些專題史叢書相比，『民國專題史』叢書具有規模大、學科全、選本精、原版影印的特點。本叢書選目首重作者的首創、權威和著作影響力，尤其注重選本的稀見性。所謂稀見，即建國後没有再版，且多數圖書館没有收藏，或即便有收藏，也是歸于非公開的珍本之列予以保存，普通讀者難以借閲。部分圖書雖有電子版，但作爲學術研究的經典原著讀本，紙質版本更利于記憶和研究之用。本叢書精揀版本最早、品相最佳的原版圖書作爲底本，因而還具有很高的版本收藏價值。

『民國專題史』的著作是民國學者對于那個時代諸問題之探究，往往有獨到之處，無論其資料、觀點短長得失如何，要之在中國現代學術史的構建與發展進程中，自有其開宗立論之地位。

莫爾氏序

夫事莫艱於謀始，功莫大於奠基，本書著者孟羅先生發乎前古之所未有，闢法律史研究之新門徑，舉事功之至艱至鉅者也。先生今世之大學者也，從來不視治學爲易事，以爲非長期研究與思索，則不能輕易得之。先生富於思想，每研究一問題也，不問其性質如何，恆細心分析，窮理盡微，發現其根本原則及其效用，別其類屬，定其體系，而後問題乃臻明確；蓋不如是，徒以淺慮與盲從，猶之治絲，將益棼矣。其爲學也，雖殫精竭思，然純乎天性。力學之士，質疑難於先生，每可得其要領與永奠久安之治學基礎，先生誠後學之導師哉！

當余初晤先生也，先生正從事此種工作，與言及此，余不能不提及其「州制定法與普通法之關係」(State Statute and Common Law)一文，原文分載於政治學季刊(Political Science Quarterly)一八八七年三月號及一八八八年三月號兩期，一九二七年更經收集於歐洲法律史概觀及其他(General View of European Legal History and Other Papers)論文集中。其文爲關於一民法典之討論，質言之，即關於編定一部實體法法典之問題，緣當時紐約州已有編訂此種法典之議，本文即針對此議而發。紐約州法典，即通稱之費德法典(Field Code)也，此法典自紐約州議會通過後，雖經州長兩次否准，以及一八八五年一八八六年又經立法府一再反對，然而力主採用之者，猶不乏人，故採用與否之爭，久而未決，逮先生加入反對派之陣容後，乃謂此法典不僅結構不合科學，，內容未能精確包羅現行法律，且忽視一切完美法典所必須根據之基本理論；於是反對派所持之理論，至是大爲充實，如科學知識，一般法學與古今法律實務之綜合學問，乃至其根本理由之深入闡明等等，莫不自先生出；因而辯論之範圍益大，而先生於促進反對派目的之實現，尤與有力焉，凡此所述，良非過譽也。

先生之風度，最足以昭其品質與性癖。處己謙恭嚴謹，不自矜持，一言一動，靡不聰智過人；其特有之風采，正所以昭顯其眞率之本性。其尤可貴者，厥維富有定見，自余與先生交，未嘗感覺其片時心無定見，而庸碌如常人者。雖然，此又非謂先生之師心自用，不容異己也。先生最能體會幽默之價值，且富有極慧敏而高尚之幽默感，卽普通談話，不問其形式之莊諧與題材之性質，均樂於參加，每以希有之見解，精辯之能力，與乎巧妙之措詞，不特使普通之談話轉臻教益，且增加討論當時之興趣焉。

余已言及先生希有之智力，又知其希有之智力，實其愛好形實兼善體用兩全之天性所使然，故其關於法律與史學等精心結構之評論，雖多匿名發表，然而一見卽知其爲先生之作品者，豈因其數量之豐富，良以其立論卓越，內容淵博也。世人每求著述豐富，殆不免忽略普通知識，人類之勤黽力學果與時俱進，則此種情形亦必繼續無已。惟先生則大不然，每不欲學識囿於一隅，故其學識之範圍，特別廣博；且每讀一書，未嘗以輕心掉之，恆如自然科學者之態度，究其因果，察其關係，雖秋毫之細，亦窮辨靡遺，其嚴謹又如此。夫博與精原不相容，而先生獨能兼擅二者之美，我輩與孟氏同時者及彼後進之士，或欣賞其宏製，或師法其精義，皆可獲其益焉。

憶四十年前，予在華盛頓李非斯(George L. Rives)先生之辦公室得識先生，李先生吾摯友而同僚者也，時任助理國務卿(Assistant Secretary of State)。越三年，予執教紐約哥倫比亞大學法科，會先生亦講學於是，過從漸密，遂成金石之交，而華盛頓一面之緣，實爲之始也。痛哉先生，今也永歸；感念疇昔，曷勝悽愴！予於此謹念吾亡友在天之靈。

海牙國際永久法庭法官 莫爾(John Bassett Moore)拜序

目次

歐陸法律發達史

導論

本書之研究範圍，以討論西歐大陸自西羅馬帝國滅亡迄乎近代之私法的發達爲主旨。惟於了解私法發達所憑藉之媒介方法之必要上，則始涉及公法之範疇耳。

著者擬先於導論中，指明此歐陸法律全部發達過程中之簡明的主要路綫，俾讀者諸君得藉此了解著者個人之觀點與立論之標準。

基督紀元第一世紀，乃羅馬帝國之全盛時期。當羅馬帝國版圖最大之時，包含不列顛之大部及萊因河以西多腦河以南之歐洲大陸西部諸地——其中係包括萊因多腦二河上游一帶。同時羅馬帝國之領域，尙包含小亞細亞大部及非洲北部。此卽古代西方文明之領域，至在羅馬帝國境域之外者，惟野蠻民族而已。

在基督紀元後第一世紀時，地中海文明已達於經濟發展之一高級的階段。時羅馬帝國之中，若極近代化之私法制度，已見其端倪。

就環繞羅馬領域四週而生活之蠻族以言，其中於吾人研究歐陸法律發達史之目的上最重要者，厥維日耳曼民族(Germanic Race)之各支。自五世紀而後，彼輩蠻族，尤其環繞羅馬領域而生活，且爾後漸至於與羅馬文明發生相當密切關係之蠻族，或以平和之方法，或以武力征服之手段，從各方面紛紛侵入，幾至占領西歐南歐之全部：如盎格羅人(Angles)薩克森人(Saxons)及猶特人(Jutes)之占領不列顛；勃艮第人(Burgundians)佛蘭克人(Franks)之建國於高盧(Gaul)；汪達爾人(Vandals)之盤據北非以及西哥德人(Visigoths)之占據南高盧與西班牙。又東哥德人(Ostrogoths)及爾後之侖巴底人(Lombards)，復蹂躪北意中及亞德里亞海（Adriatic）之北岸及東岸。此外古羅馬帝國所僅存之領域，惟東部一隅之地，遷都君士坦丁堡（Constantinople），苟延殘喘於蠻族橫行之下。此東羅馬帝國，雖喘息東部，繼續維持其生命，惟領土日益削，國勢日益衰，迄乎十五世紀中葉，君士坦丁堡陷入土耳其人之手中而後，其國祚始斬。

顧東羅馬帝國自五世紀而後之歷史，顯可與中歐西歐之歷史完全分離，各自有其獨立之發展過程，又苟全於東方之羅馬法，對於西歐法律之發達，亦少直接之影響。揆諸此東西歷史及法律發達分離之主要原因，蓋由於東西教會分裂之結果，有以致之也。

因是，著者於本書中所討論者，亦僅以法蘭西、德意志、意大利、西班牙及其他大陸西部諸國之私法發展為限。

在基督紀元後最初數百年中，即當西羅馬帝國傾覆以前，吾人可見所有與羅馬帝國發生直接關係之日耳曼部族，皆已多少滲透有地中海之羅馬文物制度與思想。揆其原因，主要由於希臘、羅馬商人侵入中歐之結果。且所有與羅馬人發生密切關係之蠻族，在其大舉侵入西歐南歐以前，均已皈依基督教，故教會之所以使蠻族承認某種重要原則（尤其親屬法上之原則）為各種蠻族法律之一部亦始因以奏其成效。

在他方面，隨於羅馬帝權傾覆之後，日耳曼征服者復輸入多數日耳曼制度於拉丁民族領域之中。最初，日耳曼人仍依據其自身之部族習慣而生活，同時，亦允許其羅馬臣民或羅馬化之臣民，仍得依羅馬法而生活。當二者法制發生牴觸之時，則日耳曼法通常有優先適用之效，仍以日耳曼法為準，雖然，就羅馬人自身間之關係以言，則泰半仍讓羅馬人受自身羅馬法之規律。然而，日耳曼人所輸入之制度中，有一部分確亦影響於西歐南歐法律之發達。

當時從日耳曼人征服結果所建立之國家中，產生有三個帝國。其一為東哥德帝國，國都設於羅馬城，其版圖曾一度包含多瑙河流域，意大利北部及東南高盧。此帝國國運極暫，對於歐陸法律之發達，影響殊少。其二為西哥德帝國，其國祚較長，初版圖較廣，包含西南高盧及西班牙全部，爾後領土大削，僅及於西班牙一域而已，此帝國在西班牙一隅之地，仍繼續維持其國運，直至七〇〇年頃，前此傾覆非洲汪達爾人統治之回教徒征服西班牙時，其國祚始斬。自後惟捲伏北西班牙之諸基督教王國，休養生息，漸漸鼓力南向，爭其生路，始得收復失地，再驅逐回教徒於西班牙領域之外。在西哥德統治期中，西哥德法已與羅馬法混和；同時，復有法律編纂之舉，此法典即一般所認為西班牙法律史之起點者也。

此三帝國中之最重要者，厥維佛蘭克帝國，佛蘭克帝國之領域，實際上包含一切承認羅馬主教宗教上最高權之歐陸基督教區域在內。此帝國之版圖，日趨擴大，終至不僅包含今日之法蘭西，且包括今日比利時、荷蘭、西德意志、奧大利、意大利半部及東北西班牙諸地。佛蘭克帝國國運稍衰，至九世紀後半期，始歸於滅亡，中世歐洲多數特別之制度，均發端於此。

大概言之，佛蘭克帝國之法律史，與西哥德帝國之法律史同，亦表現有日耳曼部族法與羅馬法混合之跡。佛蘭克帝國在其瓦解以前，果採用如後來英國所藉以發展統一國家法的方法，本有發展一部全西歐法律之可能。然而，不幸由於佛蘭克帝國瓦解之結果，西歐僧俗二界之諸侯權貴，紛起獨立，互爭雄長，全歐陸已陷於混亂割據之狀態。復隨於政權旁落，地方分權之結果，中央立法機關已歸於消滅，時規律西歐之法律，主為各地之地方習慣。洎至城市勃興而後，西歐復啓自治城市與各種城市法之一新局面矣。

中世歐洲自佛蘭克帝國瓦解而後，其法律上之發展，與英國之情形迥乎不同。在英國方面，其皇室藉諾曼人征服功戰結果所取得之權力，足使其在歐陸各國立法機關尚未發達之數百年以前，已發展其中央立法機關。概觀中世紀終結以前，大陸國家之中，從無一國之皇室能享有若英國國王所行使之權力之大者；又英國統一國家法發達所主要憑藉之機關，如享有最高法權之皇室法院 (ro, al court)，在當時歐陸方面，無論何處尚未見其例。

在歐陸方面，於各種地方習慣之外，尚產生三大支歐洲法律——即封建法 (Feudal Law)，寺院法 (Ecclesiastical Law) 及商法 (Mercantile Law) 是也；適用及執行此三種法律者，非普通之地方區域法院 (local court)，而爲特別法院。此三大歐陸法律之效力，通常優於地方習慣。

歐洲在封建制度之下，業已發達一大支封建法。夷考封建制度之基礎，一部分係淵源於後期羅馬帝國，一部分係濫觴於日耳曼之習慣，雖然，封建制度在本質上仍不外中世紀之一種新產物，是可得而言也。封建法即特決定中世紀歐洲之政治組織，且其決定土地租賃制及不動產物權法之成分尤多。不寧惟是，封建法深入農民生活之中，此乃由於一方面封建采邑逐漸侵食普通區域法院之管轄權；他方面封建法院復對於采邑內之附庸臣民執行司法，有以致之。因此，在封建法之中，吾人可見一大部分規律歐洲土地之法制以及大部分規定采邑內附庸臣民生活之采邑法制。此采邑法（Manorial Law）雖在各地不盡相同，然而多少尚有通行全歐之普遍一致性。在封建法之發達中，相似之情況往往產生通行全歐之制度與法規的一般相似性。同時，在當時亦有不少借用套襲法律之事實，每一管轄區域，常多少受相鄰區域中法律發達之影響。此外，在倫巴底尚有封建法典編纂之舉，其他歐洲諸國中，竟至認此倫巴底封建法典乃當時封建法之正確的一般記載，事實上，此法典確已爲一般國家所接受爲歐洲共同封建法之一種眞正的記載。

他一大支歐洲法律卽寺院法，換言之，卽羅馬天主教會所發達及執行之法律。當時之教會，一方面既已繼承羅馬帝國權力之一部；他方面保存延續古代文化及以之適用於中世社會情狀之工作，大部分係由教會負擔之。逮乎佛蘭克帝國瓦解而後，教會之勢力與活動更爲擴大，已開始吸收以前一般不認爲係教會所享有之管轄權矣。大概言之，吾人可謂自第十世紀至宗教改革時爲止，教會法院於多數方面尤其於親屬法方面，已享有極廣大之管轄權，足以適應當時正在發展中之社會的需要。此種教會法院之管轄權，其後及於婚姻關係親屬關係以及遺言與遺囑方面，又在歐洲多數國家，且及於無遺囑動產遺產之分配問題。

考歐洲教會法院之制度，究不外一種中央集權制。對於一切低級教會法院之判決，均可上訴於羅馬，事實上，羅馬城之最高主教自來卽受理此類上訴案件。

由此種過程中所發生發達之寺院法，自不待言，其中大部分乃規律所謂教會政治組織之規則，不過其中仍含有多數吾人可稱爲私法法規之規則者。縱在宗教改革之後，新教諸國之教會法院，仍舊維持其多數民事管轄權——如英國在十九世紀後半期以前，即爲如此。

由於城市勃興與商業發達之結果，歐州自十一世紀而後，已開始渡過前此長期之經濟衰落期，而漸有經濟復興之勢。從歷史上觀之，南歐方面之經濟狀況，即令在羅馬帝國崩潰以前，已呈特別衰退之象，至紀元後第五世紀中，羅馬帝國內之經濟狀況，亦遠較其在第一世紀中之情形簡陋多矣。吾人敢謂在紀元第一世紀中，羅馬帝國之經濟極爲繁榮，自後歐洲經濟之發展，乃每況愈下，長期衰落，在十九世紀以前，無論何期之經濟狀況，均無足與第一世紀相伯仲者。惟自十字軍與以來，結果在歐洲方面又發生一種新的進步，其後漸至重新建立一歐洲商法之制度，夷考此商法制度建立之由來，主要由於各城市法院中處理商人訟爭之判決所逐漸形成發達者也。此種商法自較封建法及地方習慣爲完美。在商法之發達中，一部分羅馬法中所含之原則與規則，亦已復興，並經納入商法之中。由於城市法院判決以及一部分由於城市相互間條約之結果，一大支實質上已趨於統一性之共同商法，已臻發達，又此統一商法復經傳播於英國。此商法之適用執行，亦由特別法院司之，其情形與封建法之由封建法院執行及寺院法之由教會法院執行者，正同。在英國國內，直至條多(Tudors)王朝而後，對於商業上之訟爭，始由皇室法院管轄之。考英國統一國家法之濫觴，係始於中央之執行封建法與刑法。爾後有一時期中，皇室法院又適用海法，再後，復進而適用一般商事法矣。不寧惟是，英國反爲歐洲諸國之先驅，最先接受商法，且使之成爲英國普通法之一部，揆厥由來，此因當時所有歐陸諸國，仍以商法爲一種特別法制，且最初多半仍由特別法院執行故也。

當十一世紀及十二世紀之中，所有中歐西歐各地，已普遍發生一種更完善的新法律之需要，而當時歐洲任何既存之法制，殊不足以適應此需要。當時幾乎所有地方，不問爲城市抑爲鄉村，由於財產增加，尤其由於動產種類日繁及其重要性日增之結果，隨而新問題亦層出不窮。顧特別之商事法院，對於非商人間關於動產物權之爭議，並無管轄裁判之權。至教會法院除關於不動產遺產之處分外，對於動產問題之解決，更無關係。而地方習慣，復極簡陋，對於新生諸問題，仍無解決之道。卽在諸城市之中，對於一切新經濟秩序之需要，亦不能完全適應，一一解決之。復次，如前所述，在西歐方面，當時尙無一國有享有上訴審理權之中央皇室法院，如英國所發展之情形者。

在此種情形之下，已發生一種特殊之現象。此卽一般所稱之羅馬法之復興者是也。若更精確言之，吾人復可稱爲優帝法律大全(Law books of Justinian)在西歐之復興與繼受。當時地方法司法官(local law-jinder)，對於城市或鄉村區域法院專屬管轄範圍內所發生之問題，雖力求有所以解決之道，惟其最大之困難，厥在於無一般適用之共同法律，足資憑藉採用——易言之，卽無足以抽出新規則之補充性法律寶藏，足以供其取用也。一般法學家所以開始研究優帝法學彙編(digest)與優帝法典中所建立之優美法制，且目之爲足以提供規則之一種現行有效法者，卽以因此。復次，在歐洲多數地方，更產生一種理論，謂古代羅馬法係一種尙生存於當時之有效法律(Living law)，凡當一問題發生時，如不能參考採用任何既成之中世法制以資解決者，則可採用最後之手段，訴諸羅馬法以解決之。

縱觀此歐陸法律整個發展過程中所生之一結果，卽所有歐陸各國之法律，當時概由多數不同之地方習慣所構成，卽令近代之法律，其情形亦然；此種地方習慣多已化爲成文之形式，而由各省域習慣(Provincial Customs)補充之，省域習慣亦多半爲成文式，雖然，在當時無論何處，仍無統一國家法之出現，蓋可斷言也。在法蘭西、西班牙二國，固早在其他大陸各國以前，其中央王室對於法律之發展，已多少有某種支配控制之勢，然而，卽在此二國中，仍無足與英國國會及皇室法院中所發達之統一法律相衡之統一國家法。歐洲諸國之中，除地方法之體系外，仍然保有封建法寺院法及商法三大歐洲制，各由特別之法院執行適用之，又於此各種法制之後，尙有一羅馬法之大寶藏，以供其取用參考。

雖至十八世紀中，無論何歐陸國家之內，統一國家法，尙未臻發達。統一國家法必由立法程序產生之，在民族統一國家具體形成，且主張其最高權威之後，吾人始可見由立法程序立法機關所發達之統一國家法及訂諸法典之舉。

考歐陸第一部法典，吾人足以正當稱為國家統一法典者，即拿破崙法典（Code Napoleon）是也。在拿破崙法典編訂以前，法蘭西全由無數種成文之地方習慣及多數補充地方習慣效力之省域習慣所規律。在各種習慣法之外，為封建法寺院法及商法，又在法國大部分地方，於此三大支歐陸法制之後，復有優帝法律大全中所規整之羅馬法。

法蘭西大革命之結果，乃一掃封建法之陳跡。隨而，法蘭西復不能不進而肅清法國境內所適用之寺院法，同時，又非力求廢止法國內羅馬法直接規則之效力不可，不過，除此而外，其更切要者，乃法國當時急於完全根滅各種地方習慣，冀為全法國人民建立一統一法律。此一問題，最後乃由一部拿破崙法典所圓滿解決之矣。

在歐洲方面，尚有多數比較重要之國家，迄至十九世紀中，始完成其國家組織。如意大利直至一八六〇年而後，始有意大利王國之建立，意大利法律之國家統一化，亦為一八六五年以後之事。又西班牙境內，甚至在十九世紀中，各省區之法律猶大相懸殊。一八八七年中，雖採用一部西班牙民法典，然而，此法典效力極微，尚不能通行於所有省域之中，以代替省區法律之適用。不過，一般言之，歐陸諸國此時已有編訂於法典中之統一國家法矣。復以此時期苟如英國之情形，藉上訴判決之徐緩累積之程序，以發達統一國家法，則需時過久，勢不能收創建統一國家法之實效，故諸國自不能不藉立法之程序，以謀迅速解決此發展統一國家法之問題。

綜上觀之，余所概述西歐法律發展之大要，究不外一個單一的大發展(a single great movement)。然而最可怪者，概觀各國文字之中，從無一本言法律史之著作，曾以此西歐法律之發展，視為全歐陸之整個的活動一貫的發展者。言寺院法歷史之佳作有之，關於寺院法之有系統之論著有之。言封建法歷史及封建制度之名著有之。專門討論商法之著作，所見尤不在少數，又言羅馬法史之佳作，亦復有之。在此類特別專門文獻而外，尚有各種單獨論述西班牙、法蘭西、德意志、或意大利各國法律史之專門史籍，其中對於全歐陸整個法律發展之情形，所不能不提及之處固多，然而，究係純粹從一民族之觀點而出發者，乃不可否認之事實也。吾人苟一比較前述各國之法律史，則可知眞正之統一國家法，無論如何乃新近之現象。此類分別論述各國法律史之專著，多半極注重地方習慣發達史之敍述，推其所以如此者，蓋各大支歐陸法制，已有其他專著詳論之故也。

一般言之，無論在何國法律文獻中，迄今尙無通論全歐陸法律史之專著，在英文中，僅見少數專論每一國家法律史名著之翻譯本數册，此種翻譯工作，係由美國法學院協會（Association of American Law School）所主辦者。此卽所謂大陸法律史叢書（Continental Legal History Series）者是也。在此叢書中，有一册名爲大陸法律史概觀（General Survey of Continental Legal History）者，其內容大部分乃簡要敍述各國法律史之精華。就一般從整個着眼而討論西歐法律發達史以言，固當以此書始，惟尙不能十分滿意。雖然，著者所能提出之最好的參考讀物，亦僅此一本而已。

第一章　古日耳曼法概觀

第一節　史實述要

在吾人研究歐陸法律發達史的直接目的上，古日耳曼法（Germanic Law）殊爲重要，何則？蓋古代日耳曼法乃歐陸法律發展史中之一基本因素故也。至就研究英國法律史以言，古日耳曼法尤爲重要。緣近代英國法與近代歐洲大陸民法，其情形正同，俱係代表羅馬法制日耳曼法制與其他中世及近代所發展之各種獨立制度之混合物。不寧惟是，英國法中所含之日耳曼因素，反較近代西班牙、意大利、法蘭西乃至德意志法律中所包含者爲多。

就一般從比較之觀點出發，而研究法律之起源以言，古日耳曼法亦極有興趣，何以言之？因爲吾人在古日耳曼法中所發現之習慣與觀念，在本質上較諸在其他遠古或近代任何支散居之亞里安（Aryan）及印歐（Indo-European）民族中所發現者，更爲遠古，其所帶原始之色彩，尤爲濃厚故也。就吾人所知關於印度、希臘及羅馬之最初法制以言，其所代表之文化程度，仍較紀元後最初幾世紀中任何一支日耳曼民族之法制所代表者爲高。希臘人羅馬人心目中所知之日耳曼人，究不外一種蠻族而已；吾人爲比較日耳曼民族與其他文化程度同樣落後之民族的制度，則對於現代野蠻民族之制度，當然亦不能不加以研究。

晚近大多數對於古代法律之比較的研究，實際上，皆係根據於研究近代蠻族乃至野蠻人——如波里尼西人（Polynesians）美洲印地安人（Indians）以及黑非諸人種——之制度與習慣。然而此種研究方法，就其對於想探討現今文明民族中實在諸制度在歷史上「最初根源與萌芽」之學者以言，其價值已漸可懷疑。譬如一民族之文化所以落後是否因其在文化大道之進程上，其起點已爲不當？抑其最初之起點雖非不當，而係於初期已轉向於不通之歧途？此每爲一般人所懷疑。據學者梅特蘭（Maitland）氏之解釋，文化落後之民族之所以落後者，大概由於未踏上文化正途之故，由於上述諸種疑難所生之一結果，即一般漸漸覺到關於法律發達史之研究，苟大部分其於在語言上吾人可認爲關於印歐人諸族中法律之起源之探究，其結果或較可靠。吾人今日並不以此印歐人種係代表古代乃至近代之民族或血族社會，不過認其所代表者，僅僅一史前的文化社會而已，所有印歐民族至少在語言宗教及習慣方面，大概有其共同之起點，是可得而言者。

古代塞爾第（Celtic）民族之制度與法律，固然應包含於此較狹之研究範圍以內，不過，在探溯歐洲法律進化史之目的上，其重要性尚遠不及日耳曼之制度和法律。何以言之？蓋塞爾第法律不僅對於近代歐洲法律之發達，其影響遠不及羅馬法與日耳曼法之深，即就吾人所得關於塞爾第法之材料以言，其所代表原始文化之色彩，尚不及吾人所得關於古日耳曼法材料中所包含者之濃厚。此因塞爾第人在文明方面宗教方面所受羅馬人之影響，較大部分日耳曼人所受羅馬人之影響爲早故也。

爲研究原始日耳曼族之社會情況制度及習慣，吾人必首先看看當時希臘及拉丁文獻中關於日耳曼族之敍述。約在紀元前百餘年以前，日耳曼人已成爲羅馬人危險的鄰居，故當時羅馬人對於日耳曼人已特別注意。凱撒（Caesar）氏所與吾人關於日耳曼人之敍述，一部分係根據其自身與日耳曼人直接接觸之所得，一部分係根據遊歷者荒唐之傳說。至塔西佗（Tacitus）氏之大著日耳曼民族誌（Germania），其所根據者，係比較完全且正確之事實。大體上言之，塔氏所與吾人關於日耳曼人社會情況及習慣種種，大都爲近代關於諸日耳曼民族初期法律及稗史傳奇之比較研究，所完全肯定證實之矣。雖然，吾人當讀塔氏此本關於日耳曼族概論之大著時，必須看清塔氏當時寫此書所抱之明顯的目的。緣塔氏亦與其當時多數人士，抱同樣之感覺，對於羅馬人道德之頹喪，世風之墮落，極爲痛心。又氏雖生活於帝制之下，然對於帝制政體却深惡痛絕，反對極力，氏實爲一天生之民主共和主義者。氏著此日耳曼民族誌之主要目的，即欲以諷刺之態度，抨擊羅馬人之墮落及其對於君主統治之甘心屈服，因此，塔氏之態度正同近代文明國家中諷刺家常用高尚二字以稱紅種人者然，每於書中褒揚日耳曼人之高尚，而稱之為高尚之日耳曼人。所謂近代歐洲自由主義係發端於日耳曼森林之說，固始於近代德國史家之所倡導，十九世紀中英國學者中亦多少接受此說，然而此種觀念之最初的萌芽，大部分仍非歸功於塔西佗氏之著作不可。至後來羅馬著作者，無論俗界或僧界，其所給與吾人關於日耳曼人之描寫，皆少足以引人注意者。於此吾人尙須注意者，即當塔氏撰述日耳曼民族誌之時，羅馬之邊疆尙寧靜無事，彼之所以不顧惜羅馬人自身之尊榮，而能盡力贊揚日耳曼人之獨立精神及其生活之樸實純潔者，揆諸原由，究不外羅馬帝國在此全盛時代，為世界上惟一絕對之君主，故羅馬人在此情形之下，很可以表示一點豁達大度之氣概。惟自此時期而後，日耳曼人之威脅與危險，日漸增加，羅馬人頗感不安。故爾後羅馬人之視日耳曼人，正同今日美國邊境人士之視美洲印地安人的態度然，皆以鄙夷且畏戒心理出之。

建立古代日耳曼法最有價值之資料，當推歐陸諸日耳曼民族之最早成文法，此地所稱歐陸日耳曼民族者，自然包含斯坎地那維亞人及盎格羅薩克森人在內。雖然此各支日耳曼民族彼此長期分立，惟吾人於其中發見有相似之制度時，則可推定此類制度大概皆為古代之制度。其分立之事實愈早，則此種證明愈顯其價值。譬如語言文字上之證據，在此時其價值極大。凡一種制度之名稱，即可認為該制度產生之明證。如果在有史以前業已分立之諸日耳曼部族中，對其類似之制度，用同一之語言文字以稱之，則以此制度本質上屬於原始性質之推定，自更有理由矣。

近來德國學者，根據制度及語言上特別近似之點，嘗分日耳曼民族為三大支：其一為東日耳曼人，其中包含斯坎地那維亞人、哥德人（Goths）及汪達爾人（Vandals）三種；其二為西日耳曼人，其中包含丹麥人（Dutchs）及侵入不列顛之日耳曼人。東日耳曼人之最初盤據地乃斯坎地那維亞半島及維斯杜那河（Vistula）下游諸地。西日耳曼人之最初盤據地乃波羅地海北海沿岸愛白（Elbe）河、阿德（Oder）河流域及其隣近平原。

今日日耳曼語系民族在中歐所盤據地土之大部分，在有史之初期原係為塞爾第所占據。紀元前第二世紀左右，西日耳曼人從西南二方面攻擊塞爾第人，乃至進而攻擊羅馬人。紀元前一〇二年至一〇一年中，辛布列安人（Cimbrians）及條頓人（Teutons）侵入意大利，旋爲羅馬人所擊退，遂轉而將塞爾第人從中歐驅入高盧境內。當凱撒時代，日耳曼人正漸漸侵入高盧。凱撒因起而阻止其進犯，並征服盤據萊因河西岸之日耳曼人，使之臣屬於羅馬統治之下，同時，對於萊因河東岸之敵，已開始反攻。逮乎奧古斯都（Augustus）時代，羅馬之疆域已擴伸至愛白河流域。至紀元後第九世紀中，條多堡（Teutoburg）森林一役，羅馬全軍覆沒，大敗而還。羅馬人極不甘此敗北之辱，旋再興師討伐，以爲懲罰而雪宿恐，惟此後羅馬人鑒於以前之教訓，乃不再抱要求永遠統治萊因東岸任何大部分領土之野心矣。迄至第五世紀中，羅馬世界與蠻族間之邊界，係以萊因、多腦二河爲界，不過，二河上游間之土地，亦包括在內。下日耳曼之羅馬區域，完全在萊因河西岸，而上日耳曼之羅馬區域，大部分亦在萊因河西岸。

第二節　經濟情形與社會階級

當基督紀元之初，東歐方面之日耳曼諸部族，仍以遊牧生活爲主，其定居之時間甚短；當時或以地利之有限，或以外敵之壓迫，往往使其一部族之一部或全部不能不向外移殖。然而，在中歐方面則情形不同，該處日耳曼人西進或北進之發展，爲羅馬人所阻，故其定居之時間較長。不過，即在此處，其生活之經濟基礎，仍以畜牧爲主。牛、羊等家畜（Cattle）乃人民之主要食物（凱撒氏嘗謂日耳曼人之所以體魄健壯，身軀高大者，半由於日耳曼人之食量較地中海一帶民族之食量爲大；半由於其青年人之發育，極爲自由，未受任何人爲訓練之約制，有以致之），家畜乃代表其主要之財產。故代表財富及財產之最古的字，即指在家畜上所有之財富而言。家畜又爲價值之標準。償付罰金，亦以若干頭家畜計算之。時農業尚屬於次要之附屬生產業。如最初之佛蘭克法律（Laws of Franks）中，關於農具及家具之規定極少，而關於家畜及獵具之規定甚多，此足徵當時農業尚未臻發達。在當時牧場與農地之間，顯無長期之區別。於一片牧場之外，圍以籬柵，耕殖一年之後，復開放爲牧場之用。所以在此種情況之下，無論日耳曼族中之個人或家族，自無欲求永遠占有耕地之理——此種事實，當吾人討論古代土地所有權時，所不可忽略者也。

此外，關於古日耳曼人不重視農業之他一證明，可於諸日耳曼部族中無一共同代表秋季之文字一事實中見之。在古日耳曼人中祇有代表春、夏、冬三季之文字。考其所以僅分一年爲三季，而無代表秋季之字者，蓋當時果樹及葡萄藤之栽植，尚未臻發達，除春季而外，亦無何播種之可言。日耳曼人係以冬計年，以夜計星期〔在近代英文中，仍可見有 Sennight（一星期）及 Fortnight（二星期）等字〕。

當時除簡單之物物交換而外，亦無何商業交易之可言，不過，後來至日耳曼人與羅馬及希臘商人接觸之後，則情形丕變，漸發生商業之現象矣。

至書作（Writing）一項，似僅用於宗教之目的爲主。如在抽籤時，即正用一種北歐通行之 runic 文字，刻於山毛櫸枝上，同時在口中默念呪詞（"runic" 一字係從 raumen 一字而來，raumen 之原義即指「默念」之義；近代德文中代表「字」之一詞 buchstabe，仍指山毛櫸枝之義）。此外在家畜身上及家具上烙印爲記時，亦用 runic 文字。至日耳曼自身可資書寫之文字，發達極遲。直至第九世紀中，所有日耳曼之法律，仍係用拉丁文寫成；十三世紀時記載薩克森法（Saxon Law）最著名之 Sachenspiegel（薩遜法典）最初仍爲拉丁文，惟至爾後始翻成日耳曼文。

在古代社會身分之差別上，可大別爲四種階級：其一爲普通自由人（ordinary or common freeman），此階級占人口之大部；其二爲普通自由人以上之少數貴族階級（noble class）；其三爲普通自由人以下之半自由人（half freemen）；其四爲半自由人以下之奴隸（slave）。

考古代日耳曼之貴族，與君主政體之發達極有密切之關係。國王或地方諸侯乃從貴族中選出，通常係從一特別之貴族家庭中選出。有時一部族中所有之貴族，均屬於一個家族，且均爲該被選出君主之血族親屬。殺害一貴族所應付之贖罪金（wergeld），通常較殺害一普通自由人所支付者爲多。塔西佗氏亦嘗指示吾人謂，雖然當時日耳曼人大部分均取一夫一妻制，惟貴族則爲例外，通常擁有妻妾數人，蓋以其爲貴族故也（Propter nobilitatem）。

所謂半自由階級，大概是代表日耳曼人所征服地方原來之土著或其後裔。因爲當時日耳曼人征服其地之後，並未將其原來之居民降爲奴隸，不過僅以之貶爲作工抵債之人（Peonage）而已，故此種人遂形成一種半自由人之階級。當時征服者殺一農業勞動者，其所得之利益與殺一牛相等，故征服者亦無殺戮征服地住民之必要。後來由於解放奴隸（Manumission）之結果，半自由階級之人遂亦逐漸增多。如在羅馬人中，被解放之奴隸雖可脫離奴籍，但仍不能與本生自由人立於平等之地位。其地位依然爲家庭中一不能獨立之附屬人員，通常其所司之工作與家庭之僕役等，惟同時自土地私有權發達而後，有時亦命此輩脫離奴籍者管理郊野之田莊，雖然，此時仍不能完全自由，須受該田莊範圍之拘束，未可擅自離開，其情形與家庭僕役之受房屋界限的拘束，僅能在屋內活動者，正復相同。

在唯物史觀的解釋上，往往以一階級之所以依賴他階級者，僅根據一經濟之理由以解釋之。但是，在古代社會中一被釋放之奴隸，所以仍不能不依賴其前主者，尙有他一理由。因爲在古代社會中，一人爲保護自己之生命或財產者，恆非依賴其血族親屬之幫助不可。所謂親屬團體，卽形成一種保護的組織，並且在古代社會中，親屬團體由於保護關係所發揮之多數機能，後來尙遺傳於部族組織或市府國家組織之中。奴隸既非人而爲物之一種，又在法律上不能正式有妻室，亦不認其有爲人之父的資格，自然在法律上無親屬關係之可言。因是，被解放之奴隸既爲無親屬團體之人，故非依賴其前主及前主親屬之保護不可。此種理由，同時亦爲古代地中海世界放奴前主（Patrons）與被保護附庸（Client）間保護與臣順關係之基礎，此被保護者階級，大部分爲解放奴（manumitted slaves）或稱脫離奴籍人（Freedmen）所組成。

解放奴隸之主要的利益，卽脫離奴籍人所應盡之義務，有一定之限度，或以德文本義來表示，卽解放奴應負之義務，從玆有一定之標準和範圍。至奴隸應服之勞役，則全由主人一己之意思定之，要無何限度之可言。

此外脫離奴籍者，如經前主之許可，亦可對前主以外之他人服役，如因對他人服役得有金錢或實物之報酬者，則此種所屬於自己之所有，尙可以之購買更大之自由。脫離奴籍者通常取得前主之同意時，亦可結婚，又對於其妻所生之子女，在法律上有爲父親之資格。

在有史之初，吾人尙可發見半脫離奴籍之人（half freedmen）可以取得完全自由，甚至奴隸亦可自始被允許成爲完全脫離奴籍者之證據。完全解放奴隸之證明，即此脫離奴籍者從此不再受房屋或土地範圍之拘束，可以隨心所欲，自由行動。古代倫巴德（Lombard）之放奴形式，即爲一代表之例。考古代倫巴德人放奴時，恆將該奴隸帶至十字路口，當證人之前，將其釋放。揆其用意，即指讓該奴隸依其自己之意思，選擇途徑，逍遙於世界之中。於是此被解放之奴隸，遂脫離保護關係，自後完全憑一己之命運與機會而行動之矣。

又在古代瑞典人中，尙可發現他一種別饒興味之建立完全自由之方式。在該處前奴隸或脫離奴籍者，須由於收養方法（adoption）成爲其主人親屬團體之一分子而後，始能獲得完全之自由。其方式爲：該奴隸或脫離奴籍者於一儀式隆盛之正式宴會中，先向主人之各親屬敬麥酒一杯，然後自己參與共飲，親屬關係遂因此成立。關於古代社會中以參與共餐或共飲一事實，即認爲成立親屬關係之形式者，其證據所見不少，茲不一一贅述。

隨王權發達之結果，在使前奴隸或脫離奴籍者獲得完全自由之解放奴隸方面，復發生多數之他種方式。在國王諸侯或公爵之前所解放之奴隸，亦可使之獲得完全之自由。不過此時該解放之奴隸，一方面尙須要求國王或諸侯之保護，而他方面自己則對於國王或諸侯應終身盡忠順之義務，以報答之。

至冰島共和國（Republican Iceland）則情形又不相同，完全自由之允許，形式上乃出諸人民總會（Folk moot, Popular assembly）之決定。有些大陸日耳曼人中，如一脫離奴籍者在人民總會中從其前主接受一矛一盾時，即因之成爲完全自由之人。考此最後所述三種方式之所由來，蓋一方面由於部族國家權力日增強大之結果，他方面在此情況之下，一人不僅藉親屬之幫助可得其保護，同時由國家及法院亦有得其保護之可能性。

塔西佗氏嘗謂：「對於一奴隸之解放，並非即使之與本生自由人立於同等之地位。此種被解放之奴隸，無論在家庭或國家方面，均不能占有重要之地位；惟在王權極爲強盛之部落中，則情形不然。有時，此種人之地位，反較普通自由人乃至貴族之地位爲高；雖然，除此種特殊之部族外，在其他之部族中，脫離奴籍者之地位仍不能與自由人等，此即所謂「脫離奴籍者地位之不平等，正所以爲一般人民自由之明證」者是也（見日耳曼民族誌第二十五章）。在羅馬之內，事實上皇帝向喜派其所解放之奴隸，擔任重要政務之職司，因此，每引起舊式家族中羅馬人之不平與憤懣。上述塔氏之記載，吾人根據後來所得之材料，可證其正確無誤。由此吾人可推斷：凡在王權發達強大之處，國王所解放之奴隸往往占有重要之地位。

如前所述，奴隸既非人而爲物之一種，故古代日耳曼法中，往往以奴隸比之爲家畜。凡奴隸爲人所殺時，加害者對於該奴隸之主人並不支付贖罪金（wergeld），而同殺死一家畜之情形然，根據其價值負擔損害賠償之責。主人對於奴隸，操生死之大權。奴隸之取得財物，其目的乃爲主人之作益，而非爲自己之利益。又如前述，奴隸不能正式締結婚姻契約，至其與任何女性奴隸所發生之苟合關係，主人可任意隨時將之撤銷。凡奴隸之侵權行爲，概由主人爲之負責。又奴隸自身無被放逐於平和之外——即摒諸法律保護之外（簡稱爲逐出法外outlawed）的可能，蓋以奴隸自始即未與自由民共享平和保護之利故也。如瑞典一法律著作中曾解釋之曰：「奴隸破壞平和之結果如能使其被放逐於平和之外，則奴隸將以破壞平和爲能事矣。」

就保有奴隸之社會中的實況以言，奴隸實際上之地位，恆較其法律上之地位爲優。通常奴隸生長於主人之家，從事於家庭勞務，故其地位在實際上幾已等於一家屬之地位。

在日耳曼民族中，亦與其他民族之情形同，奴隸制之成立，乃由於戰爭中之俘虜；或自動之賣身、鬻妻或賣女；或不能償債，尤以不能支付損害賠償或罰金等等原因所致。又如其他保有奴隸制之民族然，日耳曼人中奴隸之身分係由遺傳而來，凡母爲奴隸者，其所生子女，自然亦爲奴隸。如在德文習語中即表之爲「牛生牛子，有其母必有其子」（the calf follows the cow）云云。

第三節　軍事組織及政治組織

在日耳曼人中，正同其他各支印歐氏族之情形然，其軍事組織與政治組織有極密切之關係，二者恆不可分，此在羅馬人中尤為顯著。日耳曼人採全國皆兵之制，所有之軍隊即為全體人民。軍隊之領袖，通常即為平時之統治者，此平時之統治者，正因其為戰時之領袖之故，始能維持其統治之地位，是二者之間蓋有一定之因果關係焉。日耳曼軍隊之編制分為千戶（thansand）與百戶（hundred）二種。在百戶之中，所有血族親屬當戰時皆一律出動並肩作戰。在紀元後之起頭數世紀中，吾人已發現多數東日耳曼人脫離遊牧生活之階段，當一日耳曼部族脫離遊牧生活之階段時，其定居之組織，即由千戶與百戶二種單位所組成。雖然，此時親屬團體仍維持其不可分之聯繫，集族而居，最初所見之古代村落，其所包含之組成分子，似不過為多數之親屬團體而已。

在東歐大平原上，諸遊牧與半遊牧之部族間，彼此接觸已較為密切，又此類部族已較凱撒及塔西佗二氏所逃定居中歐之諸部族為大。中歐方面之諸小部族，不僅各據一隅之地，壤域判然；且相互間關係極鮮，各不相通。塔西佗氏嘗謂此類部族之所以分離隔絕者，實由於互相間之畏戒及山脈之阻隔，有以致之。凡在無大山或處女林等天然界綫將其隔絕之處，則習慣上每一部族之間，常遺荒一大片空地，作為甌脫地（borderland），俾二族間得藉此稍有隔絕，以免發生引誘隣族人員之事實。

羅馬人稱部族為 civitas。又據吾人所知，每一部族之中，復分為多數 Pagi。普通用以代表 Pagi 之德文為 gan（即千戶）。布魯勒（Brunner）氏謂一 Payus（即 pagi 之單數）即軍制上千戶（military thousand）所在之區域。凱撒亦謂在斯瓦賓人（Swabians）中每一 Pagus 之內，常備戰士千人。所有此千人戰團，大都皆獨立行動。觀乎亞米留斯（Arminius）鼓動其部族進襲羅馬人之際，時部族中有一為亞米留斯叔父所統治之 Pagus 仍保居中立，未參與戰事，故一部分史家遂因此相信 Pagus 乃代表一種本來獨立之部族，不過，其他史家如布洛勒氏，則以 Pagus 不過爲一定居之千戶而已。

千戶之下，復分百戶 (hundred)。此種區劃，雖以軍事上之目的爲主，但同時亦用之於司法上之目的。不過，百戶原非一固定之地域區劃。如在其他許多日耳曼氏族之中，卽有根本無百戶之區劃者。又盎格羅、薩克森人中，在愛嘉 (Edgas) 統治以前，不見百戶之存在。百戶之首長，原來不過爲百戶軍隊之統帥而已。據塔西佗之記載，在當時君主執行司法職務時，其旁恆有一百人之團體，此點據吾各方面之解釋，此不外指君主巡迴各處就地開庭審訊時，往往挨次一一傳召各百戶到庭之意思，故謂其旁恆有一百人之團體者，卽指此也。

部族，gau (或稱千戶) 及百戶，皆係政治上之單位。至村落或村羣 (markgenossenchaften)，則爲經濟上之單位，而非政治上之單位。

根據凱撒氏之記載，大多數部族之中並無君主 (Kings)，僅爲多數諸侯 (Princes) 所治理，每一諸侯卽每一 Pagus 之首長。惟塔西佗氏則謂，有些部族之中，仍有君主，不過其他一部分部族，則爲多數諸侯所統治，氏稱此種部族爲共和制部族。當多數東日耳曼小部族後來漸進而聯合成一大聯邦之際（此種聯邦之形態，最後終至演變爲一永久之結合），則在此大團體之上，卽有一共同擁戴之君主，爲其最高之首領。在五世紀末葉時，所有此種大　邦組織，除薩克森人及佛里西安人 (Frisians) 外，其上皆有君主。

後來之羅馬作者如安米亞留斯 (Ammianus) 氏，嘗謂在有君主統治之部族內，仍然有多數諸侯，分治各小區，氏稱之爲 reguli 及 sub-reguli。事實上，古代之君主與地方諸侯之間，除統治之範圍外，其差別極小。

有些用以指君主之字，同時亦用以指人民。用同一字兼指君主與人民之觀念，可從下述之事實，得其例證，卽當時諸部族中，有時用王室之名稱代表部族，有時亦用部族之名稱作爲王室之名稱。考 King（君主）字本身之由來，卽由 Kin（血族親屬）字所演化而來。如在其他多數印歐人氏族中，其王位雖非顯然世襲，而係由於選舉，但君主通常係由一特別之家族中選出。反觀日耳曼各族，情形亦然，地方諸侯亦係由於選任，並且通常亦係從一貴胄之家族中選出者。

君主與諸侯之區別，非性質之異，而係程度之差。二者俱爲軍事上之領袖，均保有屬隨之從士（comitatus）多人。二者俱同樣接受人民之優遇與貢禮，緣當時人民對於君侯之優遇進貢，並非被動的因沿常律，而係本乎心願，隨時自動爲之。最初，無論何處，所謂平和者，非指君主之平和，亦非指諸侯之平和，而係指屬於人民之平和而言。至於君主之平和的觀念，乃後來所漸次形成發達者，其初，所謂君主之平和，雖與人民之平和有不可分之關係，但二者仍判然不同，不可以不辨也。君主之平和，寧屬於人民平和之補充而已，故其地位尙居次要。至王權之主要基礎，爲宗教的，抑爲軍事的？又君主究主爲戰時之領袖，抑主爲平時對於神爲人民之代表？關於此點，古來聚訟紛紜，未臻一是。惟據吾人所可知者而言，此二種職務，相互間通常有不可分之關係。在無君主而僅有多數地方諸侯統治之部族中，一旦有外戰發生，卽選擇其中一諸侯爲全族之戰時領袖（herzog, dux），指揮作戰。此諸侯之權力，係以戰事爲終始，戰爭一經結束，其權力卽歸消滅，惟如戰事一再不斷發生，則此諸侯賡續領導作戰之行動，亦有使之漸爲族衆承認爲全族君主之可能。又在無君主治理之部族中，關於宗教事務方面，則由一部族祭司（tribal priest）爲全族之代表，此祭司吾人可稱之爲一種奉祀之主（sacral king）。但在有君主之部族中，則君主同時亦兼部族祭司之職，綜理全族祭祀事宜。

在君主職務至晚近始臻發達之處，有時吾人尙可見在君主之外，仍有繼續代表部族，職掌統一祭祀事宜之一部族祭司，與君主分司全部族教政大務，殆立於平等之地位。不過，此種最高教權與最高政權劃分之局，在日耳曼民族中，殊不常見。在冰島地方，固有一時期中，無中央政權之存在，而僅有祭司之大權，支配全域。不過，吾人應知在冰島諸祭司已握有政治大權，實際上祭司已成爲行政官，非僅單純之祭司而已。至斯坎地那維亞人中，代表部族祀神奉祭，乃君主常規職務之一。因此，吾人曾見瑞典人在尙崇信異教之期中，曾因其一君主皈依基督教，乃將其放逐，而另舉一君代之，蓋以君主之一大職務，厥惟代表全民祀神司祭，改信他教，自不能代表全族爲祀奉之主，更不能有爲君主之資格矣。古代對於君主祀神職務之重視，有如斯者。

在無君主之部族中，有一種部族會議（tribal meeting），由集會所在區域之諸侯，充當主席，不過其他諸侯則組織一種參事會（council），在提案提交人民公決以前，討論各項相關問題，至有君主之部族中，則君主爲部族大會（tribal assembly）之當然主席，其他諸侯似仍組織一參事會，於提案交付人民公決以前，備君主之咨詢。

尤當十三及十四世紀中，各個已有君主治理之部族聯合組成一大聯盟時，原來各部族之小君主，有時其地位等於一種小王子（underking），有時直被目之爲高級貴族之一分子而已。如斯坎地那維亞及盎格羅薩克森時代英格蘭之諸伯爵（earls），卽已成爲中級君主或諸侯之地位矣。

日耳曼部族，無分大小，皆有一種部族大會（Folkmoot）之制。代表此種部族大會之最普通最流行之名詞，爲 ding 或 thing。部族大會之舉行，皆有定期，屆時於一專供祀神之廣場上，公開舉行。此會議之性質爲宗教大會，同時亦爲政治會議。又在此集會中，同時並集合檢閱全部族之軍隊。所有全部族內之自由人，均須武裝參加（參照 comita centuriata）。在此大會中，凡達到兵役適齡之青年男子，皆爲之正式配備武器，此類青年壯丁，藉此武裝之事實，始取得軍隊成員與大會會員之資格。當羅馬人統治巴特維亞人（Batavians）時，卽限制巴特維亞人非在羅馬人監督之下且非解除武裝之後，不准集會，此爲當時巴人所認爲最可恥可忿之一事。（Tacitus History 4, 64）。

吾人由部族大會代表部族統一一事實，卽可知何時已由部族聯盟或聯合，進而爲更大之部族組織。不過在他方面，各部族之大會仍然存在，從此點又足徵一大部族之內復區分爲多數之小單位。揆其分合之勢，蓋古代遊收時期，每當一部族日趨擴大，生齒益繁，致感不便之際，則其中之一部分人口，必從原部族分出，另集成一新小部族，此與蜂房中過多之蜂，不能不脫離原蜂房，而另建新房以適其生活者，正同一理，蓋亦自然之趨勢所使然也。

部族大會，從其外表觀之，似行使極重要之職權。考部族大會之職權，係選舉君主；在無君主之部族，則選舉臨時性質之軍帥（war-lord），以爲戰時全族之首領。舉凡宣戰媾和之權，皆屬於大會。又一切關於部族政策之重要方案，須提交大會決定——此即大會之立法權。同時，大會又爲一司法機關之法院，尤其關於刑事案件，皆由大會審判。又僅於大會中，始能將一自由人宣示放逐於平和之外。然而徵之實際，實不盡然，大會關於上述諸事之權力，究不過對於君主或主席諸侯提議同意或拒絕同意之權，而無創制之權。當時表示同意或否決之方式，頗爲重要。凡對於提議表示贊同時，則將武器相碰發聲（wapentake），表示不贊同時，則發嘔嘔呵斥之聲（groaning）。用此種方法以表贊否，吾人可想見當時充當主席者，欲計算此二種不同噪音之孰多孰寡，殊不易易，尤其在當時會場中之情形，既無高呼「贊成」「反對」之聲，而在意見不同時，勢必一方面金鐵交鳴，他方面又嘔嘔之聲大作，則會場中之嘈雜與主席決定之困難，不言可知，又在當時，顯然尚無多數決原則（majority rule）之觀念，故提議之通過，亦非便當。雖然，實際上未必如吾人所想像之困難，吾人以爲在當時大會全體或稱爲十足之大會全體，其行動必恆趨一致，乃極顯明之推定也，並且大會全體對於提交決定之提案，通常亦必表贊同，此點吾人尤非如此推定不可。此種推定與吾人所知一切古代社會之情況，適相吻合。何則？蓋凡在實質上生活於同一環境之同種族人中，對於任何情況與事件之反響，實際上通常皆趨一致。設一君主在諸侯參事會襄助下所提出之議案，果爲全體所嘔嘔否決，則該君主及其親隨從士，將見立瀕危境。此時或竟釀成一種革命之局。此種革命，事實上很可發生。如前所述，斯坎地那維亞人，在尚信奉異教之當時，因一君主皈依基督教之故，結果卒將此君主廢立，是即革命之一例。同時吾人又知斯坎地那維亞人及其他古日耳曼部族中，有時因君主在戰爭中敗北，有時因穀物欠收，饑饉大起時，即因之廢立君主乃至殺害君主之事，亦恆有之。

如前所述，部族大會爲宗教會議，同時又爲政治會議。據塔西佗氏之記載（日耳曼民族誌第十一章）：開會時乃依照宗教上之儀式爲之，「由祭司命令肅靜」，以維持會場秩序，此時祭司且有強制之權。開會之期或在新月（上弦）之時，或在滿月（月中）之時。又因爲大會爲一種軍事組織，故恆在日耳曼戰神蒂烏(Tiu)護佑之下舉行，復以戰神之紀念日爲星期二日，故大會自必擇星期二日舉行。近代荷蘭文中稱星期二日爲 dingsday 者，即緣於此，蓋 dingsday 一字係指大會日 (assembly day)之義也。

在部族軍事組織上以及在政治上重要人物，厥維君主及諸侯之從士（retinues），從士又稱爲 comitatus（原爲同志結合之義）。塔西佗氏曾記述此種從士，塔氏之記述可於古日耳曼詩中證實之。在後來材料中所見之記述，其最重要之一，即盎洛撒克森之詠 Beowulf 詩。古代從士制之特點，即從士須住於君主或諸侯之家中。凡飲食起居等事，皆在其主子之家。又據云，從士個人生活上之一切所需，概由主婦照料。據 Saxo Grammaticus 所告訴吾人者，往昔佛洛梭王(King Frotho)之從士，因感無主婦照料，故曾要求其主取后，以便縫新補舊，照料其日常之所需。

從士之制與古日耳曼習慣有多少根本之關係，極爲顯然，緣古代日耳曼習慣，任何自由人欲得他自由人之幫助與保護時，必須住於該自由人之家，於不喪失其個人自由之範圍內，爲之服家庭勞務。不過，當時之經濟情況，尙屬簡單，復以血族之組織極強，故從士之實例，尙不常見。當時以此種方法尋求保護者，或僅爲無血族親屬之人而已。復從另一觀點以言，自由人乃至一貴族之入居君主或諸侯之家，爲其從士，雖亦建立一相同之權力與保護關係，然而，此種入居爲從士之目的，究與前者迥乎不同。蓋自由人乃至貴族之入居君主或諸侯之家爲其從士之後，則較之服務普通軍隊中以獲得軍事上之地位，其機會更多，爲時益久。古日耳曼部族之組織，原不甚嚴密，在此種情形之下，每見一諸侯可率領其親隨從士及其他自願參加之人，爲一正從事戰爭之鄰近部族服務，至其族內其他之人，則仍在平和狀態中。因此，在一戰時諸侯之從士隊中服務，實使諸侯之從士脫去其平和之日常生活，而給與一種獲得興奮，令名，與榮譽之期望。從士之分子中，亦可包含半自由階級之人——即由主人所解放之奴隸，不過其中大部分，尙爲自由人。在君主之從士中，且恆有一種極優越之貴族分子在內。凡貴冑家世或先代有勳功者，即可爲一孩提之童，於幼年時取得入居君主家中爲其從士之允許。

從士隊對於此類幼童而言，自係一種子弟武備學校（cadet school）之性質。此類幼童完全脫離其父母之親權監督，而受其主子之監護。主子對於其幼年以及成年之從士，同樣有懲戒之權。又從士之地位正同一人以附屬人員依賴其主人之家而生活之情形然，主子對於其從士之行爲，須問第三人負責，惟如主子將該爲不法行爲之從士送交庶民法院（popular court），則主子即可免責。在他方面，主子有保護其從士權利之義務，又當其從士被人不法侵害時，則主子有爲之復仇或取得賠償之義務。在盎格羅薩克森法及瑞典法中，凡從士爲人所殺害時，則兇手除對於被害者之親屬支付贖罪金或爲賠償外，尙須對該從士之主子支付特別罰金（fine）。又在佛蘭克人中，主子當其從士被害時，有提起復仇或訴請賠償之權利，且按古代佛蘭克法律之規定，對於君主從士之贖罪金，其數額恆較一普通自由人之贖罪爲高。

從士隊中之成員資格，不必爲終身職。一靑年從士已完成其軍事教育之後，常常仍返土還鄉，完婚定業而居。同時，一從士當其父喪後，亦可回家繼承一份遺產。如從士屬於一諸侯家之子弟時，則於其父或伯叔喪後，當人民請其繼承侯位時，亦可脫離從士隊，歸襲世職。

在君主或諸侯家中，凡從士中年長且經驗老練者，照例皆課以處理各種家務之責。

主子和從士間所生之種種關係，可由各支日耳曼民族所用以指從士之各字見之。有些字係指「隨從者」（follower）之義，此字中即包含有勞務之意。在盎格羅薩克森人中，folgeras 一字，乃指住於主人家中之僕役（servant），所以別於委派在主人所有田土上服務之僕役也。斯坎地那維亞人中，所有普通家庭之自由家僕（free domestic servant）與君主之從士，皆用同一字名之曰「家人」（hearth men），或曰「家漢」（house carls）。此外用指從士之字，追溯至最後皆含有「信托」（trust）一字之語根。如在佛蘭克人中稱君主之從士，即曰 antrustiones（此字中即有 trust 一語根在內），是爲一例。再者，其他用指從士之字中，尙有其原義僅指朋友（friends）者，亦有係原指親屬（kinsfolk）者，此處所謂親屬者，要不外指入主子之家爲其從士一事實，從表面上顯可認爲係一種收養（adoption）之形式，故亦擬稱之爲一種親屬關係。

在戰爭中，從士非同普通自由人一樣，徒步作戰，而係乘馬。在戰鬥之時，從士可用爲傳令官（aides de camp），惟其主要之責任，仍在爲其主子之親身衞隊。如主子陣亡，則其從士恆認爲自己之苟全性命繼續生活，乃極不榮譽之事。又主子被俘時，則其從士羣隨於主子拘禁之處，與之共嘗甘苦。從士既須寓於主子之家，故其人數自不能太多。據安米留斯氏之記載，當亞侖曼尼族（Allemanni）君主某在斯忒來斯堡（Strasbourg）戰爭中被俘時，其從士（comites）凡二百人皆自動請降，與主共其患難。又挪威（Norway）當七世紀中，某國王有從士百二十人。至其嗣位者所有之從士，且倍其數，不過此事極引起人民之怨言，以致物議紛紜，終使此國王聲譽極壞。

往昔曾有一時期極誇大從士制在歷史上之重要性。少數史家嘗推斷日耳曼人之所以傾覆西羅馬帝國者，即可謂係日耳曼諸部族君主與其從士之功，故以日耳曼族之發展，其功須大部分歸之於從士。反是，反對此種說法者，則又矯枉過正，恆有一種將從士制之重要性估價過低之傾向。此二種見解，殊趨極端，皆不可採。就太平無事之際以言，從士制究爲後來歐洲朝廷官署制度之淵源，所謂朝廷官署，係包含指導公共行政之各部門機關在內。尤其如後來封建時代大領主管家（seneschal）及司禮官諸職，皆可溯源於古代從士所負之管家責任，極屬顯然。至就戰時以言，從士制對於封建制度之發達，極爲重要。從士制乃後世所有封建采邑特徵之領主與附庸間人的關係（即保護與忠順關係）之起點。此種關係在盎格羅薩克遜人之忠順宣誓（oath of fidelity）之儀式中，表現極爲清爽。在此種宣誓式中，從士宣誓其必盡誠效忠於主，愛主之所愛，遠主之所遠，決不爲任何足使主傷懷之事。不過所有此種誓言，尚須於一明示之條件下爲之，此明示之條件，即爲主子者須按其從士之功過，以爲維持其從士及定其去留之標準，或如從士之口氣所云：「當余已宣誓將自己置於主子保護之下，且以主子之意志爲余自身之意志而後，則爲主子者亦必履行其自身所保證實行之一切。」布洛勒氏嘗曰：在封建時代盎格羅薩克森主子對於其已故從士馬匹武器及金錢之權利，原不過主子對於自己以前所賜與從士各該物之取回權而已。

當一從士脫離主子之家，而被派居於主子所賜之土地而後，則封建關係上物的關係已開始與人的關係判然分開，不過從士與主子之間，尚有一種協議存在，即從士於必要時，仍有繼續爲主子服務效勞之義務，故其人的關係，究未完全消滅也。

第四節　犯罪

古代法在實質上，主爲刑法與侵權行爲法。多數在今日認爲犯罪的違法行爲，在古代不過視爲一種侵權行爲而已，親屬關係與私有財產權之保護，概以侵權行爲之訴（action of tort）行之。至對物之訴權（action in rem）及契約上之訴權，乃後來所發達者。

侵權行爲法與刑法乃發達於司法機關（法院）及司法程序成立之前。侵權行爲之訴，主係代表個人對於一不法行爲之反動，換言之，即表徵一人復仇之欲。至對於感覺有威脅全體福利之虞的行爲，社會全體所生之反動，始爲刑法發達之起點。在古代社會中，引起此種反動者，尊以共同行動爲多，而由於單獨行爲者，則較少，故從外表觀之，此種反動似係因有某項行爲與定型不合，而一般認爲該項行爲極可厭惡而起。如在北美洲印地安人中，從來見有由一法院審判一單獨犯人之事實者。又在伊斯基摩人（Eskimos）中，亦可發現有與此極相似之情形。據所知，伊斯基摩人部族中年長之成員，有時非正式的亦討論下列問題，即部族中某某成員之品性和行爲，是否已達到有去除必要之程度？如對於此問題作肯定之回答時，則此遭反對之人，被邀至海濱捕獵海豹，結果永不復返。可知刑法之起點，實存於對某種可非難行爲全社會所生之直接的本能的反動之中；古代對於犯人之處罰有二種，即處以死刑（lynch），或放逐於部族之外。

古代社會中處死刑或放逐法律保護以外（outlawry）常常所根據之觀念，乃以犯罪係一種足使神遷怒於全社會之行爲，因此，除非將該犯人犧牲祭神或驅逐於部族之外，實無以免於神之遷怒社會也。至刑法所以最初擴充其範圍，至包含那些主係對於個人之犯罪，而同時復有危害社會秩序之虞的違法行爲者，顯然大半由於祭司之影響所致。換言之，即以前本認爲侵權行爲之違法行爲，最初所以被認爲犯罪者，大概係由於祭司之影響。又當時多數處罰犯罪之形式，即爲宗教上犧牲祀神之形式，二者間毫無區別之可言。

古日耳曼法中，侵權行爲與犯罪之區別，即以侵權行爲乃產生不法行爲者與被害者血族團體間一種敵對的關係。不法行爲者所受之處罰，就該被害者血族團體之觀點以言，該人不過僅對於該團體爲放逐於平和外之人而已。至犯罪則不然，其處罰乃立即將犯人放逐於全部族平和之外。當犯罪已證明確鑿時，則對於此犯人，部族中人人得而誅之。如一主要之被害人或其血族直接殺死犯罪人時，則此殺人者之行爲，一般即認爲其係代表全部族而爲。故此種行爲非對於私的不法而爲復仇，乃代表全部族所實行之復仇行爲。

即在有史之初，對於現行犯人，當場可立即捕殺之。如其逃逸，則此人即當然成爲一放逐於法外之人。凡放逐於法外者，皆不能住於人世之中，其居處在森林之內，須與一切普通人之居處隔絕。斯坎地那維亞人所以往往稱此類放逐法外之人爲「森林中遊蕩者」(wood-walker)，其義在此。又佛蘭克拏爾伯利希(Chilperich)王之一法律中，亦稱此放逐法外之人爲徒步遊蕩於森林中者，爾後在一一八七年佛蘭克皇帝斐特烈一世(Fredrick I)之國內治安法(Land Friede)中尙謂：凡一放逐法外者之主人，或附庸，或其血族，雖實際上無交付該放逐法外者受刑罰之義務，但不可庇護之，且非將之遣逐於遠方森林之中不可。

在多數日耳曼語中，常呼此放逐法外者爲狼(wolf)。在盎格羅薩克森人占領下之英格蘭境內，據云凡由自己之行爲致自身放逐於平和之外，或經法院判決放逐於平和之外者，人皆謂其頭係狼頭。此種表示之意義，自不外指犯人像狼一樣，乃人類之一公敵，同時，又同人類對待狼之情形然，凡過於途者，皆可將之殺死，爲人類除害。中世德意志中，嘗謂一放逐法外之人，有禽獸之自由(biesterfrei or vofelfrei)云。

考古日耳曼民間神話中所謂狼形人(werowolf)者，即指往來森林中，具有狼之外形而又有多少似人之處的怪物。德國法律史家，往往謂此種所謂狼形人之神話與放逐法外之制度，極有關係。至放逐法外之效力，不僅及於人身，且及於財產。被放逐法外人之財產不屬於犯人之子嗣，而歸於部族或國王；此外有部分地方，或於一定比例之下將此種財產分爲二部，一部分歸於其子嗣，他部分歸諸部族或國王。被害者由司法程序對於不法行爲者取得放逐法外之判決時，常常接受對於其私的侵害所應得之賠償，或分享被放逐外者財產之一部。

在薩克森人、佛里西人及佛蘭克人中，可見有古代私刑法（Lynch Law）之直接遺跡，同時，在斯堪的那維亞人中，亦顯然可見此類遺跡之存在。凡一人因刑事程序審判之結果，已被宣告放逐於法外時，則立即有人高舉「熊熊大燄」或「灼熱火炬」（"with flame and fire", "with fire and brands"）等類之物從後追趕，期灼死之。如其逃去，則立將其住室拆毀或燒毀。在七九七年佛蘭克一法令中，且須經宣誓人證實及確定此由一般人民執行判決之權利。後世佛倫德（Flanders）荷蘭及挪威諸處，尚存有此相同習慣之遺跡。如中世後期荷蘭城市法（City Law）中，每當裁判官宣示放逐法外之判決而後，接着有一種連舉火把三次作爲其標識之舉動。

在古日耳曼法中，尚可見聖刑（sacral punishment）及將犯人犧牲祭神之踪跡。塔西佗氏嘗謂當時日耳曼人對於某類重大之犯罪，始科處死刑。此類重大犯罪中，大半係關於政治上之犯罪。如對叛逆與逃兵，即處絞刑；至懦夫與懶漢，則將之淹埋於泥沼中。同時塔氏復謂後一種刑罰，對於背乎常道，惡貫禍盈之敗德者，亦適用之，又根據後來日耳曼人中所見之證據，復證明在日耳曼尚崇信異教之時，對於污穢部族之聖地者，則將之溺斃；對於犯魔術罪（Sorcery—此指黑術而言，非指白術也）者，則將之活活燒死。據比較研究古代制度之所得，上述諸種情形中，種種處刑之方式，原來俱係祭神所用之方式。絞、燒及活埋諸種方式，乃古代殺牲以祭最高神或低級諸神之犧牲方式。在斯堪的那維亞地方，乃異教習慣延續最久之處，該地對於某種犯罪之處罰，乃將犯人之背部擊碎於祭石之上，按石祭壇原爲一通常供犧牲祭品祀神之用者，並非行刑之所，又對於另一種犯罪之處罰，乃將犯人沉諸水潭（sacral swamp）之中，查水潭原亦係以人以外之犧牲供祭神之處。此外，在佛里西人亦可見此類犧牲刑（sacraficial punishment）之踪跡。

當時職掌聖刑執行之權，乃操於祭司之手，當毋待言也。在日耳曼人中，尚有一重要之事實，即當處置一戰時俘虜或犯人之先，必以卜筮、抽籤或其他神判（ordeal）等方法訴之於神，以期決定該人是否應當犧牲。關於此種處罰戰時俘虜之方法，可於凱撒氏之著作中，得其證明（高盧戰紀 Gallic War, 1—53）。在爾後日耳曼人中，亦可見關於此類同樣習慣之證據。爾後至第九世紀之初，有一支佛蘭克人之法律即夏瑪威法律（Chamavi）者，猶宣示曰：「凡竊賊已犯某竊盜罪時，則必交付審判——即訴諸神判。苟於神判中爲火所灼傷時——換言之，即不能經火審時，則處以死刑。反之，如不爲火所灼傷，則可允其主人（seniori）代付罰金，得免其處死。」是神判方法，並非證明犯罪與否之方法，至屬顯然。蓋如前例，事實上在神判以前業已決定其犯有某種竊盜罪故也。神判法通常不過用以確定神之意旨，關於該犯罪者宜處絞刑，抑僅支付罰金而已，故神判法非定罪之方法，而係定刑之方法。是爲基督教色彩下之一種古代異教習慣。

自大陸日耳曼人皈依基督教而後，結果宗教刑或聖刑之蹤跡，已泰半歸於消失。布洛勒氏以爲教會在多數案件之中，極力想用收取罰金之方法以代死刑執行一事實，對於聖刑之廢止極爲重要。關於此點，吾人可相信此並非由於人道本能之結果——因爲事實上當時羅馬城中之基督教會，對於後期羅馬帝國所用各種流於殘酷之死刑，並無力求干涉之企圖——而係由於執行死刑之方式與異教犧牲祭神之方式二者間所生明顯不可分之關係的結果，蓋如前述，死刑之執行與異教祭神之方式既不可分，故自日耳曼人皈依基督教後，以前諸異教之習慣，大半漸趨於廢止，隨而，以異教犧牲祭神方式爲基礎之執行死刑諸方法，自非隨之歸於消滅不可。

古代日耳曼法中所認爲犯罪之種類，極爲簡單。除前述各種犯罪以外，吾人所可見者，僅爲叛逆罪（treason），放火罪（arson），及暗殺罪（secret slaying）三種而已。至公開殺人行爲而無藏匿之企圖者，則非犯罪，而屬侵權行爲之一種。

至庶民法院（Popular court）追訴犯罪之程式，容於後述之。

第五節　侵權行爲

對於個人所加之侵害行爲，既不認爲是對全部族之侵害，故不法行爲人僅於被害人及其血親方面觀之，乃放逐於平和以外之人，並非放逐於全部族平和以外者。由於此種侵害行爲所產生之狀態，即爲復仇（feud，盎格羅薩克森語爲 faehth 拉丁語爲 faida）。復仇一字之根本意義，乃指「怨恨」（hatred）而言。復仇乃法律上所認許敵對行爲（hostility）。法律上之承認復仇，由當時以合法復仇所施之報復手段並非破壞平和之觀念一點，可以見之。故復仇非不法行爲。復仇不能引爲要求罰金或刑罰之根據。在合法復仇中被殺害者，不能對於加害人再行復仇，同時亦不能對於加害者以其加害行爲爲理由，而要求支付賠償金。

所以使不法行爲人就被害者方面言，爲放逐平和之外者，乃不法行爲本身之結果。除於復仇實行以後，爲證明加害者之殺人行爲是否出乎合法實行復仇，是否可以免責一點，須由司法程序加以決定外，對於一切不法行爲之決定，概無需司法判決爲之。

復仇之實行，乃被害者及其男性血族——即帶劍血族（sword kin）——之權利。此即彼輩尋求滿足之權利。此所欲尋求之滿足維何？即報怨雪忿是也，此種忿情之滿足欲，乃對於不法行爲最原始之反動。凡在復仇權發生之當時——即在爲加害行爲之一刹那，即可立時採取報復之手段，以實行復仇。

不法行爲者與有血族親屬之間，並不因不法行爲爲一事實而截斷其親屬關係。其親屬苟不自動將之逐出，則仍有防衞及保護之之義務。因此，觀乎古日耳曼人之復仇，通常爲一種宗族復仇（clan feud），此種宗族復仇之實行，實即包含一種二血族團體間之小型的戰爭，結局僅此二血族團體互相爭殺，而部族中其餘之氏族皆袖手旁觀，嚴守中立。後來在一四三九年拉摩爾（Namur）之承審官（schöffen——一種非專家之刑事審判官）曾於一判決書中宣示曰：「如被害者之血親願意並能爲被害者復仇時，則好歹任其命運爲之，蓋吾輩承審官與此事毫無關係也。」至被害者團體所提起之復仇，不必限於以對加害者本人報復爲主。此時，甚至加害者本人所受之威脅，尚不及其血族中某一部分人所受之威脅大。如就挪威以言，被害者之血族親屬實行復仇時，習慣上往往務期於可能範圍內，擇定對方團體中一最能幹優秀者爲目標，而集中擊殺之。即於爾後十四世紀頃，在霍爾斯坦（Holstein）農民之復仇中，凡一人之父，兄弟，或堂表兄弟爲人所殺害時，則被害者方面之復仇，並不一定欲殺害原加害者本人，苟情形可能時，亦欲求殺害加害者之父，兄弟，或堂表兄弟，揆其用意，不外指：必如此，則其所實行之報復手段與原來之侵害行爲，始能完全對稱。

關於復仇之實行，在法律上無宣示或公示之必要。惟當不法行爲者未當場被殺，或於其逃逸中亦未遭追擊及殺死時，則習慣上被害者之血親往往集會，以決定實行復仇及發動復仇所應採之步驟。在後來之法律中，吾人尚可見有關於被害者之最近血親得於形式上正式召集其血族團體中各宗支以行復仇之規定。有時且將被害者之屍身挨戶抬由各家之前經過，並放置於各戶門口，依次輪流抬送，以期激起各血親同仇敵愾之情。親屬團體之準備復仇，其情形正同部族之準備作戰然。亦選舉其親屬中之一人，作爲復仇之領袖。有一部分荷蘭城市之法律中，直至後來十五世紀頃，尚可見有關於何種親屬有第一次要求作復仇領隊之權的規定。又如拉華爾之法律，即以此復仇領隊有戰時軍隊統帥之地位。考遠古之初，尚有一種習慣，即被害者之屍體非至其被害事實已經親屬爲之復仇以後，不能即加以埋葬。爾後在十三世紀頃，佛里西人習慣上猶往往於復仇實行終結以前，將被害者之屍身，懸於其生前之居屋內。

至實行復仇中所發生之殺人行爲（manslaughter），必須公開宣示，或至少須用某種方法，使人明瞭此種殺人之舉係一種復仇行爲。至祕密復仇，乃屬一種不法行動，爲法所不許。在佛蘭克人中，常將復仇中所殺者之首級，掛於竿端，或將其屍體懸諸絞架（gallows），或公開陳列於屍架（bier）上以示衆。後來荷蘭法中規定：復仇者殺人以後，必將其殺人用之武器，留置於其所殺者之胸上，不得攜去。

至不實行復仇，而願接受賠償以代之者，自然屬諸被害者方面之自由。最初各種對於私人侵害行爲之賠償金額，原非由法律所規定，完全由當事者雙方之契約定之。如雙方當事者之親屬團體，皆已同意以給付若干頭家畜，或如後來之情形以給付多少金錢，作爲賠償金以代復仇時，則訂立一正式和解契約（solemn contract of atonement）。於是被害者團體遂正式宣布不再實行復仇。同時，此被害者團體之代表對他方團體之代表，宣誓一平和之誓言(oath of peace)，雙方之仇恨，遂因之解消矣。

顧一部族內敵對團體間相尋報復之結果，勢必如近代近親復仇(vendetta)之情形，終易流於消滅其中一團體之弊，隨而必有減殺全部族戰鬥力之虞，因此，在古代之所以獎勵賠償制度者，自屬勢之所必至也。徵諸實際，吾人在有史之初，卽可見法律上關於一切輕微之侵害，其復仇之權，已漸於消滅。同時，在習慣上，對於任何侵害所支付之賠償金額，亦漸趨於確定，古代部族法中所包含者，大部分爲對於各種特定侵權行爲所應付罰金或損害賠償之價目表。

至於重大之侵害行爲，如殺人或略誘婦女等所謂「有關流血或榮譽」(blood or honor)者，事實上欲勸服被害者團體接受賠償條件，殊不容易。因爲在此種情形之下，一般俗認爲以金錢買銷仇恨，乃極不榮譽之舉。惟在斯堪地那維亞人中，吾人可見一避免此榮譽問題之妙法。卽被害人方面在接受損害賠償及訂締平和條約之前，堅持不法行爲者及其親屬須宣誓謂：如彼輩遇有此類相同之侵害時，亦必如此種情形，接受同樣之賠償。此謂之「平等之誓」(equality oath)。在律根(Rügen)島方面，雖其所用之名稱不同，但仍見有與此相似之誓言的存在。其地，凡不法行爲者及其親屬，在此情形下，必須宣誓：「爾後如對之有同樣事態發生時，則彼輩亦必採取同樣之方法，接受同數之賠償金。」

在日耳曼有史之初——卽古日耳曼最初成文法之時代，吾人可見在此類有關流血及榮譽之場合中，實行復仇抑收受賠償金？仍屬諸被害者團體之自由選擇。如被害者方面已決定接受賠償時，則加害者及其親屬卽無拒絕賠償及仍許照常實行復仇之權利。蓋被害者方面，根本無此種自由選擇之權利故也。設加害者方面此時拒絕支付習慣上之賠償金時，則被害者團體卽可訴諸庶民法院，請求其給付，又如加害者及其親屬未滿足此判決時，則可將之放逐於全民平和之外。故歸結以言，不法行爲人無論在何種情形之下，其惟一的選擇，卽損害賠償與放逐法外二者可能而已。在所有此種被害人有自由選擇復仇與損害賠償，以及有權訴請庶民法院要求給付賠償之場合中，其應賠償之金額，概由法律定之。至於殺人或略誘婦女二場合所應支付之懲罰金(penalty)卽贖罪金（worgeld），亦不過一種特別形式之損害賠償而已。其他少額罰金或低額賠償，則為輕微之侵害行為而設。

古代損害賠償之支付，原係以家畜計算者，此點業於前述。塔西佗氏嘗謂，古代損害賠償，係給付若干頭牛或馬，以為計算（日耳曼民族誌第十二章）。當時除在法院中所得之賠償，或包含於此種賠償中之賠償金外，尚有須向全民，或諸侯，或君主支付之一定小額罰款，此即通稱所謂之「平和金」（peace money），盎格羅薩克森人稱為「刑事罰金」（wite），丹麥人之英格蘭境內，則稱之為「違法金」（lawbreach）。有些成文法中，此種平和金係包含於普通罰金中，成為普通罰金之一部，故在此種情形之下，被害者得其大部分，而法院得其小部分。至其他成文法中，則不然，此小額罰金，乃獨立支付，非混於普通罰款之中。布洛勒氏以前一種制度——即平和金包含於損害賠償中之制度，係較早之一種古代制度。塔西佗氏謂此部分罰金（mulcta），歸屬於部族（civitas）或君主。惟布洛勒氏則認此平和金乃向原告支付，作為法院在執行原告權利時所與幫助之一種代價，換言之，即一種辦事之手續費（commission），故此筆款項，最初係由原告從其所受領之賠償金中，抽出一部分付給法院，並非由被告獨立另付者。至認此平和金為法院所課於被告負擔之訴訟費用（costs），而直接從其財產中徵收之者，實為後來所生之觀點，當時尚無此意。

第六節　法院與訴訟程序

古日耳曼人之法院，乃部族法院與區法院（即百戶法院）二種。每一法院係由其所轄區域內之全體自由民所組成，即一為部族中之全體自由民所組成，他為百戶區內之全體自由民所組成。

在日耳曼人之初期，部族大會至少是一種祭祀的乃至政治的司法的集會，同時，百戶區大會或亦不外此種性質。當時在開會之地方，於其四週樹木樁為界，復以長繩圍繞於木樁之上，作為籬圍，此界內之地，則稱為

「平和聖地」(sacral peace)。冰島語則稱此區域內之平和爲 thinghelgt，此字之原義，乃指專供祀神之區域（hollowing）而言，古北歐語則稱此圍繞該區域之長繩曰「聖圍」（holy bands）。塔西佗氏謂在法院開庭時，由祭司命令靜肅。在爾後所見之資料中，換言之，卽在次期日爾曼部族法中，主持開庭及宣布靜肅者，恆爲主席之裁判官或承審官。然而卽在此期中，尙有一種極爲普遍之習慣，卽該主席首先向大會全體會員或其中一員或數員代表分子，提出三問題：其一，此是否爲正當集會之時間與地點？其二，此區域周圍之標界，是否恰當？其三，此時彼是否可正式宣示靜肅？對於此三問題之答復，正同大會中其他一切之答復然，皆稱之爲判決；不過此種特別答復，則稱之爲 Fronurteile——卽「神聖判決」(holy judgement)。在斯坎地那維亞人、佛里西人、佛蘭克人及薩克遜人資料中所見一宣布靜肅之極古的方式，卽裁判官宣示曰：「余要求諸君靜聽，不聽者禁之。」此種宣示靜肅之方式，乃諾曼語「靜聽」(oyez) 之直接祖先，此語吾英美法院，今仍沿用之。

關於此點，布洛勒氏則以爲在古代初期，前述三道正式發問，係由君主或百戶區長 (hundred-man) 向祭司提出，且當此類問題經正當答覆之後，於是祭司遂正式宣布靜肅。

在後世司法權之一重要特性中，有所謂 bann 者，此卽指命令與禁止之權而言。字源上，bann 一字乃由於「高聲說話」一字根而來。最初乃指戰時主帥所發之命令，後來則用以指行政上之命令或訓令而言。因而，此字卽包含有法院中官方公式宣示平和之義，終至卽用指平和本身而言。在古代佛蘭克人之資料中，bann 一字所表現於拉丁文者，爲 sermo 一字，至拉丁文中 sermo regis 之義，乃指君主之平和而言。所謂 Extra sermonem regis ponere 一詞，卽指放逐平和之外之義。至他一拉丁字，或寧稱爲拉丁化之德文字，則爲 forisbannire，吾人今用指「放逐」之 banish 一字，卽從此字演變而來。

在後世之資料中，尤其在諸部族法中，大概有三種大會或法院 (thingsor courts)：第一種爲眞正或正規之法院 (echte dinge)，其集會開庭，有習慣上一定之期間，屆時所有自由民無須特別傳喚，皆有出席參與之義務；第二種為根據特別命令所集會之法院 (hot dinge)；第三種為延期大會 (afterdinge or nachdinge)——此係大會於正常集會後所舉行之暫時短期會議，其目的在完成大會中未竟之事務。

執行法院職務之部族大會，對於某項事務，有絕對的專屬管轄權，對於其他一些事務，則與區法院兼有管轄權。但處理大部分爭端者，則專為區法院。即令在當時，百戶區之組織仍非一地域上之區劃，而係一軍事編制上之區劃，即仍為一自由民之團體，在執行司法之時，似由每一千戶郡之郡長 (the prince of the gau) 在其郡轄區域之內所屬各部，分別先後開庭，即以執行司法之目的，依次於各百戶區內輪流集會，處理訟爭。故在此種制度之下，每一百戶區內所開庭之法院，吾人可稱之為「郡法法」(gau court)；除此種意義之外，在當時似別無所謂獨立之郡法院。

關於君主，諸侯或主席裁判官對於大會之關係，以及其在執行司法上各自之職責如何？自來聚訟紛紜。關於此點，羅馬人之記述亦不甚明確，惟當吾人明瞭次期日耳曼人中所見諸證據之後，即知主席裁判官（或簡稱主席）之地位與權力，在各部族中大相出入。根據凱撒與塔西佗二氏之記載，初期日耳曼族君主之職務為 jus discunt, jura reddunt（宣示法律，回復權利）。然而此不必即指君主判案之意義而言。蓋在凱撒及塔西佗之時代，羅馬之審判官雖掌聽訟審訊之職，惟實際上判決之權，則操之陪審官，通常由一陪審官為判決；雖然，審判權 (jurisdiction) 名義上仍屬諸審判官 (magistrate) 也。至成文日耳曼法時代，日耳曼法院之主席裁判官已與判案之職責，全無關係；一案之判決，係由大會為之。塔西佗本人亦自認當時大會中合作之情形，一方面宣示百戶團體乃君主之顧問，同時並由此類團體授權於君主，以處理各項爭議，因是，大會中之全體合作，始藉以實現也。

在最初之成文部族法中，吾人可見實際上發現判決，或至少提示判決之旨者，乃一員或數員所謂「智者」(wiseman) 或「宣法者」(law spoaker)，並且其所提議之判決，通常必經與會之諸自由民批准。此即提出判決者，智人也；但使判決生效者，大會全體也。

在巴維利亞人及斯瓦賓人中，當開庭時，常有一公職之宣法官或判決發現者（esago, urteilo）坐於主席審判官之側。其職司在提示判決。如其所提示之判決，為其他宣法者所同意接受時，則以之提交大會，經大會通過，即生效力。直至後來第九世紀中，巴維利亞人及斯瓦賓人仍墨守此種程序。又在一切案件之中，凡宣法者所提出之判決，經全體通過時，則該宣法者得收取所課於敗訴被告罰金之九分之一。在亞郎曼尼人中，亦可發見此類公職之宣法官。後世著述中，恆稱此公職宣法官曰裁判官（judex）。

在佛里西人中，亦有一種宣法者（asega, judex），此種人並非大會之主席或主席審判官。此種宣法者與巴維利亞人中之宣法官，稍有不同，在佛里西人中，此種宣法者乃惟一提示判決之人，此外，別無專備大會之咨詢，而由大會要求其對於此判決再發表其贊否意見之「智者」。此種宣法者乃根據主席審判官之請求或寧稱為命令，而下判決，又如巴維利亞之宣法官然，亦可分受所課於敗訴人罰金之一部。其所提示之判決，亦需要大會之同意通過。此種宣法者大概俱由人民從某貴族世家中所選出者。

至大陸薩克森人法律中，其情形又稍異於前，所有之判決，概由隣接區域內或千戶郡內之全體人民制作之。

學者有主張盎格羅薩克森人中，係由主席或主席審判官下判決者，惟徵諸實際上所得之證據，適得其反，足徵此說之不符。蓋在盎格羅薩克森人中，當時所有書證與法規之效力，無不以大會自由民之判決為前提故也。

在斯坎地那維亞人與冰島人中，亦有一種宣示法律之公職官吏，此種宣法官不僅有大陸日耳曼人中宣法官之職司，提示判決要旨或提議判決，交由全民所組成之法院批准，且同時對於人民常作關於其本族法律之公開講演——此種講演，吾人直可稱為對於人民講授法律課程。冰島法院之中，宣法官並非自動提議判決，僅於主席要求其提示某案判決時，始提出其所擬之判決。然在挪威則情形不然，一切判決皆由宣法官提出；且在瑞典方面，宣法官之職司尤臻發達，終至成為惟一且最終之判決者。

關於五世紀及其爾後之各種制度，暫置不論，於茲試一回顧其共同發源地之古日耳曼法院之情形時，即可見在最初日耳曼法院之中，其主席通常係請求一員或數員爲一般公認精通法律之自由民，提議一判決，然後將此判決提交與會之全體自由民，以求公決。因此，可知自古以來，所謂大會之同意（umstand），即爲一判決，在判決以前所進行之程序，均不外是提議。最初表示此種同意之方式，與其他提交自由民公決之提議的情形同，亦用長矛相擊發聲（spear clash）以表示之。

古代日耳曼法之訴訟程序，僅有二種：或爲要求損害賠償或罰金之侵權行爲之訴，或爲原告訴請將被告放逐法外（outlawry）之刑事訴訟。關於侵權行爲之案件，通常乃向法院起訴，至於刑事案件，則恆向部族法院起訴，蓋惟在部族大會中，始能將自由民放逐於平和之外故也。無論在侵權行爲案件或刑事案件之中，皆須由原告一人或有時偕同血親數人，親往傳喚被告到庭，其傳喚之方式，亦同古代其他一切程序然，皆須用習慣上相沿之一定習語。至於是否以被傳喚者之同意到庭爲必要，學者中尙有所爭，且事實上亦尙可懷疑。惟在冰島方面，可見一部分關於傳喚方法之證據，即在該處原被兩造須交互傳喚對方三次。此種交互傳喚，乃構成對於法院管轄之自願服從。不過此種傳喚方式，是否爲古代一般所通用，猶不能無疑耳。考日耳曼人有史之初，凡被告經正當傳喚之後，即有到庭之義務，如仍不到庭投案，則可即宣示將之放逐於平和之外。蓋在古代之情形，大概當被告拒絕到庭或不投案時，一般恆認爲此不外被告自認行爲不法之虛心表示，並且原告及其血親方面，此時可以之爲自力救濟之合理的口實，而實行復仇。然而，吾人於茲尙須常常注意者，即在古代社會中，凡對於公開顯明之侵害行爲的救濟手段，即由被害者方面採取自力救濟（self-help）之方法，直接爲之，並無須申訴任何法院，請求他力救濟之必要。事實上，古代法院之成立，其主要之目的厥在於處理辨明一切未臻明確或可疑之案件。迨爾後血綠組織日趨衰弱之後，法院始成爲抑強制暴之手段，弱者之保護者。

在訴訟程序上，起訴——即要求侵權行爲之損害賠償或要求將被告放逐平和之外的請求——係因原告偕同其血親到庭用相沿習用之一定習語，申述其起訴要旨而成立。對於此申訴之答辯，亦祇一種，即必須絕對否認原告之要求。否則，只有全部承認，不容有部分承認部分否認之表示，如後世諾曼時代英國所流行之習語，被告之答辯惟有曰「絕對不行」(a downright nay) 一詞而已，此種答辯，亦必須用一定之習語答復之，否則不能有效。又開庭審訊中原告復述起訴要旨時，必持一杖，以爲標幟，故在某些土語中，往往竟呼起訴曰「杖訴」(bestaving) 或「杖語」(staff saying) 者，蓋取義於此。

根據所有日耳曼部族法，凡當被告正式否認原告之要求後，隨之卽下一判決。所有在大會中提議及經大會通過之判決，並非對於訟爭本身之判決，而僅爲關於如何判決此訴爭之決議案而已。

欲明瞭古代之判案情形，吾人自不能以今人之頭腦推之，尤非設身處地置身於古代人士思想之中不可。古代人士，在甲主張一事實，而乙之主張，與之完全相反時，以爲此時祇神知事實之眞相。復在當時，亦未發生憑藉證據之證明方法，以斷是非曲直之觀念。卽用此種證據方法，有時或亦難保無矛盾反對陳述之可能。總之，無論在何種案件之中，偶然之證明與爭端之解決，一般皆認爲毫無關係，故不以之爲解決訟爭之準據。既然在當時以爲惟「神」始能知是非曲直，故關於爭端之解決，不外採用下列二種方法之一，或用某種足使神得藉以指明是非曲直之方法，如神判 (ordeal) 方法是；或用一種心理強制之方法，訴諸一方當事者之恐怖心，使之覺得如其故作虛僞，勢將觸犯神怒，因而不能不爲眞實之陳述。在此種採證方法之下，當事人之一方於陳述時，必須宣誓其所陳述者概屬眞實。在古日耳曼法中，當時人所爲之此種誓言，復可因其友人之誓言，或其血親輩之誓言，合之而更增強其力量，在此種情形之下，當事人所立之誓言，一般恆認其爲「眞純且毫無虛僞」之誓言。此卽古代所謂「輔助宣誓」(oath-help) 或誓證法 (compurgation) 者是也。此種輔助宣誓辦法之基礎，或係基於宣誓輔助人對於實在之事實，多少有所知；或係基於宣誓輔助人之一般確信，認爲本人之陳述係屬眞實。至於宣誓輔助人所以爲本人作輔助宣誓之理由何在，在當時古代社會中，概所不問。在古代日耳曼社會中，一人之血親，正同其有幫助本人復仇之義務然，同時亦有爲之作輔助宣誓之義務。惟本人已被放逐於血族團體以外者，則不然，其親屬卽無此種義務。又如其血親輩對於該行爲人所爲之主張或抗辯，不能信其係屬眞實時，則彼等將受褻瀆神之偽證罰訃，不但不爲之輔助宣誓作本人之後盾，且可明白宣誓其不信本人所言之屬實。由此觀之，可知輔助宣誓一法，究不外原始人中試探一人善良品性及人格之一種證據方法。

在侵權行爲之案件中——換言之，即在要求罰金或損害賠償之案件中，解決爭議之法，通常乃命當事人之一方面，對於自己之主張或抗辯須宣誓其確係眞實，同時，或更須附有輔助宣誓。當時一般對於宣誓與輔助宣誓之看法，係從舉證權利之觀點出發，而非着眼於舉證義務之觀點，僉以宣誓及輔助宣誓，乃屬當事人舉證之權利。一般皆推定在當事人中，必有一方較近證實，且此當事人必將藉單獨宣誓，或藉宣誓及附加輔助宣誓之方法，以證明其要求或抗辯之成立與眞實。

古代訴訟程序之目的，旣在雙方當事人對於任何解決方法皆不能同意接受時所給與之一種解決方法，故吾人往往可見在某些案件之中，雖已提判決，但其爭議未必可由此判決立得其解決，此時一方當事人仍將藉宣誓及輔助宣誓之法，以證明其主張；同時，他方當事人於此時或亦欲提出更多數之宣誓輔助人，以期其幫同證明有利於自己之主張，在此種互相競爭舉證之下，其案件之不能藉該判決而立即了結之者，明矣。舉例以言，如一智者或多數智者向大會提議一判決謂，在此案件之中，當事人之一方欲求勝訴者，務必宣誓曰：「余自己爲第七人」(self seventh)——此即指除本人而外，尙能提出宣誓輔助人六人。惟此時他方當事人或竟宣誓曰：「余自己爲第十三人」——此卽指其已提出宣誓輔助人十二人，以幫同宣誓，證明其有利於己之主張。在此種情形之下，後者所能提出之宣誓輔助人，係一倍於前者所能提出之人數，此時苟非前宣誓人更提出與之相等之宣誓輔助人人數，則證明之權終歸移轉於此能提出更多數宣誓輔助人之當事人。然而，關於此種超額提出宣誓輔助人辦法之證據，係於後來資料中所發現者，故此種制度是否眞屬於古代之制度，今猶爭議紛紜，尙無定論。

在此種要求損害賠償之民事訴訟案件中，其判決之方式，要不外下列二種：或原告方面爲求達到勝訴之目的起見，必須自己單獨宣誓，或尙須偕同一定數之宣誓輔助人，幫同宣誓；或被告方面爲免予敗訴計，亦必須自己單獨宣誓，或偕同一定數之宣誓輔助人，以幫同宣誓，證明其對原告抗辯反駁之屬實且可成立，否則，被告方面則須支付習慣上所定之罰金或損害賠償。

至刑事訴訟中原告之要求，乃請求將被告放逐法外，故在刑事案件之中，其證明之方法乃訴諸神判(ordeal)——即直接訴諸神之裁判。在日耳曼人中，與法律發達初期中其他各民族之情形正同，關於神判之方法，有各種各樣之形式。日耳曼人習慣上極流行之神判法，即爲決鬬法（battle）；除此而外，尚可見有火審（ordeal of fire）與水審（ordeal of water）等法，火審之例，即將被審者蔽其雙目，使跣足通過灼熱鐵犂之上；至於水審，則有冷水之審或沸湯之審。沸湯審之普通形式，乃欲憑神審法以證明其爲無罪者，必須探手於一鍋滾熱之沸湯中，取去原置於底之指環或其他小物。至於冷水審之方法，乃將受審之被告縛其手足，投諸河中或池中。此種冷水審之方法，在古代多數民族之中，可以見之。如在巴比侖人中，以一人投諸水中，若沉則有罪，反是，如仍浮於水面，則爲無罪之證明。惟在日耳曼人中，則甚奇特，其定罪之標準則剛與前述巴比侖人之標準相反，以浮諸水面乃有罪之表示，揆其所根據之理由，蓋以水爲世中最純潔之因素，今受審者入水而不沉，要不外表示此純潔之因素，決不欲容納此汚濁之物，是足徵其人之有罪也。如受審之被告沉入水中，則其友好必須立即施以緊急之援救，以免其因證明無罪之故，而反喪其生命也。

所有各種神判法，固易被吾人認爲完全無合理之基礎，不過吾人應該記着，在此一民智未開，神權思想完全支配人心之時代，凡人皆深信惟神始知是非曲直，並且以爲如以不能決斷之爭端，正當訴之於神，則神必藉某種神判方法，以昭示是非曲直，因而，在此種思想環境之下，凡一無罪者，實較之自知其主張虛僞且相信此種虛僞復爲神所明知者，能眞正獲得一種表明無罪之良機。茲舉決鬬一例以言，當決鬬時，凡確知自己之理由爲正當的決鬬者，大概可以極大之確信，發揮其全力以擊敗對方，因而，在此種情形之下，此人必較自知理曲而虛心之對方，有獲得最後勝利機會之可能。至於火審或沸湯審之場合，並非推定無罪之人必不致灼傷或燙傷。不過於此種審判之後，立將被審者受傷之足或臂，以布裹好，同時爲相當之祈禱或咒詞，告之於神，迨過相當期間以後，將裹布解開，察看傷痕。如創傷已日有起色，漸趨於自然痊愈之勢，則其人無罪，足徵其陳述概屬真實；反是，如創口已日在膿潰發爛，則其人即爲有罪。在今日而言，吾人皆深知精神狀態實影響於生理作用與身體上之變化，由此足徵一種有罪或無罪之內心的信念，對於身體上創傷之痊愈，實可能發生多少效力，多少影響，故吾人對於古代神判方法之證明力，未可概以荒唐無效果之舉目之也。

在古代日耳曼人中，自由民解決爭議之方法，通常係用決鬬之法。蓋就部族之利益以言，二當事人間之決鬬，實較諸宗族間或血族團體間以實施復仇解決爭議之方法，特別有利故也。至火審或水審之法，並不加於自由民，惟施諸奴隸而已。

凡提議一訟爭必由當事人之一方，以宣誓或輔助宣誓而終結（在侵權行爲之案件中，通常以被告爲近於證據之一方），或於刑事案件中，已經提議用決鬬或其他神判方法，以斷是非曲直時，則不問此提議之性質如何，一經與會之自由民以長矛相擊發聲，表示接受贊成之後，於是法院中所進行之訴訟程序，實質上於此時已歸於終止。此後之手續乃被告方面必須承諾負責提出所必要之證據，並且在此時往往必需被告提出保證人數人，負責擔保爾後被告仍必隨時到庭證明其主張或抗辯。關於本案之實質的判決，不問其係由於宣誓法，抑由神判法所得之判斷，其效力僅及於當事人雙方。如前所述，當時訴訟程序之目的，祇在於由決定應如何解決爭端之方法，以期達到訟爭本身之解決而已。在後來訴訟外之程序（extra judicial proceedings）中，如原告經法院命其提供證據，證明其請求或主張，而未爲證明時，則以原告已失其主張歸於敗訴，於是該訟爭本身亦因之歸於終止。反是，如被告無故不到庭，或雖到庭而不能證明其主張或抗辯時，則以被告顯屬不法。故此時被告必須給付原告所要求之損害賠償，或因自己之行爲，當然放逐於法外（如在決鬬中失敗之情形是）。

雖然，尚有應注意者，即在當時苟當事人間彼此能同意其他解決方法時，並無必依法院判決所定方法以解決爭議之義務，故可知當事人雙方於解決爭議上，亦不必概受法院判決力之拘束。原夫當時社會利益之所在，祇求獲一解決已足，至解決方法之爲何，本無過事拘泥之必要也。此外，更須有應注意者，即在少數日耳曼族之中，雖然判決之基礎係依據宣誓或輔助宣誓，又經法院課以舉證義務之一方當事人，雖已爲證明時，但對方當事人仍可宣誓謂該造之宣誓係出於捏造虛僞。如原來之證明，有輔助宣誓爲其後盾而提出者，則此對造爲否認原證據之證明力，亦必提出與之等數之宣誓輔助人，偕同宣誓，謂該造本人及其宣誓輔助人之誓言，全屬虛僞。凡單獨宣誓或偕同輔助宣誓之宣誓，遭遇此種攻擊時，則惟一解決之道，勢非訴諸神判，由雙方當事人間或雙方當事人及其輔助宣誓人相互決鬪，以判斷最後之是非曲直不可。

所謂在法院外所取得之終局判決，在古代通常係由自力救濟之方法以執行之。在侵權行爲案件中，如判決被告有支付罰金或損害之義務時，則此判決之債權人爲執行其判決上之權利，得拘禁債務人之人身，或扣押其財產。如債務人抗拒拘禁或拒絕扣押其財產時，卽爲對於平和之破壞，此時可將之放逐法外。在有些案件之中，尤其在後來之司法程序中，判決債務人且須提出保證人，擔保其必滿足判決之執行。如不能滿足債權者判決之執行時，則由保證人代負責任，保證人之人身可被拘禁，其財產亦可被扣押。

在刑事訴訟中，如已證明被告有罪時，則被告在事實上卽當然成爲放逐於法外者。此時其對造或部族中之任何成員，可隨時將之殺死；如其逃去，則如前所述，卽成爲「森林中之遊蕩者」，已被排諸人世之外，同時吾人復可見往往並將其居屋燒毀，以示其永與人類隔絕，此後再不能與普通人同居共處。

在中世後期所發達之情形中，尙可見用放逐法外之處分，以強制被傳喚者履行其隨傳隨到之義務，卽被傳喚者經傳喚而不到庭時，則可將之放逐法外。有時此種放逐法外之處分，且可對之立卽實施。不過如犯人爾後自動投案，則亦可免於放逐法外之處分。又在後期，侵權行爲或其他民事案件之中，如判決之執行不得滿足實現者，對於判決債務人亦隨之有放逐法外之處分，惟爾後債務人苟能完全滿足判決之執行，則仍可免此種處分。在佛蘭克帝國之內，後來尙發達他一種執行程序，根據此種程序，不僅可放逐判決債務者本人於法外，且可放逐其財產於法外。凡債務者之財產經放逐於法外之後，卽得爲滿足判決執行之目的，而佔有之，變賣之。

第七節　法律行爲之方式

概觀法律發達之各階段中，凡法律關係之成立，太半係由於當事人之行爲，又關於私權之保護及其強制執行，大率由於訴訟 (action or suit) 之形式爲之。在古代法中，當時之起訴極拘泥於形式，一切訴訟行爲俱爲要式的，故在此種情況之下，一種訴訟之方式，卽爲一種私權在司法上有強制執行性之明徵，且決定其私權行使之範圍與強行之程度。又在古代法中，一切可以產生法律效果之行爲，俱爲要式行爲，且此種爲當事人所必須遵守之法律行爲的方式，係決定私權之存在及其範圍者也。

近代法律之中，對人權（債權）與對物權（物權）之間，可見有極顯明之區別，二者在權利之本質上效力上，判然不同。對人權無論何時皆限於相對的，換言之，卽恆以權利義務之相對的結合爲限。然而在古代法中，當事人雙方互負權利義務之相對的關係，殆難見其存在。當時正常之法律關係，不過爲權力服從關係，卽一方僅有權力，他方僅有服從之片面關係。學者梅因 (Sir Henry Maine) 氏嘗謂：法律發達之現象，究不外一種由身分至契約 (from status to contract) 之發展過程而已。耶陵 (Thering) 氏且將此發展過程，表於一更廣泛之通則，氏以爲法律之進化過程，乃從片面權力之制度，進於雙方權利義務相對的法律關係之制度。

古代法中無對人權與對物權之區別，可於下述之事實中證之：緣古代羅馬法與古代日耳曼法中，表示法律上權力 (legal power) 者，均僅有一字，又在此二法系之中，該字之意義與字源，亦復相同：如羅馬法中之 manus 字或日耳曼法中之 mund 字，其原意俱指「手」而言，以「手」乃權力之自然象徵也。但古日耳曼語之 mund 與現在德文中之 mund，其意義並不相同。後者爲陽性，其義指「口」；而前者爲陰性，其義指「手」而言，如謂手，卽用 die mund 以表示之。吾人於今日仍常引用之一句古日耳曼韻詩中，卽可見此陰性之 mund，該詩原句爲：「清晨手內有黃金」(The morning hour has gold in the hand ——此卽指清晨一刻値千金之義），此句原文所用之「手內」一詞，卽爲 in der mund。同時，吾人復可見此古日耳曼文

mund 尙有與他字結合而成之複合字，如 vormund（監護人），卽爲一例（所謂監護人者其中卽包含有監護權之義——譯者）。

羅馬法中 manus 一字，在古代其原義所指者尤爲廣泛，此於多數與此字相合之複合字中，可以見之——如 Mancipium 一字，在古拉丁文中，卽指「奴隸」而言。然而，迄乎有史時代，manus 之意義則復有限制，僅限於指夫對於妻之權力而言。在古日耳曼法中，mund 乃指對於自由民所得行使之權力，附帶包含權威與保護二種意義。至對於物之權力，則爲 seizin，拉丁化之德語，則轉爲 saisina，他一同義之德文，則爲 gewer。各日耳曼族各用種種不同之字以指對物權一事實，卽不外指明對物權觀念之發生，時代較近。

古日耳曼法與羅馬法中，代表權力之象徵，俱爲長矛。惟至後來，此二法系中復有所變動，均以木杖代替長矛。古日耳曼法中，代表對物權力之象徵，爲手，惟少數德國法律史家則以爲乃指戴有護甲之手，但所謂護手鐵甲一物，是否眞爲古代之物，尙不能無疑。

在古代社會中，他一最重要者，卽一權利之存在，必由創設此權利之方式，將之明白表現之，以昭公信，因此在當時，不僅對於各個法律行爲，在用語上各有一套固定之方式，並且照例還有一種代表權利之象徵的行爲。一切既成權利之本質，務必使人見之卽知，聽之卽明，能用五官以辨別之。吾人在探究古日耳曼人之各種法律行爲上，可發現在當時矛或杖二物，在法律行爲中佔一極重要之地位。又除所謂護手甲一類之物而外，尙可見草塊與條枝（turf and twig）等其他代表權利之象徵物。此外，除種種權利象徵物外，同時亦可見有代表權利移轉或接受之象徵的舉動與表情。如用一句古日耳曼之習語表之，卽一切法律行爲概由手與口所完成者。

第八節　親屬關係

日耳曼人中婚姻關係之成立，或由於掠奪，或由於買賣，前者係男子掠奪婦女爲妻，後者係女家價賣其女子於其夫，此與古代其他民族之情形，無以異也。至古日耳曼人中，是否亦有宗教婚姻，則吾人不得而知。古代大陸日耳曼人既早已皈依基督教，自必久已廢棄各種異教的儀式，其無宗教婚姻之存在，實屬當然。然而，縱在有史而後尚崇拜異教之諸日耳曼部族中，亦不見有何宗教婚姻之證據。在日耳曼有史時代，買賣婚最初係由男女二家訂立契約而成立，在此契約之中，一方面新郎同意給付習慣上一定之身價，他方面，女方之父或監護人同意將女子交付其夫，至身價之支付，最初原係以給付家畜多少頭爲計算，至爾後貨幣發達，則轉爲給付錢幣若干「索利地」(solidi——係古日耳曼人之貨幣單位，以後簡稱「索」——譯者)。最初此種契約係由男女雙方之親屬團體締結之。如塔西佗氏之所云，此係所謂「婚姻成於雙方父母及血親之間」(intersunt parentes et propinqui) 者是也。至女方當事者本人之同意，尚無必要。

至從其他獨立部族中掠奪之一女子，自然不成立夫妻關係，祇不過主人與奴隸之關係而已。在部族以內，凡掠奪屬於他血族團體之婦女者，自然構成侵權行爲，不過，此掠奪者得以給付損害賠償之方法，而和解之。此時如掠奪者提出賠償金，而女方家族又復接受之者，則因之即成立正式婚姻關係。此種賠償金與因殺人而支付之賠償金，同其性質，俱係習慣上之贖罪金 (wergeld)。又當時新郎公開正當價買新婦時所給付之身價，其數與掠奪他族女子所支付之賠償金，亦復相等。因而少數學者，遂從此事實及可追踪於近代斯坎地那維亞半島尚普遍流行之一種習慣(即凡一種平和且預先訂婚之婚姻，當正式結婚之日，由新郎假作追逐假作掠奪新婦之方式的習慣)，以致推斷掠奪婚乃最初原始時代普遍流行之制，而買賣婚乃爾後所發達者。然而根據近代研究初期巫術之學者之主張，則以追逐與掠奪方式，究不過僅代表某種古代之迷信而已，不能即目爲古代掠奪婚流行之證明。總之，無論如何，買賣婚之發生究完全與掠奪婚同時，實無可以懷疑之理。

據塔西佗氏之記載，在日耳曼人之結婚儀式中，新婦須帶與新郎以武器一類之物 (aliquid armorum)。據塔氏之解釋，此種儀式不外人民好鬪習慣之表現。然而，如前所述，當時以長矛乃代表對於自由民權力之象徵，所以在結婚中，女方之父或監護人將長矛交與新郎一事實，即不外表示權力移轉之義，未可以人民好鬪習慣解釋之也。

在買賣婚中，男方之血親亦須幫助一部分身價，通常爲身價之一半，而女方接受價金後，由女方之父與其血親平分之，其情形與侵權行爲中損害賠償金之場合，完全相同。

至關於女家送交新婦之方式，在少數日耳曼民族中，亦可見有象徵收養子女（adoption）之各種方式。譬如將妻置於夫之膝上，此在當時收養一幼孩時，亦卽用此同一之方式。關於此點，亦不足引爲奇異，吾人必須記着，在古代羅馬法中，妻之法律上的地位本等於女之地位，譬如妻之繼承權，卽完全與女之繼承權相等。故日耳曼人中以妻作子女而看待之，自屬可有之事。

在當時凡不支付身價或贖罪金者，則無正式婚姻關係之存在。身價交付以前，則女子仍在其父或血親權力支配之下。在古代一尙早之時期中，一般已漸至於認爲此身價乃備女方於將來一旦孀居守節而用之準備金，以委託女家保管之方式，而備萬一之變。換詞以言，此身價已成爲妻之固定財產（settlement）。愈後，有一時期中，此種備女方孀居守節之固定財產或準備金，亦可不必現實給付金錢或移轉財產而成立。最後，在英國法中，此種孀居準備金終至僅給與妻一種對夫之不動產之留置權（lien）而成立。英國法上所謂之 dower right（妝奩權或孀婦扶養財產權），可謂係代表買賣婚中夫對於妻支付身價之最後的形式矣。

在原始之初，習慣上已流行者，或至少在古代一極早之時期中，已漸成爲習慣者，乃夫於結婚之翌晨，往往直接贈與其妻某種貴重禮品（morgengabe，拉丁化德語爲 morganatica）。卽令一女子或係出身奴隸——卽一解放之女奴（freed-woman），自無親屬可言，或因其社會地位低下，（吾人皆知在薩克遜人中，凡貴族與普通自由民階級之間，概不通婚。）致非由其血親正式價賣者，但仍需此種結婚翌晨贈禮（morning gift）之儀式。自不待言，此卽貴賤通婚（morganatic marriage）之起源也。最後，大概由於基督教之影響，此種婦女始取得妻之地位，然而該妻本人及其子女仍不能取得與夫相等之高貴的法律地位。

日耳曼婚姻制度，通常爲一夫一妻制，不過，如前所述，因其君侯或貴族習慣上往往擁有妻妾多人，塔西佗氏嘗稱之爲 propter nobilitatem（以貴族故），故畢竟難謂日耳曼人爲一夫一妻制之民族（monogamous people）。實則在今日一夫多妻制之民族（polygamous people）中，通常亦僅富裕階級始能畜養多數妻子也。

如前所述，婚姻契約乃由雙方之親屬團體締結之，故女子本人非契約當事人，不過為買賣之標的而已。昔肯德王厄忒爾柏特有一法律（Kentish law of Ethelbert）即規定曰：「當出賣一女子與人為妻時，如無詐欺情事者，則買賣契約即為成立。苟發現有詐欺者，則男方得廢棄原買賣契約，將女子送還本家，而取回其所支付之身價。」又他一法律，即厄忒爾勒德（Ethelred）王之一法律，有規定曰：「一自由民與他自由民之妻姦通者，則此犯姦之自由民須對該他自由民支付贖罪金，並須以款為他自由民另價買一妻，且將之送至對方自由民之家。」由此可見妻之地位完全為買賣之標的，至為顯然。史家中有謂古日耳曼人中仍不無特別尊敬某種女性之事者，此種見解大概完全根據當時日耳曼族中有女祭司（Priestesses）一事實。古日耳曼民族與古代其他民族之情形同，部族中亦有女祭司，女祭司當然是宗教上被崇敬之主體，因謂古日耳曼人亦有尊敬某種女性之事。

夫對於妻權力極大，其程度幾與父對於其子女之權力等。夫對於妻有生殺與奪及逐出之權——即與之離異之權，不過僅以妻有重大過錯者為限，始能行使。同時，夫在窮極窘迫之時，亦可價賣其妻。夫權既有上述種種限制，故實際上仍不及親權之大。揆諸夫權行使上前述限制之所由來，無疑係由於下述事實所致：蓋當時妻於結婚入居夫家後，縱其已非娘家親屬團體之分子，但其親屬仍然自認其有多少保護之責，如夫對其妻有重大虐待時，則彼輩仍認定其應準備用法律外之手段，以保護之。由是觀之，大概妻之所以由物之地位，進入自由民地位，而僅受夫之有限權力支配者，其主要之原因，或在於此。

至就親子關係而言，父對子女之權力，恆較夫對妻之權力為大。在古代，子女非在其父之權力支配之下（in the mund），而係在其父之占有之下（in the gewer or seizin），凡為父者，對於初生嬰兒之接收、撫養與否，或如其他古代民族之情形，父對於嬰兒之拒絕、遺棄與否，有自由選擇之權。如果接收嬰兒時，則同時於接養之初，為之取定一名字。此種儀式習慣上往往於生產後「九夜之內」舉行之，在有史而後，最初完成此種儀式之方式，乃以冷水澆該幼孩之頭。父對於子女，有生殺之權，或將之出賣以代處罰，亦無不可。

凡一家之家長，於一切事務上（包含訴訟程序在內），爲其妻與子女之代表，且對於彼輩所爲之侵權行爲，亦由家長本人負責。

女由於結婚之結果，遂脫離其父之占有關係，而入於夫之權力支配之下。子雖結婚，苟尙與其妻住於父家，則仍不能脫離父權之支配，不過，無論何時，一經分居另組織小家庭而後，即脫離親權之支配矣。故在日耳曼人中，凡爲人子者，必於「自立門戶，自起煙火」(with own hearth and smoke)之後，始能得其解放與自由。又爲人子者，因轉入一新養父之家或經送入君侯之家爲從士時，亦可脫離父權之支配。

子達成年時，則將之帶往參加大會，爲之武裝，此即爲成年之表示。此種方式自然非即使其脫離父權之支配，不過僅使之成爲大會之一員及軍隊之一員而已。

在日耳曼人中，與其他一切民族之情形同，親屬關係概依家庭組織爲轉移。妻因結婚入夫家之後，亦成爲夫家血族團體之一員，其所生之子女，亦屬該血族團體之分子。在他方面，復與多數古代民族乃至少數近代民族之情形同，凡夫入贅於妻家時，則夫亦成爲妻家血族團體之一員，其所生子女，亦該團體之分子。自然，在此種情形之下，即有所謂「母權」(mutterrecht)或「母系制度」(metronymic system)之發生。不過，在日耳曼人中，關於此種制度之踪跡，所見極少。無論如何，在其有史之最初期中，日耳曼人顯然係生活於父權之下，而非母權社會，並且當時係從男系方面，計算親屬關係者。

如前所述，古代日耳曼社會中，其血親團體或所謂 sib 者（案 sib 係一古日耳曼字，今仍遺留於英文中者，其義乃指血族而言，）在當時之地位，極爲重要。一人之所以重視其血親者，其主要之目的，不外在求其保護。又如前述，諸血親對其中之一員，無論在復仇方面，或訴訟方面，俱給與種種之幫助。吾人復知，在當時之結婚，非行於家庭與家庭之間，而係行於血族團體之間。在古代法律之中，sib 對於寡婦及未成年子女，有監護之權（guardianship）。在當時如以此種監護之責，主授之於一特別監護人——即以一特別監護人爲主時，則由sib共同推選此主要監護人，且此監護人之種種監護行爲，亦須受sib之指揮和監督。此種情形，在盎格羅薩克森法律中，極爲顯明。如西薩克森印帝法律（West Saxon Law of Inc）（約七〇〇年左右）中，即規定：凡失怙之子，由其母扶養監護，但其教養成長，則係受血親團體（maegth）之監督。由此可知，血族親屬實爲第一順位（chief seat）之監護人。同時，諸血族親屬團體對於該孀居撫子之婦，除須年給六先令外，且須於夏季給牝牛一頭，冬季給牡牛一頭。七世紀肯德法律及古斯坎地那維亞法律中，皆有此類似之規定。至大陸諸日耳曼人中，指定死者最近親爲其妻及子女監護人之習慣，早已確定最近血親有承擔監護權義之權利矣。

Sib對於其中之成員，有懲罰之權（disciplinary power）。復有將一成員放逐於血族團體以外之權。盎格羅薩克森王愛德蒙二世（Edmund II）之法律，即推定血族親屬團體有放逐一「殺人犯」（a homicido）之權。血族團體放逐一殺人犯而後，則對於該被放逐者一切行爲之結果，遂不負任何責任。此不僅指不能爲對方殺害者復仇之對象，亦無代其支付損害賠償之責任，且必須不給與食物，尤不可藏匿庇護之。

如不法行爲者由部族大會放逐法外，或由於自己之行爲（如決鬭失敗等）致自身事實上放逐於法外者，則此人與其血族團體之親屬關係，自於同時歸於消滅，當不待言也。

反是，血族團體以外之他人，亦可由收養之方法，加入sib之中而發生親屬關係，此在斯坎地那維亞法律之中，極爲顯明。如前所述，在瑞典人中，收養他人加入親屬團體者，乃使一奴隸完全脫離奴籍之方式，至挪威法律中，則用法律上認領（legitination）奴籍母親所生子女之方法，以使一人完全脫離奴籍，加入親屬團體。

在古代少數日耳曼法中，從外表觀之，似係同時從男系及女系二方面計算血親關係者。然而，微之實際，在當時原始時代，此種計算方法實不可能。何則？因爲在爾時關於個人之保護及實行復仇，既須依賴其血親，則一人之血親關係不能同時兼從男系與女系二方以爲計算，至屬顯然。如一人之父系血親表兄弟（姑表），殺害其母系血親之表兄弟（姨表）時，則此人顯不能兼具有雙方親屬關係於一身，此正同一人不能一方面搊犬獵兔，而同時又偕兔同逸也，故在復仇之時，必屬於二對立團體之一方，騎牆態度，勢所不能也。此在交付及接受賠償金時，其情形亦然。總之，在當時計算血親關係，祇能以女系或男系之一方爲準者，是可得而言也。

甚至在中世後期所見之種種復仇，每當血親團體將實行復仇之際，顯然係傳集所有從男系方面與被害者（死者或受其他侵害者）發生親屬關係之人，以及從女系方面與被害者發生親屬關係之人，共同參與復仇，此在荷蘭方面，即爲一顯著之例。然而此種情形，吾人僅根據以地域關係變更親屬團體之組織一理由，即足以解釋之。緣當時凡住於同一地域之內者，不問其屬男系方面之血親，抑屬女系方面之血親，於一切重要之目的上，即構成一大血族團體，此處所謂之一切重要目的，當然係指復仇或要求賠償之目的而言。無論男系或女系之血親，一經住於他一區域者，即認其與原來血族團體已完全脫離血親關係，而以陌生無關係之人目之。此究不外地緣因素決定血緣組織，有以致之也。

第九節　動產物權

夷考個人對於動產之權，其發生遠較個人對於土地之權利爲早。然而在古代法中，對於動產之權利倘非一已發達完全之物權（right in rem），因爲在事實上，當時物之所有者尚不能憑藉其權利，追及於其所有物之所在，而從任何第三者之手中追回其物（追及力），故其權利毋寧爲一種法律上所保護之占有權（right of possession）而已，如占有者自願與占有物分離時，即喪其權利，喪其占有物，所以，以前皆稱此種權利曰 seizin 或 gewere（占有權）。

動產占有之保護，與古代一般之私權保護同，皆藉竊盜之訴（action of theft）爲之。又古日耳曼法中亦與古羅馬法同，竊盜之概念包含甚廣，不僅及於被竊之物，且擴充至於遺失物，漂流物及遺留物。古代羅馬法中，凡家長失落其家畜或其他動產者，於尋覓中，有權入隣宅搜索，如於隣家發現其遺失物時，即推定該隣家爲竊盜，則隣家不僅喪失其物之現實占有，由原主取歸其物，且須支付罰金。不過，該人如係從第三人轉得此物者，則可起訴向該第三人求償，要求其賠償自己所支付之罰金，該第三人如亦係轉得者，亦可依次向前手求償，故自一竊盜之訴提起後，其中可隨之發生多數訴訟，直至一人不能再行指 其所從轉得之前手，而應最後負擔該罰金時止，其順次發生之訴訟，始歸於終止。在古日耳曼法中，亦可見與此相類似之程序，稱之爲 anefang，英學者梅特蘭氏稱之曰「家畜之訴」(the cattle action)，但是，事實上，此種 anefang 之程序，非僅限於追索走失之家畜而已。古日耳曼之 anefang 程序與前述羅馬追索程序之惟一區別，即在 anefang 程序中，被發現實際上占有遺失物之人，如能指明其所從轉得該物之前手時，則自己即無支付罰金之義務。於是此 anefang 程序即依次繼續向各被指爲轉得前手之人，直接進行追索，直至最後有一人曾經保有此物，且不能更指出其所從轉得之前手者，則由此人負擔支付罰金之義務，而 anefang 程序之進行，亦於此終止。

不過，凡動產占有者出於自動，故意將其占有物置於自己直接管領以外者——如各種委託保管 (bailmont)——之境合，則此類之追索程序，即歸於終結，不能進行。何則？蓋在此種情形之下，占有關係既已不存在，則凡與該物無直接占領關係之原來占有者，除對於其受託人得行使其權外，別無何權利可言也。此即古日耳曼 hand wahre hand 原則之義——換言之，即後占有關係爲前占有關係之惟一保護之義。

考英國占有物返還之訴 (action of trover)，原係直接淵源於日耳曼之 ane.ang 程序。甚至在諾曼時代，英國法上，寄託人對於善意從其受託人處取得該寄託物者，無直接請求之權。至以動產所有者得追及物之所在而逕行取回原所有物之羅馬法原則，至十五世紀頃，始爲英國法所採取(梅特蘭氏之說)。惟可怪者，乃日耳曼法之原則，或竟稱爲原始之原則者，不僅爲近代德意志所承受，且爲歐洲大陸大多數國家所接受。如就十八世紀法國國內之情形言，在所有法國北部之習慣法中，所謂「關於動產之占有，有所有權效力」者，乃一致公認之原則。惟當時有一例外，即在竊物與遺失物之場合，則不適用此原則，無論該物現落於何占有人之手，原占有者仍可追回原物，卽令現實之占有人爲善意(bona fide)價買者，亦然。反是，在法國南部與東部，關於動產之法律，則爲羅馬法，自受羅馬法原則之支配。惟當十九世紀之初，編纂拿破崙法典(Code Napoleon)統一法國法律之際，法典編纂者乃採取法國北部習慣法之原則；自拿破崙法典完成而後，大部分由於觀模取法之結果，拿破崙法典遂成爲後世其他法典之楷模，因是，原始日耳曼之原則，遂藉以長驅直入於意大利西班牙諸國之中矣。由上觀之，足見羅馬法理論已具體形成於英國法律之中，而日耳曼理論反構成於歐洲大陸法律之中，此洵不能謂非可怪之事也。

至所有者死亡時，動產繼承之制度，在初期日耳曼法中已完全建立之矣，考當時死者所遺之動產，不僅由其直系血親與親屬繼承之，且其旁系血親對之亦有繼承份，又吾人於多數日耳曼法中，亦可見戰爭用具(war-gear)與家庭用具(house gear)在繼承上之區別，前者主爲帶劍血親(sword kin)所繼承，而後者則主由綜理家務紡織之血親(spindle kin)所繼承；換言之，卽前者由男性血親繼承爲主，而後者則由女性血親繼承爲主是也。

第十節　不動產物權

既然惟在要求保護之利益已經存在時，始有權利之發生，換言之，卽權利之發生旣以惟其權利內容之利益的存在爲前提，則吾人在理論上(a priori)自不應希望在社會生活之經濟基礎尙爲漁獵生活之時代中，乃至在遊牧經濟已臻發達之時代中，而求發現個人以及家庭對於不動產土地之權利。何則，蓋當時地廣人稀，生活簡陋，且遊移無定，部族之牧場與部族之獵場同，皆足供全社會所有人員之共同利用，因而，無論對於個人或家庭，俱無發生土地私有權之必要也。

然而，至土地之積極開拓耕殖之事實發生而後，於是在因洪水氾濫致長期肥沃之土地上，自然有永久占有及利用土地之利益存在。但就他方面而言，復因競相利用之結果，地利旋歸於消耗殆盡，而當時又不知人工培養土地生產力及輪流種植農產物以蓄地利之方法，致沃地之生殖力，亦有時而窮，在此種情況之下，個人對於任何土地或任何特定土地，實際上又無長期播種或耕植之利益可言。以上所述，乃吾人發現在凱撒及塔西佗時代，中歐日耳曼人經濟生活之階段也。凱撒氏在其高盧戰紀一書中，嘗謂：在日耳曼人中「從無一人有何定額之土地，又一人對於自己所有之土地，亦無任何疆界可言，不過，區長及君主每年將一定額之土地，按其分佈地域之適宜與便利，分配於各宗族（clan）及各血族團體，而各宗族及血族團體，亦每年爲此分配土地之目的而集會一次，但於次年又須重新分配一次，原於前年分有一定土地之各宗族及血族團體，又不能不變更其土地之持有，故當時關於土地之保有，係每年更換一次，要無長期占有特定土地之習慣可言。」（6,11.）氏於他一段中復曰：在斯瓦賓人中「無私有或分別之土地，不寧惟是，無論何人，因耕種之故賡續占有利用於一方土地之上者，亦不許超過一年以上之期間。」（4,1）

此時，吾人尚須注意之一點，即當凱撒塔西佗諸氏於其著述中謂日耳曼人土地持有之強制變更及不許永久占有等之際，事實上在彼輩著述時之社會中，久已承認土地私有權之成立，故彼輩之著述，究係從一土地私有制之社會的觀點爲出發，是不可知者。

如前所述，在凱撒時代每一日耳曼部族之領域，分爲若干千戶郡（gaue, pagi），每一千戶郡中，復包含多數多少有血緣關係之親屬團體——即gentes與cognationes（血親與姻親）。然凱撒對於宗族或血族團體內部關於土地持有之劃分，所以未一字提及者，大概由於當時每一親屬團體所分有之土地，由其中所有成員共同耕種，不再以團體之土地復細分於個人，各個成員所分得者非土地，不過爲土地上所收獲之實物而已。

至單獨耕種與所獲生產物據爲私有之制，在各日耳曼區域之內，其發達之遲早不同，雖然，一經有單獨占有土地及單獨耕殖之事實發生而後，則同時必隨之產生個人占有土地或至少家庭占有土地之現象者，寧屬必然之結果。當塔西佗時代，凡在一包含房屋、倉庫等建築之家庭所設籬圍以內之地，即屬於該家庭之私有的占有。至於可耕殖之地，仍然定期分配，以爲耕殖之用。塔西佗氏於其日耳曼氏族誌一書中曰：「凡家庭所屬籬圍以外之公地（open land），則比例耕種者之人數，劃由全體耕種者占有，但公地之占有乃逐年交相變動，故無一人長期永久占有一片公地之例。日耳曼人劃分此種公地之標準，乃按各人社會地位之高下，以定其分得之多寡。至大部分可利用的土地之劃分，尤屬簡單；乃每年將耕地（arva）變更一次，其餘者則爲牧場（即以休耕地作爲牧場。）」（第二十章）考此種制度繼續維持之久暫，係依村有地或鄉區公有土地利用之目的主在畜牧，抑主在農業爲轉移，只要村有地或鄉區公有土地之大部分尙用爲畜牧之目的，而僅以小部分用爲生殖農作物時，則此時仍必繼續維持此制度之存在，蓋可斷言也。在此期中，必常川有一部分已經耕過之土地，任其休耕荒廢，而另耕種他部分以前已作爲休耕地及作爲牧場而用之土地，此種交替耕植法對於各個人以言，仍不無特別之利益焉。惟自農業發達後，農業之重要性已開始有駕凌於畜牧生活之勢，於是村落四周已經繁殖之土地，大部分遂用於農業之目的，復以當時對於土地，已開始採取施用肥料及農業產物輪流種植諸法，致土地生殖力亦因而大增，於是永久管領支配可耕地之利益，乃因以發生，隨而，單獨占有之事實，亦與之而俱現矣。

以上所述，乃指爲長期防禦鄰敵侵害之必要，致人民不能不集村而居，以期獲得更有效保護之諸區域內的情形而言。至位於山地之諸區域，則因其所受外敵侵入之威脅與危險較少，各家庭往往單獨治產而居，故其中由單獨家庭或單獨血族團體保有各家庭之單獨地產——或應稱之爲獨立之田莊（separato farm）——之事實，自必遠較中歐大平原諸地發達爲早。

至日耳曼成文法時代，如前述凱撒及塔西佗二氏所描寫之耕地定期分配法，已不存在。在多數情形之下，土地俱由 sib 或血族團體所保有，而非由家庭所保有，雖然，事實上當時普遍流行之情形，並不如此，家庭所有權之範圍甚廣，不僅及於房屋及地基，且包含耕地在內，是爲爾時實際上一般通行之現象。至屬於全村公有之牧場與森林，則仍歸共同使用。不過，同時必須注意者，卽自中世而後迄於近代尙繼續存在之此種公有地共同使用之制，乃由於封建采邑組織所確定者，故未可以形式上之推定，而直認其爲封建制度發達前古代日耳曼制之直接遺奇也。

關於土地移轉或渡讓之情形，吾人在古日耳曼法中，可見日耳曼人別饒興味，採用一種象徵的方式。最初表示移轉土地之象徵，乃草皮與條枝，此前已言及之矣。學者普林霓（Pliny）氏於其所著自然史（Natural History）一書中，嘗謂：凡在一日耳曼部族為人所征服且受勝利者統治之處，則「草塊乃表示勝利之最崇高的象徵」。因之，當時有私人占有之土地移轉渡讓時，即可見讓與者往往將一塊草皮交付於受讓者或以之投於受讓者所繫圍裙之內。間常亦有從讓與者手上脫一隻手套或護手鐵甲，以戴於受讓者之手上，以象徵其已移轉土地於受讓人。同時，吾人又可見他一種象徵移轉之表示，即於移轉土地時，雙方當事人各偕同其友人或證人圍繞該渡讓土地之疆界，步行一匝，最後由讓與者跳出該土地周圍所設之籬圍或矮柵，以示其自己退讓（self-ejectment）之象徵，於是移轉土地之儀式，遂告結束。

在日耳曼人最早之成文法中，關於土地權利之繼承，極受限制。根據古代之觀念，土地乃按耕種之人數，而比例分配者，故土地之繼承乃限於男性。案薩利克法（Salic Law）之最初的規定，土地乃由被繼承人之子所繼承，惟於無子時，則仍歸社會所公有。至其爾後所見之規定中，則兄弟亦有繼承權，其後更擴充繼承人之範圍，男性之旁系血親，亦有繼承之資格。此種發展，係行之於封建制度普遍確立以前，又在各種古日耳曼法中，亦無長子繼承制（primogeniture）之踪跡可尋。

第十一節　契約

亙古以來，無論何處，基於契約關係所生之人的債務（personal obligation），其發達恆較對於有體物（tangible property）之權利，為期稍遲。古代社會中，除於違約同時即發生某種經濟上或宗教上之制裁，以為約言之保證外，當時尚無何種足以強制一人守約之公認的方法。至經濟上之保證（security），不外從要約人（promisor）所提交之擔保品（pledge）中得之。此時受約者（promisee）即因之於要約人履行約言（promise）

以前，而取得對於擔保品之權利；必於要約人履行約言之後，始返還擔保品，作爲交換條件；雖然，在當時尚未發生以擔保附隨於債務的觀念。實際上，爾時亦並不以要約者有何直接的人的債務，洵可得而言也。

至宗教上取得約言履行保證之方法，乃當要約人宣誓或發誓其必履行約言之時，則宗教上之保證，即因以成立。在此種情形之下，最初亦不以要約者對於受約者有何直接債務。其債務乃對於神之債務，故就要約者方面以言，此種契約，正猶之吾人今日所稱之「爲第三利益契約」(contract in favor of the third person)之情形。

夫契約之發達，爲期較晚，此前已言及之矣，惟於吾人能謂有法律上契約出現之時，則此最初之契約，自必皆屬要式契約 (formal contract)。當時要約者非受其約言或同意內容之拘束，而係受其形式之拘束。吾人研究古代要式契約之基礎時，誠知無論何種要式契約之中，除其所提供之擔保，爲要約者之人身外，不復見有何其他擔保品之提供，可以明白溯及於訂約當時，而作爲契約之基礎者。古代凡要約者爲換取某種已領受之利益或所預期之利益，固必提供擔保，但事實上除自己人身外，又別無其他擔保品可以提供，則此際要約者自然惟有以自身作爲擔保，作爲抵押而已。此種自身抵押 (self-mortgage) 乃古代要式契約之一重要之基礎，其方式亦有種種之不同。如古代羅馬法中之 nexum 卽爲一例。至古代日耳曼法中，要約者或債務人抵押自身之方式，乃將自己所有之長矛，交付與債權者。揆其用意，卽指以自身於法律上置諸債權者掌握之中 (in the mund)，或其權力之下，如債務者不履行其債務時，則債權者爲保全其擔保品起見，得拘禁債務者之人身，且直接管領之，此時雖或不以之作爲奴隸，然係以之作爲一附庸之僕役而用。此卽德文中所謂之 Schuldknechtschaft，或稱債役 (servitude for debt) 者是。故此時，債權者之權利，顯然已成爲對人權 (right in personam) 矣。

以上所述，乃古日耳曼法中主要要式契約所謂 wed contract（以特定象徵物之給付而生契約拘束力之契約）或拉丁化德語所謂 wadiatio 之起源。雖然在時間之演進上，訂約當時所須給付之特定象徵物，由長矛轉爲木杖，乃至爾後復由木杖轉爲稻草，惟無論何時必由要約者以特定物交付受約人後，要約者始受契約之拘束，實可斷言也。

在古代初期，吾人復可見日耳曼諸部族之中，尚有他一種觀念：以爲一要約者雖不以人身爲擔保而以名譽爲擔保時，則其契約對要約者亦發生拘束力。就擔保品之本質以言，其本身自非爲某特定之物不可，何則？蓋擔保品必爲某特定之物，則債權者當要約人不履行約言時，始有扣押留置之可能。夫名譽之本身，原非有形之物，今以名譽供擔保，則債權人將何以實行權利乎？此點在當時亦有一種方法，足以達到與普通有形擔保品之同樣的效力，其方法：當債務者不履行其約言之際，則債權人即當衆公開宣布及對任何人公開宣示其債務人已喪失名譽信用。不過，如非以名譽爲擔保者，則債權人之此種宣布，必構成一種侮辱，對方當事人可據之爲立即復仇之理由。惟要約人果以名譽供擔保，而於未履行約言時，爲債權人剝奪其名譽者，則此時債權人毫無救濟之途。蓋債權人之奪取債務人之名譽，不過爲債權人實其權利，奪取其有權奪取之物而已，在此種情形之下，則債務人方面，自無何救濟方法之可言。

昔崇信異教之諸日耳曼人，尚有一種淵源於宗教基礎之要式契約。據吾人所知，在異教徒之薩克森人中，有一種拘束誓言（binding oath），當宣誓時，宣誓者必彎曲手指爲式。又在此類異教日耳曼人中，亦與其他古代民族中之情形然，極普通之方式，乃咒要約者如不履行其約言，必受神之報應。又當時復有一種所謂「家畜之誓」（cattle oath），其義以爲由於此種發誓之後，若債務者不守約履行時，則必有瘟疫或惡疾降於其家畜，家畜必皆瘟死。此外他一種宣誓之方式，即憑武器發誓，揆其用意，乃指此種發誓，即等於所求神之代表對於該背誓者，降之以死。（或即咒宣誓者如背誓時，將來必死於原來憑以發誓之武器之下。）上述種種宗教上之契約，當日耳曼皈依基督教而後，大部分已隨之歸於消滅。至指劍爲誓之劍誓（sword oath）所以尚能遺流於後，未即廢止者，以其爲一種基督教之解釋所容認故也；根據基督教之解釋，認爲以劍柄發誓之方式，即不外一種憑十字架發誓之誓言，故與基督教義與儀式，尚未至有所背戾也。

至言吾人今日所最稔習之一種契約——卽要約人因約因或對價（consideration）而受拘束之契約，無論在何處，其發達爲時較晚。舉例言之，如在寄托（bailment）關係，乃一人僅於一定期間內已接受保管寄託物，且明示或默示同意於寄託之目的完成後，卽返還原物或其價額之契約，在此契約之中，要約人自始卽不受契約之拘束。至要約人（受寄人）於接受寄託物後，故意留置原物不還，或未依其以前所約之方法而爲保管者，則構成一種侵權行爲，而非違背契約。在寄託關係中所發生之此種不法行爲，當時大概以之屬於竊盜之一類，不過，此無疑係一種竊盜觀念之擴張。雖然，在日耳曼人中，前述後一種情形，卽受寄人未依其以前所約定之方法而爲保管者，一般爭目之爲一種背信行爲（breach of faith），可引起對方之復仇，或如次期之情形，可爲對方據以要求損害賠償之理由。

據吾人推測，此種以寄託關係視爲一種誠信問題之觀點，大概在吾人得有何明確證據，足以證明其爲一般所認識以前，或久已支配關於寄託之法律矣。至最初證明其爲法律所明認之證據，乃從佛蘭克人中訴訟程序上所用之方式得之，在佛蘭克人中，當被告提出保證人擔保其必提出法院所命提供之證據，並保證其苟不提供該證據，則必支付損害賠償者，此時在訴訟程序上卽有一定方式。此方式如下：此時被告或要約者將自己之長矛，交與原告，原告接受其長矛後，復以之交與證人。此種授受行爲之前半段，不過爲一種 wed contract 而已。其義不外指要約者已賦與受約者一種權力，當不履行約言時，可以拘禁其人身。至就此行爲之後半段觀之，又可見原來賦與受約者之權力，此時復移轉於保證人，因此，保證人亦可強制要約人守約。然而，此時保證人之所以受受約者——此時卽原告——之拘束，而須對之負責者，其根據何在？關於此點，吾人單從描寫此整個授受行爲所用之字，卽足以解答之。一般通稱此種行爲，爲 fides facta，換言之，卽事實上已建立之誠信關係（established faith）。據一般之證明，此種行爲在五世紀中，確已有其存在。後來據吾人所見，至少在少數案件之中，被告亦能作自身之保證人。在此種情形之中，乃被告最初將自己之長矛，交與原告，復由原告將該矛仍交還於被告自己，不過在此際被告接回其長矛時，不能再用右手，必換用左手接回。此種方式，不外指原告除原來之要求外，此時復有要求被告守信之權，且在被告背信之時，則原告可同時兼用二種程序，競合請求。由此可知誠信一觀念，已由上述之訴訟程序，而漸侵入契約範圍之中矣。

至欲辨別日耳曼法中背信(breach of faith)觀念與違背信託(breach of trust)觀念之區別，殊不易易。雖然，著者以為關於信託之概念，乃從日耳曼法中所漸次發達演進者，從此處可見一最早之證明矣。

當吾人探究一強行性契約（有拘束力之契約）所藉以成立之原始的方式時，恆見必有某物由一方交與他方。在所有此類情形之中，最為重要者，乃吾人必須注意一物或象徵物(symbol)之交付，係拘束給與者，抑係拘束受領者？如其係拘束給與者，則吾人可推定此種法律行為，係債務人自身抵押之結果。如其係拘束受領者，則此時必發生一種有償契約(consideration contract)之關係，即令此種契約在當時尚未臻完全發達，具體形成，然至少係在發達中，形成中，是可得而言也。

據德國學者之說，在買賣關係之中，給與某物體——如小額錢幣，乃至一杯酒——以拘束交易之習慣，在古代初期，即已有之。但此並非指在當時有償契約已經發達。此種授受行為，究不過一種已將出賣物現實移轉交付之買賣而已。考原始時代之買賣，乃至更返於遠古之原始物物交換，無不為已履行終了之契約，其中自始即未包含有所謂將來可履行之契約(executory contract)者。

第十二節　古日耳曼法之精神

大體言之，古日耳曼人以為法律主係一種維持平和之方法。當時一般常視平和即等於法律，二者一也，要無何區別之足言：如將一人放逐平和之外(out of peace)，即指將之放逐法外(outlaw)而言，之二者，究名異而實同也。

在古代社會中，通常莫不以法律由於天授，淵源於神。如佛里西人，即相信上蒼有一神已將其法則授與世間第一個宣法者，以宣揚神之旨意，執行神之法律。當時之法律，係完全與當時人民之宗教信念，錯綜交織，結成一片，並且尚帶有一種特別的異教迷信特質，至爲顯然，惟如前述，自古代西日耳曼人皈依基督教而後，此類異教之方式，大部分已歸於廢止，法律原來所本於異教迷信之遺跡，乃不復多見矣。

在日耳曼各族之中，吾人可見有種種代表法律之字。如北日耳曼人之 ewa 及盎格羅薩克森人之 â 二字，乃指「常在」之義，後世 ever 或 aye 二字係從此二字所演變而來。他一類代表法律之字，俱係從一印歐語根 lay 字所變來，其原意乃指「設定」或「制定」之義。第三類代表法律之字，乃指「智慧」(wisdom) 而言，盎格羅薩克遜語曰 witod。由上觀之，吾人雖謂縱在近代仍極重要之某些概念，從上述種種代表法律之字中，亦可概見之者，此種說法，未始不無多少眞理，非必可以荒唐之詞目之也。至於英國方面，以普通法爲無論何時必常常存在者，或以爲至少在藉司法判決所偶然具體表現之普通法漠然無形的精髓中，常有普通法之存在——換言之，即以司法判決非制定法律，而僅止於宣示法律，此種觀念，乃代表英美人士對於普通法或法官造法 (judge-made law) 之正統派的觀點。在多數文字中，例如拉丁文中，即有一種傾向，每將由 lag 或 leg 二字根所變化而來之字，狹義解之，僅限於指制定法或成文法之義；然而在英語中之 Law 字，則仍用於廣狹二義，兼指成文制定法與不文習慣法二種。

今日德文中指一般法律所用極廣之字，乃 recht，考 recht 一字之用指一般法律者，寧爲後世之用法，最初之用義，並非指一般法律而言，此證諸事實，或可得其明徵，蓋實際上古代法律之目的及古代法院之任務，係以防止或終止爭端爲主旨，而非在維持公平 (justice)，此種觀念，已包含於法律即等於平和一觀念中，故古代之法律，乃指平和而言。古日耳曼法中，亦與其他古代法制之情形同，以安定性 (certainty) 爲主，而公平 (equity) 次之，故法律之公平觀念完全附屬於法律安定觀念之中。

古代日耳曼法，與其他古代法同，大部分爲不文法。無論在何種情形之下，古日耳曼法乃規律全部族或全民之法律，蓋毋待言也，所有部族中之成員，因其爲團體員之資格，皆不能不受此部族法之支配。由是可知，古日耳曼法乃屬人法，而非屬地法。

在古日耳曼法中，其所記載之規則，自非抽象之法規，而為極具體之規則。其規則乃表之於簡質之文字，且為便於流佈週知起見，常用韻律體，有時且用極通俗幽默之體裁。每句規則之起頭，常叶有頭韻，故讀之有時如格言，有時如古日耳曼詩，音調鏗鏘，別饒風味。

古日耳曼法，復與其他古代法之情形同，乃極嚴格之法律。各個人須絕對受既成法規之支配，無寬恕之例外，其情形與各個人須嚴格的受一切既定習慣之支配同。凡一般之規則，即拘束萬人，毫無差別——此即指無衡平考慮之特別的裁斷自由。無論何人，除因放逐法外者外，皆無從避免習慣法之約束。對於一人所作所言之一切，皆準據行為及語言之習慣上或因襲相沿之觀點，以解釋之。至個人內心之意欲如何，則無關重要。決定犯罪與否之標準乃外表之行為，至其內心之意欲如何，在所不問。至一切交易或法律行為之中，由其所採用之方式如何，卽產生某特定之效果。是知在古日耳曼法中，一切皆重形式，極為嚴格。

古日耳曼人中，生活狀況亦甚簡單，人民之習慣與感情，復皆相似，所以個人未至感受有鐵般嚴格習慣之壓迫，且事實上亦難有此壓迫之感。何以言之？蓋此種情形與大氣壓力之情形，正相若也，吾人立於空氣之中，其所以不感覺大氣之壓力者，良以內部之壓力與外界之壓力正相等故耳。

學者布洛勒氏嘗謂古日耳曼社會之特徵，非各個人之自由，而為一切自由成員之平等。此種平等，自然由於犧牲各個人之自由而維持者，蓋毋待言也。雖然，此處所述種種，非僅古日耳曼人生活上所獨有之特徵；概觀所有未開化或半開化之社會中，其情形莫不皆然也。

吾人苟以鄉村生活與大都市之生活，比照觀之，則在近代亦可見此同樣之差別。大凡生活狀況比較簡單，而所有居民大都屬於同一類型之處，則其倫理上行為上之地方習慣，極為嚴格，恆如鐵臂般之強力，支配該村落或其鄰近區域。個人蔑視違背此習慣者，必為他人所側目視之。反是，在大都市之中，形形色色之人物，聚居一處，在倫理上行為上之標準，非趨一致，且亦無發生此一致性之可能，結果所致，將如今日所習見之情形，徒有更大多數個人行動之自由而已。於茲吾人試想像此種差別之情形，至十倍乃至百倍以上，又想像在以社會非難代替眞正實質刑罰時之情形，則當時流行於古代社會中不自由之情況，大可概見一班矣。

第二章　羅馬法與日耳曼法之溝通

(Interpenetration of Roman Law and Germanic Law)

第十三節　日耳曼人與羅馬人之關係

在基督紀元後最初之四世紀中，羅馬帝國所設以防日耳曼諸部族之防線，已屢受日耳曼人之重大威脅。約於第二世紀中葉，原盤據於維斯杜納（Vistula）河下流北歐平原之哥德人（Goths），已開始南向多腦河方面移殖，復隨於此哥德人南移之結果，多數日耳曼部族或受哥德人南進之逼迫，或隨哥德人而移殖，遂亦進據於多腦河一帶。之後，馬可曼尼人（Marcomanni），汪達爾人及哥德人，復越多腦河進犯，與羅馬人十四年長期爭鬭之結果，終為羅馬軍團所擊退。此役羅馬人稱之為馬可曼尼克戰爭（Marcomannic War, 166–80）。在此役中諸越河進犯之部族既為羅馬軍所擊敗，已不能再進，其中有一部分（包含汪達爾人在內）仍退回多腦河對岸，復西向來因河方面發展，維時，哥德人已沿多腦河順流而下，直入黑海沿岸。

自後二百餘年中，因匈奴人（Huns）屢次進犯，致中歐陷於混亂狀態，同時復驅逼各日耳曼部族進攻羅馬防線，於是在羅馬人與日耳曼人中長期大規模之戰爭，頗為頻繁，雖然，直至第四世紀末為止，來因多腦二河之防線，仍完整保全於羅馬人手中。惟至第五世紀中，實際上所有西羅馬帝國各省，均已落於蠻族之手中矣。

在羅馬人與日耳曼人彼此對峙於來因多腦二河兩岸之四百餘年中，日耳曼世界與羅馬世界之內，俱已發生重大變動——考此種變動之所由來，大部分由於此種對立局面（situation）之結果。凡與羅馬世界發生密切關係之日耳曼人，已從羅馬人處學會種種軍事學之知識，除此以外，在平和時期中，復學會多少關於農業之知識

——如彼輩從羅馬人處學會儲藏與施用肥料，以及在同一方土地上交替種植農作物，以培養土地生產力等等知識。當時亦發生某種交易現象，羅馬錢幣索利地（solidi）亦流通於日耳曼人中，作爲價格之尺度。又爾時多數日耳曼部族已皈依基督教。當此之時，羅馬世界之宗教思想上，仍爲關於三位一體說（Doctrine of Trinity）神學之爭所分裂，故未臻一致，並且當時之尼僧信條（Nicene cread）亦未完全克服亞利安人（Arian）異教之信仰。其後將基督教傳播於多腦河、來因河對岸之傳教士，反而均爲亞利安人，此卽後來皈依基督教諸日耳曼人所接受之亞利安派基督教是也。

在此數百年中，中歐方面之多數小日耳曼部族，已漸進而聯合爲較大聯盟之形式，此種聯盟組織，其初不過暫時性質之聯盟，惟爾後竟成爲多數新生之大部族矣。考此類小部族所以漸進而團結爲大部族者，泰半由於軍事上之必要，有以致之。至此類日耳曼部族之活動所以趨於便利者，實不能不歸功於自然環境之變更，因爲在凱撒及塔西佗時代分隔各部族之大森林地帶，至此時已因開發之結果，而漸爲日耳曼人所侵入，在此情況之下，天然之障礙既除，則各部族之活動及其相互間之接觸，自必極臻便利也。又日耳曼人一方面既爲羅馬人之防線所阻，勢不能向羅馬方面發展；他方面部族內人口激增，生活之經濟基礎，亦由遊牧生活進入農業生活，因而常需要拓殖新地，以爲農業目的之用。在大多數情形之下，諸小部族所以互相發生密切關係者，除前述原因外，尚有他一要素存在，卽此類小部族之間，大概尚保有多少共同之方言與共同之習慣，並且可推定其血統上，亦極相近似。

概觀自第三世紀始，吾人所見已具體形成之大聯盟組織，計有六個。

斯瓦賓人諸部族所結合之聯盟，曰亞郎曼尼，昔斯瓦賓人與羅馬人亦連年構兵，長期苦鬪；斯瓦賓人又將勃艮第人（Bungandians）驅入高盧，最後遂盤據於羅馬人所稱爲上日耳曼(Uper Germany)區之大部分。是爲聯盟之一。

越數十年而後，沿來因河下游之諸部族，亦於佛蘭克名義之下，結成一大聯盟。其部族名稱佛蘭克（Franks）一字，原義係指「自由」（free）而言，推其所以採用此名稱之本意，或不外欲使其本身與其在西部受羅馬人統治之同族人，得藉此以相區別耳。逮乎第四世後半期，佛蘭克人中比較重要之一支——卽薩利族佛蘭克人（Salian Franks），已進佔於來因河下流迤東一帶之地方。是爲聯盟之二。

吾人於第二世紀中，始聞有所謂薩克森（Saxons）一名詞，Saxons之本義，原指戰士或劍士（swordsmen）而言。當二世紀中，薩克森人係盤據於愛伯（Elbe）河下游之右岸。逮乎三世紀末葉，此薩克森一名詞，已聲聞遐邇，雖遠至極南之哈茲山（Harz Mountains）一帶，亦已見薩克森人之踪跡。在羅馬皇帝戴克理光（Diocletian）時代，一般對於薩克森人，恆以兇險之海盜目之。至佛蘭克王查理曼（Charlemagne）時代，薩克森人勢力極大，幾占據當時日耳曼人所占領域中北部及東北部之全域矣。是[illegible]之三。

在薩克森人與佛蘭克人間之北海沿岸一帶，尙可見一支佛里西人（Fri 佛里西人原生活於來因河三角洲上，其初乃受羅馬人之統治，至三世紀末葉以前，佛里西已脫離羅馬人之約制，而完全自由獨立矣。是爲聯盟之四。

在四世紀末葉，今日德意志中部，復有多數小部族已結合成一忒林基亞大部族（Thuringian group）。是爲聯盟之五。

前已言及，在二世紀中，一部分日耳曼族隨哥德人越多腦河進犯羅馬人，馬可曼尼克一役，爲羅馬軍迎頭痛擊，遂不復還，在此退回多腦河原岸及復大舉西侵之諸日耳曼部族混合之中，卽誕生所謂巴維利亞人（Bavarians）。巴維利亞人於六世紀之初，幾占領今日巴維利亞之全部。時至今日，巴維利亞人仍繼續維持其古代之盤據地，且仍保留其原來之族名，所謂波希米亞（Bohemia）一字之原義，乃指「巴夷故國」（home of the Baii）之義而言。是爲聯盟之六。

在此第三世紀至第五世紀末葉間之六大聯盟之中，除佛里西及薩克森二族之外，其餘四族皆各有君主。最初在此有君主之每一大部族中，似各有君主數人，不過爾後此每一有君主之大部族，一律祇存一個單一皇室，爲統治之中心力。

正際此數百年中，羅馬帝國之內，亦發生重大之變化。在羅馬帝國中，由於軍事上之必要，遂使奧古斯都(Augustus)帝所建立之新王朝，在性質上亦逐漸急趨於軍事化，同時在全帝國內，帝國行政上之中央集權制，亦日臻發達。

同時在此數百年中，羅馬帝國內之日耳曼分子，亦激增無已。在凱撒征服高盧以前，日耳曼部族已侵入高盧境內，且實行定居於高盧東北部及東部，拓殖之範圍，復日漸擴充。羅馬帝國在奧古斯都時代及在第三世紀以前，已占有巴塔維人(Batavi)及佛里西人所居之來因河三角洲。當時來因河下游東岸少數地方，以及來因河上游與多腦河間之三角形區域，亦復在羅馬人統治之下。因而，在此種情形之下多數爲羅馬人所統治之日耳曼人，已完全羅馬化，已取得羅馬公民之資格，此輩日耳曼人不僅有服務於羅馬軍團之資格，並且能在羅馬帝國軍職上及內政上，取得重要之位置。

至日耳曼血統所以更進一步混入高盧乃至意大利與多腦河區域者，實由於在連年不息之大範圍之戰爭中，歷次俘虜日耳曼強敵之結果，有以致之。此多數之日耳曼俘虜，均住於羅馬人之領域內，過農奴(coloni. serfs)生活。在羅馬古代帝政時代，與其共和時代之情形同，所謂 colonus 者，常指自由佃農(free tenant)而言，惟至後期帝政時代，此 colonus 一詞，始一般正式用指農奴。然而，在當時多數日耳曼人，以及在後期帝政時代大批日耳曼人，均被分配於羅馬大地主，或移殖於帝國皇室領地(imperial domain)——尤其沿帝國邊疆之皇地，以之作爲農奴，此事亦係確實。此外來人口對於羅馬帝國內日趨衰弱之農業生產力，已爲之補充新生力量，終至對於羅馬之軍事力量，亦添加一部生力軍矣。至三世紀終了而後，在高盧境內可見有多數完全之 leti 區。自不待言，此所謂 leti 一詞，乃日耳曼人用指半自由民之名稱，由此可知此類 leti 者，顯然係指當時日耳曼農奴及其後裔而言。此日耳曼農奴與其他農奴之情形同，亦受其所在土地區域之限制，不能任意離開，不過，一般言之，其地位仍較其他農奴爲高。彼輩日耳曼農奴在羅馬帝國提倡(prefects)之監督統治下，亦可有其自己之組織，又其自身間之生活，仍得依據其部族之原有習慣而規律之。由上觀之，此 liti 區實暗示吾人一種深刻之印象，令余不禁聯想及今日美國中吾人所稱印地安人居留地之情形矣。又從後來由 leti 人中挑選補充之軍隊所用之名稱觀之，亦足徵在大多數情形之下，此類日耳曼農奴，多爲佛蘭克人。

在四世紀後半期中，意大利境內亦可見同樣之情形；吾人可見有多數薩爾馬丁人（Sarmatians），以及從來因河方面移入之日耳曼人，均係生活於羅馬提督統治之下，此卽通稱之外邦人（Gentils）——卽部族人（tribeman）也。

古代羅馬分配邊地於戍邊老卒之習慣，自亞力山大塞維羅（Alexander Serverus）王朝而後，亦有所限制，此種土地之繼承，皆以服兵役爲條件。後期帝政時代，所有邊陲甌脫地完全闢爲軍隊屯戍區。凡軍團所駐紮之土地，則由軍隊墾殖耕種。此種軍隊卽成邊防軍，其軍士之子嗣，得繼承其權利與義務。此卽所謂 Milites limitanei 或 castellani（邊戍兵）者是也。後一字之原義，乃指羅馬邊疆爲一線堡壘所保護之意義而言。

整個羅馬軍隊之日耳曼化，雖尙有其他原因，但與日耳曼血統之滲入，極有密切關係，此乃不可否認之事。

昔羅馬大將龐卑（Pompey）在法薩樓（Pharsalus）地方攻擊小亞細亞密忒立達提（Mithridates）王時所統領之軍隊，其中卽有日耳曼人；又當凱撒與龐卑戰爭時，凱撒之軍隊中，亦有日耳曼人參與作戰。本來外國人照例不能加入軍團，不過羅馬軍團長有授與羅馬公民資格之大權。因此，所有住於羅馬領域內之日耳曼人，雖均有應徵服兵役之義務，惟在其取得羅馬公民資格以前，仍祇能作爲輔助隊，以輔助正規軍作戰，不能正式加入軍團，取得常備兵員之資格。

羅馬軍隊中他一重要之蠻族因素，爲伊里利安人（Illyrian）。昔來因河與多腦河間雙方軍隊之爭鬭，雖在外表上多係帝位繼承之爭，然而，大部分實卽日耳曼人與伊里利安人間民族之鬬爭。自羅馬喀勞狄王朝（Claudian dynasty）傾覆而後，伊里利安人已占優勢，並且在第三世紀中，羅馬帝國之中，尙可見有少數伊里利安籍之皇帝。其中有幾位皇帝，且爲羅馬帝國史上最強有力之英主。惟至康士坦丁（Constantine）帝時代，則日耳曼人之勢力，東山再起，漸占優勢矣。

考日耳曼人所以在羅馬帝國內，再度得勢之原因，乃當時在駐紮不列顛之羅馬軍隊中，有一亞倫曼尼之君主，大部分由於此君主之影響，於是不列顛軍團逐起而擁立康士坦丁爲帝。此際日耳曼人亦紛起幫助康士坦丁擊敗其敵人馬克桑地烏（Maxentius）及伊里利安之李辛留（Licinius）。結果，康士坦丁帝入承羅馬帝國之大統，於是帝國內之日耳曼人乃因功而得勢。惟此日耳曼人，對於古羅馬之舊國教，置之漠然，毫無好感，故即支持一新帝國國教，以作爲其信仰之中心。自康士坦丁帝而後，在羅馬軍團中顯然已滲入不少日耳曼人之分子。至於輔助軍隊，此時則完全由戰爭中所獲之俘虜編成之——換言之，即全由帝國領域外之他族人所編成。

羅馬奧古斯都帝之御前衛隊（Custodes corporis），卽完全爲日耳曼人。此日耳曼人衛隊在發羅（Varus）戰敗之後，雖一度歸於解散，惟後來不久，又重新恢復組織之矣。古羅馬帝國之護衛軍（Praetorian Guard），乃羅馬軍隊之一師，恆駐紮於京城附近，以拱衛帝都者也，最初，此護衛軍中原無日耳曼人在內。不過在後期帝政時代，護衛軍已歸於解散，代之而興者，則爲一種通稱爲 gentiles et scrutarii ——卽部族人與盾士之軍隊。在此種軍隊之中，日耳曼人之分子極多。迄帝國之最末期，在皇帝之御前衛隊中，又有日耳曼人在內，此種衛隊乃皇帝之直接親隨衛隊，並且由於服務此衛隊中之故，往往可獲得帝國中最高之官職，由此可知後來日耳曼人在羅馬帝國之內，所以能高官顯位，睥睨一世者，其由來漸矣。

在四世紀至六世紀之中，barbarus 一字，已成爲兵士之專門名詞。軍需處（military treasury）有時亦稱之爲 fiscus barbaricus。又日耳曼人之習俗，亦滲入羅馬軍隊中。如羅馬軍隊之作戰，乃採取楔形陣式，而非行列陣式。又在擁立一皇帝時，則軍士往往高舉其所推戴之候選人，立於一盾牌之上，以示其擁護之意，如在擁立朱理安（Julian the Apostate）及擁立衛倫丁尼一世（Valentinian I）爲羅馬皇帝時，即採用此種習慣方

式為之。當昔三七七年頃，有一支羅馬軍與西哥德人作戰之時，此羅馬軍於開始攻擊之先，即合唱一盾牌歌，
以鼓士氣。凡此皆為日耳曼軍隊中之習慣也。
當四世紀末至五世紀初，所有與羅馬人對敵之日耳曼部族，此時已為羅馬人正式允許其居於帝國疆域之
內，惟以此類日耳曼部族須抵抗其背部其他日耳曼部族之進犯，而保衛羅馬邊疆為條件。時羅馬人與多腦河方
面之東哥德人，以及來因河上游之勃艮第人間，即訂立此種協定，以妥協之。此種妥協姑息之策，即後世羅馬
帝國滅亡之起點，蓋毋待言也。
在西羅馬帝國之最後一百年中，吾人可見有少數日耳曼人，在帝國內已占有最高之職位。如最著名之軍事
統帥與政治家梅洛波多 (Merobandus) 及亞爾薄加斯忒 (Arbogast) 二氏，照其名字觀之，即可知其為佛蘭克
人；又羅馬大將史的利哥 (Stilicho) 氏，亦經後世證明其確為汪達爾人；此外，如斯瓦賓人李錫美 (Ricimer)，
勃艮第人耿多卑 (Gundohad) 以及哥德人亞斯培 (Aspar) 諸氏，皆為日耳曼族在羅馬政治上軍事上之名人。
四七六年西羅馬帝國滅亡前夕之一最後的皇帝，其所以遭廢黜者，實由於羅馬帝國內外國傭兵之叛變，有
以致之。此叛變之外國傭兵，因其領袖奧多塞 (Odoacer) 此際要求立自己為意大利國君，故不惜稱兵作亂，
以迫此羅馬皇帝之去位。當此期中，多數日耳曼君主實際上已占據西羅馬不少之省治，割據稱雄，自後，羅馬
世界已全為日耳曼部族之逐鹿場，西歐大陸之混亂狀態，實以此時始。

第十四節　羅馬領域內所建日耳曼諸王國之概況

所謂民族大遷徙 (migrations of the peoples) 一運動，乃始於四世紀末匈奴人被轉從亞洲移入中歐之活
動，而終於西羅馬帝國滅亡之時。先是，四世紀中葉，原盤據於多腦河下游及黑海沿岸之哥德人，已遭受匈奴
人之攻擊。此哥德人中之一大部分——即後來之東哥德人，遂為匈奴人所征服，而屈服於匈奴人統治之下。至
該部族之其餘部分——即西哥德人，時已橫渡多腦河，攻擊羅馬人，於三七八年中，在亞德里安羅堡 (Adria-

nopie）地方傾覆羅馬軍隊。當時羅馬皇帝狄奥多西（Theodosius）迫於西哥德人之威勢，遂與之媾和，並於西哥德人負責擔任多腦河防務以抵抗其他外敵一條件之下，將多腦河南岸之地，割讓與西哥德人。是爲日耳曼部族正式割占羅馬領土之始。

四〇六年之中，有一羣汪達爾人及斯瓦賓人侵入高盧南部。迄至四〇九年，復越庇里牛斯山（Pyrenees）入西班牙境，西班牙之大部分遂歸其統治，其中斯瓦賓人占據西班牙西北部，維持其統馭之勢，達數百年之久。此後不久，西哥德王亞拉利克（Alaric）亦統軍侵入意大利，將羅馬城刦洗一空，後其繼位者亞托爾夫（Athaulf）又名亞多爾福（Adolphus）者，與西羅馬皇帝締盟交好之後，遂不與羅馬爲患，復率其哥德人侵入高盧及西班牙境內。此從意大利退出之西哥德人，於四二九年將西班牙境內之汪達爾人，完全驅入非洲。四三五年汪達爾人入非洲之初，亦曾與羅馬媾和，維持友好關係，且當時允許向西羅馬皇帝納貢，極盡臣事之禮。然而未幾又發生戰事，旋於四四二年中，汪達爾王眞塞利希（Genserich）與羅馬皇帝發倫丁尼安復訂立平和條約，平分北非洲，戰事始息。自此而後，汪達爾人遂完全脫離羅馬而獨立，不再納貢稱臣。不寧惟是，於後來數次戰事之中，眞塞利希王且進而征服北非洲其餘部分，終將羅馬之勢力，完全排斥於北非之外。

勃艮第人當三世紀時，係盤據於梅因河（River Main）附近一帶，其初與羅馬人保持友好關係，且曾與羅馬人聯合攻擊亞倫曼厄人，故早在五世紀之時，已取得羅馬人之允許，得擴充其居地至梁因河西岸，自然，羅馬人之此種允許，係以其須長期保衞高盧抵禦外寇爲條件者也。然至四三五年，勃艮第人亦與羅馬人發生衝突，交鋒之下，大敗於羅馬省長愛地烏（Aëtius）氏之手。旋於次年，勃艮地人復慘敗於匈奴人之手，幾至不可收拾。至其殘部，當時羅馬人則許其居於薩伏衣（Savoy）境內。爾後，勃艮第人從戰敗中恢復元氣，遂西侵入高盧，而建立勃艮第王國。

在四世紀中原爲匈奴人所統治之東哥德人，後來曾一度爲此亞細亞侵略者之盟邦與部下。五世紀中葉，當匈奴人進攻羅馬人與西哥德人時，卽見有東哥德人參加匈奴人方面作戰。至匈奴統帥亞提那（Attila）歿後，東哥德人始脫離匈奴人之羈絆而獨立，且得羅馬人之同意，允其居於羅馬班諾尼亞（Pannonia）省內。其中一部分復西侵入高盧，與西哥德人聯合。當四八九年中，此羅馬省內之大股東哥德人，在其君狄奧多里王統率之下，侵入意大利，傾覆奧多塞王朝，時意王奧多塞之統治意大利纔十三年耳。東哥德帝國，在歷史上曾一度為中歐及西歐二部中最大之強國。其全盛之時，領域甚廣，包含多腦河流域，意大利之大部，阿爾卑斯山南麓，西南德意志之一部以及東南高盧諸地。

由上觀之，可知五世紀末期，所有西羅馬帝國全部省治以及東羅馬帝國之少數部分，均已先後落於日耳曼征服者之手中矣。如盎格羅人薩克森人及朱特人之占據不列顛之大部；佛蘭克人之占據高盧，遠至萊因河區域；勃艮第人之割據東高盧之一部；西哥德人之占有南高盧大部及西班牙大部；汪達爾人之占據非洲；以及前述東哥德人之占據羅馬城直轄各省，是日耳曼人分佈之廣勢力之厚，由上可以想見之矣。至君士坦丁保皇帝所統治之地，僅巴爾幹半島之大部及小亞細亞之大部而已，此時之羅馬帝國，已名存實亡。

至六世紀前半期，佛蘭克人起而逐西哥德人於高盧領域之外，又征服勃艮第人。同時優士丁尼帝所統新練羅馬軍隊，亦於時崛起，擊退東哥德人及汪達爾人，故此時意大利多腦河流域諸地及北部非洲，又重歸為羅馬帝國。

然而，至六世紀終了以前，北意大利與羅馬城復淪於新侵略者郎哥巴德（Langobard）人統治之下。緣郎哥巴德人在耶穌基督時代，已盤據於愛伯河下游一帶，昔曾與亞米留斯帝聯軍攻擊奧古斯都之軍隊。郎哥巴德人在四世紀後半期中，已開始南移，至六世紀頃，復進占羅馬班諾尼亞省，再次，則如上所述，更進占意大利之大部。惟當時北非仍繼續受君士坦丁保方面之統治，直至七世紀中，始淪陷於回教徒（Mohammedans）之手。

更考蠻族之中，最先征服羅馬領土者，厥惟與羅馬世界接觸日久，且深知羅馬人治軍方術及多少治政方法之部族，實無可疑。此類部族所建立之王國，在理論上仍屬於羅馬帝國之一部。雖然當時在羅馬城中已不復有一最高之皇帝，但至少在名義上此蠻族諸國之分據羅馬領土，係從君士坦丁堡方面羅馬皇帝處所由授與者。此種理論在勃艮第人及東哥德人中，特別顯而易見。如狄奧多理以意大利統治者之資格，一向聲稱自己與君士坦丁堡皇帝乃同一羅馬帝國之聯合統治者（Unum corpus）。彼甚至更進一步，要求東羅馬皇帝正式確認其所任命之官吏。當時諸蠻族領袖仍極尊重羅馬之制度與文物。如意大利王奧多塞自來卽未有混亂羅馬行政上一般系統之企圖。而狄奧多理尤注意尊重羅馬政治組織與行政體系，彼仍採取一切羅馬人既成之典章制度，如謂元老院之議員，則仍稱之爲 conscript father（古羅馬元老院議官之稱）。其所統治之國家，本質上仍係羅馬帝國，其所統帶之哥德人，卽爲羅馬之軍隊。

當時幾乎所有之日耳曼國王，均掛有羅馬軍長（Magister militum）之徽號。此類日耳曼國王均要求列入「貴族」（Patricians）之儕，自認有貴族身分，又在勃艮第四六六年及四七三年之大事記中，卽明白尊稱東羅馬皇帝利奧（Leo）曰：「吾皇陛下」（"Our Lord", dominus noster）。又於六世紀中，西基門王（King Sigmund）於一上東羅馬皇帝安拉斯達修（Anastasius）之書中，卽自稱勃艮第人乃羅馬帝國之走卒。由此足見此割據羅馬領土之日耳曼族諸君主，極尊重嫡系之羅馬皇帝，名義上仍以之爲最高君主。

就日耳曼征服者對其所統治之羅馬臣民之態度以言，此種理論實發生不少之重大的效果。在此種理論之下，維護了羅馬人之自由，卽羅馬人如原係自由者，仍保持其自由，相互間仍得自由生活於自身羅馬法之下，又羅馬人至少仍能保持自己土地之一部，不致全爲蠻族征服者所奪去。雖然日耳曼人最低限度必需要一部分土地，且至少必從羅馬人手中奪去此一部分土地，但日耳曼人在此種理論之下，既尊重羅馬帝國之文物制度，既以最高主權名義上仍屬諸東羅馬皇帝，故其奪取羅馬人一部分土地時，實際上仍依照羅馬人所遵循之習慣，將其軍隊分區屯駐於私人土地之上。

此外，尚有應注意者，在後期羅馬帝國之中，凡非皇帝私有或市有或教會團體所有之土地，幾全部皆屬於少數大地主之所有。依羅馬之習慣，當羅馬兵士被分派屯駐於任何一部分公地者，則每一兵士卽已分得其屯駐地原占有者房屋或田莊（villa）之三分之一。房主自身有保留三分之二之權，屯駐之兵士則於其餘之三分之二中，任選其三分之一。此種四分法或寧稱為三分法者，當時美其名曰「優待客位」(hospitability)；因為就房主而言，屯駐之兵士無論如何總居客位，究屬一種 horpes（外客），不過有時此 horpes 一字，亦有用以稱戶主者。

雖然，此羅馬兵士並無要求其屯宿處主人給養之權。兵士仍然從軍事給養部領受口糧(ration)或餉銀。當時通常有一種軍糧庫 (military storehouse)，兵士之口糧，大部分係由此糧庫支給，而此糧庫則由向人民所徵收之肉類、米、穀等軍稅以供給之。

至日耳曼征服者統治之下，此種軍事給養 (military administration) 之繁複制度，不久即歸於消滅。日耳曼兵士之給養，直接從土地出之。因為在日耳曼屯駐制度之下，每一屯駐之日耳曼兵士所要求者，不僅為三分一之房屋，並且尚要求其所屯駐處羅馬主人所屬土地之三分之一。不寧惟是，每一兵士由於其分得此三分一土地之結果，同時亦因而分得在全部土地上從事耕作之農奴或奴隸全額中之三分之一。此讓與日耳曼屯駐兵之土地，稱之為「一方地」(a lot or sors)。原所有主與日耳曼侵略者，對於土地為共有人 (consortes)。至日耳曼人自身相互間如何決定各自應屯駐之處，似用抽籤之法定之。通常日耳曼人仍沿用羅馬 hospitalitas 與 horpes 二名稱，以表示其地位。

在多數情形之下，日耳曼人仍然不滿意此古代劃分土地比例之舊制。至五世紀末葉，勃艮第人在事實上往往已占有耕地之三分之二，並分得該耕地上工作之農奴。西哥德人其初所分得之土地，或僅為三分之一，但吾人就其最早之成文法規察之，仍可見西哥德人所分得土地之比例並不止此，亦為三分之二。

郎哥巴德人中，其初亦曾有派兵駐於羅馬地主，分得其一部土地之舉。惟至五七四年，族內發生叛變，國王亦遭殺戮，內部大亂。自後其人民生活於三十五公國割據之下者，凡十年。此十年中，多數羅馬人橫被殺戮，其土地為郎哥巴德人所占奪。不寧惟是，凡在羅馬人尚能苟全生命，保有其所有土地或其一部之處，則被派駐於該土地上之郎哥巴德人，且要求其地主所餘土地上生產品之三分之一。由此可見，此時日耳曼人已反客為主，實際已等於真正之土地所有人，而原所有者反成為其財產管理人（factor），否，毋寧謂之為郎哥巴德地主之農奴。自此種分配土地辦法完成之後，郎哥巴德人復選戴一新國君，以結束前此分據之局面，而各公國亦相率返還其所占有土地之半數於此新國王，同時郎哥巴德人與羅馬人之關係，亦趨於調整，頗為平等公允，自後羅馬人已受保護，不再橫被他族之虐待，而非理掠奪其土地矣。

日耳曼人征服羅馬後所引起之改革，就生活於當時之人看來，甚至就因此而受日耳曼人統治之羅馬人看來，其程度必不如吾人想像中之激烈。尤其在改革之初期，大致對於當時之人，似未發生若何大的變革，乃極顯而易見者。各省人民雖生活於各日耳曼國王統治之下，但此類國王並不以異族統治者自居，而往往自稱為羅馬帝國之官吏，故外表上仍不致引起羅馬人淪亡異族之感，實際上在日耳曼人侵入羅馬以前，羅馬多數省治之人民，大半久已生活於日耳曼籍省長治理之下，故此時尤不覺有何改革之感。至日耳曼國王所統帶之軍隊，固為日耳曼人，但羅馬之軍隊久已日耳曼化，事實上大部分均為日耳曼人，羅馬人司空見慣，自不以為異。又分派屯駐於羅馬地主之日耳曼兵士，固已分去羅馬地主所有土地之一部，惟羅馬地主手中所保留之其餘部分，亦不再向何軍糧庫納稅輸糧。至於捐納大部分土地生產物之義務，亦得於已交割一部分土地之理由下，而免除之。此點與羅馬之舊制極少出入，故羅馬人更無感改革之苦。

此外，尚有應注意者，此種授產分配法（settlement）之效果，無形中從羅馬全人口之中，將此少數日耳曼侵略者化整為零，若星羅棋布，分散於全帝國各地。結果，日耳曼人遂因此與羅馬人間發生極密切之接觸，由此可知，爾後條頓因素之吸收入羅馬因素之中，以及日耳曼征服者之接受被征服人民之語言文字，究不過一時間問題耳。緣古代最初所以妨礙民族間之混和融合者，厥維宗教信仰之不同。若勃艮第人，西哥德人，繼續統治西班牙西北部之蘇匯維人（Suevi）、汪達爾人、東哥德人以及倫巴德人（Lombards），當其侵入羅馬世界而後，雖已皈依基督教，惟其信仰尚非正宗，猶屬旁門異族之類。蓋此類蠻族，仍係亞利安派之基督教信徒

(Arian Christians)故也。昔羅馬人所以敵視彼蠻族侵略者之一重要理由，或係在此。證之史實，每一亞利安異教之王國往往必爲正宗教之軍隊所傾覆，或使其領土日削勢力日弱，此不失爲一較重要之事實表現也。如東哥德人及汪達爾人之王國，卽爲正宗教之優士丁尼帝軍隊所傾覆。又西哥德人之被逐於高盧，終至不得已而越庇里牛斯山以去，以及勃艮第人之被征服，皆係出乎已接受正宗基督教義之佛蘭克諸國王一手之力。至倫巴德人在七世紀末葉以前，雖已接受正宗基督教，惟當時在倫巴德人中羅馬主教已樹立其俗界之政權，結果乃造成羅馬人與倫巴德人間政治上之衝突。際此政爭之中，佛蘭克人乘機而起，與羅馬聯軍夾擊倫巴德人，致倫巴底之王冠(Iron crown)亦爲查理曼(Charlemagne)因利乘便而攫取之矣。

當佛蘭克王克羅維(Clovis)之新信基督教也，其第一次所表現之巨功，卽於改教之始，旋將亞利安異族之西哥德人逐出高盧，維時各地之高盧教士，有口皆碑，無不頌揚克羅維王爲上帝之忠僕天帝之使者云；由此一事實觀之，可見其他各處，正宗教拉丁人之感情及教士之聲助，其與異族軍隊之敗覆，實不無關係也。

至於最後，所有羅馬領域內之日耳曼統治者，俱已接受正宗派之基督教義，羅馬人與日耳曼人間宗教信仰上之隔膜，已不復存在，復由於二族相互通婚之結果，因是民族混和融合之最大窒礙，從玆遂完全消失之矣。

第十五節　東哥德人郎哥巴德人及勃艮第人之立法概觀

如前所述，東哥德王狄奧多理氏每每不問是非，力持一種理論，謂東哥德王國卽羅馬帝國之一部，其所統領之東哥德人亦不過羅馬之軍隊而已。遠在六世紀之初，當五一一年至五一五年中，狄奧多理已頒布一法典，爾時稱之爲「告諭」(edict)。(時至今日，吾人雖未見此告諭之原稿，惟其流傳於今日者，確爲該原稿之第一版，此第一版刊行本必根據已失原稿所印行者，自無待言也。)狄氏於此告諭之導言中，卽謂頒布此告諭之目的，不外在使蠻族人與羅馬人均能同樣明瞭其所應遵守之規則。此告諭中所包含之規定，僅百五十五條，俱爲關於日常極易發生之一類違法行爲之規定，此告諭之主旨，在求對於犯罪人得立卽實行追訴及處罰，務期有罪必舉，有舉必罰。考狄氏頒布此告諭之本意，實在並非欲建立一共通適用於哥德人與羅馬人之普通法，所以在每一種情形之下，凡拘束哥德人之規則，乃以哥德人之習慣爲基礎，凡拘束羅馬人之規則，仍以羅馬人之法律爲準據。然而在該告諭之中，羅馬法反較哥德法爲多，是不可不知者。至其繼位者亞泰利克（Athalric）嗣位後，復公布一法律，亞氏在位僅八年耳（從五二六年至五三四年）。狄與多理之告諭，不僅在意大利一部施行有效，且通行於東哥德王國所屬其他區域之內。迄東哥德人之統治爲優士丁尼帝之軍隊傾覆以後，隨而優帝法典輸入，狄與多理告諭在意大利境內，始失其效力。然而優帝法典尙不能通行全意，如在北意方面，則大部分又爲郎哥巴德法律所排斥之，故就當時優帝法典在意境內完全通行有效之區域言，僅意大利中部及南部而已。

郎哥巴德法，又稱倫巴德法，其最早之成文記載與編訂，係於六四三年由倫巴德王羅泰里（Rothari）所主持者。此成文之倫巴德法，究不外日耳曼習慣成文記載之一，亦卽蠻族法（leges barbarorum）之一種。倫巴德法典，於五世紀至九世紀中已具體形成。此法典乃一切古代法典中之最值得注意者；一般言之，此乃一部極佳之法典；其編排有一定之組織與體系，又其中各法則，極臻明確，且條理判然。在此最初之倫巴德法典中，尙表現其未受羅馬或教會勢力之影響。此蓋當時倫巴德人尙爲異教信徒故也。故在此法典中，無特別規律羅馬人之法規。凡羅馬人與倫巴德人間發生爭執時，不問其情形如何，則羅馬人須受倫巴德法之規律；反是，在羅馬人自身間發生爭執時，則仍受羅馬法之規律，此種情形，與其他各處亦無所間然也。

其後，對於此原來之法典，復增訂補充不少。其最重要者，當推劉伯蘭王（King Liutprand）在位中（七一三年至七三五年）所頒布之法律。在此法律中，卽可見有重大變更之處。緣此時倫巴德人已爲正宗基督教徒，故其受教會勢力之影響，自屬顯然。新法典之文字，較爲冗長；在此新法律之編首，已見有說明此新法頒布目的之序文；並且在此類序文（prolozues）之中，常引用聖經語。對於教會中釋奴之方式，亦承認其有效。

對於異教之習慣，則處以刑罰。遺囑人爲將來靈魂上之幸福及慰安計，亦得於生前立遺囑以處分身後之財產。復因當時一般認爲教皇乃「全世界所有上帝教會及教士之領袖」，而教皇又要求須禁止嫡堂表叔嫂通婚故，所以此法律中亦嚴禁此種婚姻。然而，卽令在此法律之中，所可見之羅馬私法法規，仍不甚多。不過此法宣示：契約當事人雙方訂立契約時，其須依羅馬法之形式，抑依倫巴德法之形式，則任當事人之自由擇選。是知此法並未完全排斥羅馬法之適用。

迄至後來七四六年及七五五年中，各倫巴德國王復先後增訂數章。據云此歷次增訂，皆出乎政府官吏之提議，經人民之同意，在倫巴德正式議會中所通過制定者。在倫巴德人治下之意大利，與西哥德人治下之西班牙及卡羅林王朝（Carolingian Empire）治下佛蘭克帝國之情形同，亦有一種所謂「貴人會議」（Assembly of magnates）之組織，以代替古代日耳曼全體自由民出席之部族大會，至人民之同意，時已成爲一種純粹形式上之儀式而已。

逮倫巴德人爲佛蘭克人征服而後，倫巴德法律仍依其自身固有之路線繼續發展，絲毫未受佛蘭克勢力之影響。

考倫巴德法律與古代薩克森法律，乃至與盎格羅薩克森之法律，其間實有密切不可分之關係。在此三族之法律中，其特別之規則與法文之語氣，類皆完全相同。其次與倫巴德法極有密切關係者，厥維斯狄那維亞之法律。由此觀之，足徵所謂倫巴德人來自北方之傳說，可以證實之矣。至倫巴德人堅持日耳曼習慣之態度，似其頑強反抗羅馬與佛蘭克勢力所表現之一部。蓋倫巴德人乃極富於保守性之民族，故始終固守自身之習慣，極不願受外來任何勢力之影響而輕易變革之。倫巴德人之習慣與理論以及倫巴德法律之編纂，對於中世歐陸法律影響極大，此點容於後述。

勃艮第法律之編纂，顯然爲五世紀終了以前，由耿多巴王（King Gundobad）所主持者，案耿多巴王在位期間，乃自四七四年至五一六年。耿多巴法（lex Gundobada）自編纂之後，仍繼續維持其效力，歷時達數百年之久。在卡羅林時代之佛蘭克帝國中，對於彼生活於此耿多巴法之下者，稱之曰 Gundobadi。大概言之，此法律一般適用於勃艮第與羅馬人間所發生之爭執，惟不適用於羅馬人相互間之爭執。僅後來極少數新頒之法律中，始明白宣示其對於國王之一切臣屬，皆有拘束力。此法律所受羅馬觀念之影響甚大。耿多巴法中所包含之羅馬法規則極多，其數遠較自此百五十餘年後所見倫巴第法第一次法典中所包含者為多。

雖至佛蘭克人征服勃艮第人而後（五三二年），此耿多巴法仍繼續適用，不失其效。惟當時大受教會之攻擊——尤以主教亞哥巴（Bishop Agobard of Lyons）氏攻擊此法，最為激烈，揆諸教會攻擊此法之原因，蓋半由於當時教會不僅希望有統一之寺院法，抑且切望有統一之普通俗界法律；半由於該主教之所稱，耿多巴本人為一異教徒，職斯二因，毋怪其為教會攻擊之對象也。雖然，此法直至後來十一世紀中，除不適用於其他日耳曼部族人及羅馬人外，仍然為勃艮第區域內一切居民之屬人法，其效力延續之久，實可想見。

約當勃艮第第一次法典編纂之際，同時復有一羅馬法法典之頒布，以適用於其領域內之羅馬人民。自然，此羅馬法典之編纂，實出於本地羅馬法學家之手，且係根據當時極通用之少數羅馬法綱要一類書籍為主，又大部分復以狄奧多修法典為藍本，至無可疑。後來在六世紀之初，在西哥德王亞拉利克統治下之亞奎丹（Aquitaine）省內，亦可見有此相似且較完善的羅馬法法典編纂之舉，關於此點，本書以後當有詳述。至佛蘭克帝國之內，則無此類特別羅馬法典之編纂，在適用羅馬法時，則採用一所謂亞拉利克羅馬法撮要（Breviary of Alaric）為主，即令在勃艮第境內，此撮要不僅保有效力，且事實上有排除原來勃艮第所編羅馬法典，而優先適用之效。有時在法學者中，亦有以勃艮第羅馬法典為亞拉利克羅馬法撮要之一補編者，又因為亞拉利克羅馬法撮要中最後一章，乃完全剪裁帕賓寧（Papinian）所編之羅馬法湊集而成，於是此輩法學者從此推定全部勃艮第羅馬法典係脫胎於帕氏之羅馬法，而引用帕氏之名以名之（時皆誤書為 Papian），因此，此部勃艮第羅馬法自中世紀以來，皆稱之帕賓寧法（Liber Papiani），直至近世吾人始再認識其本來面目，其與帕賓寧之羅馬法，實風馬牛不相及也。

第十六節　西哥德王國史實述要

最初住於西班牙半島之土著，古代稱之爲伊伯利安人(Iberian)。伊伯利安人似不屬於印歐語系之人種。巴斯喀人，顯爲伊伯利安因素中所僅存之最後的代表。約在紀元前五〇〇年左右，塞爾第人已開始大舉移殖。沿西班牙南海岸一帶，據云在紀元前一一〇〇年業已建立之腓尼基諸商埠，時已逐漸發達爲城市。在此種城市中，加遠斯(Gades)，即近代西班牙之卡地茲(Cadiz)，最爲重要。遠在紀元前第六世紀時，希臘人亦建立其殖民地於西班牙境內。此類希臘殖民地中最重要者，乃恩波里(Emporiae)，此即近代之安普里(Ampurias)。至紀元前第三世紀後半期，迦太基人(Carthaginians)已統治所有西班牙南部及東南部諸地。迄迦太基人第二次與羅馬人戰爭結束之後，復將其所屬西班牙之領土，完全割讓與羅馬人，此後六百餘年中(自紀元前二〇二年至紀元後四〇九年)，西班牙遂淪爲羅馬帝國領域之一部。不過，西班牙中部及西北部諸地，直至奥古斯都時代以前，尚未完全爲羅馬人所征服。

當羅馬人統治西班牙之先，伊伯利安——塞爾第人，乃生活於部落關係之中，其經濟生活之基礎，尚爲畜牧與農業並行之經濟生活。惟至羅馬人統治之後，西班牙諸城市逐漸發展，自海岸及於內地，地方政府之市政組織——所謂海倫·拉丁(Hellenic-Latin)式之政治組織，亦普及適用於西班牙之大部。土著之方言，漸爲拉丁語所代替，本地原來之習慣，亦漸爲羅馬法所排斥之矣。又西班牙人對於羅馬世界之貢獻，原不爲小，羅馬帝國中著述家、法學家及皇帝之屬西班牙籍者，亦復不少。古代基督教在諸海岸城市之中，已取得一初期之根據地，至紀元後第二世紀之末，所有完全羅馬化之西班牙各部，此時均已成爲基督教之區域矣。

如前所述，當五世紀初，西班牙已淪於日耳曼人統治之下——最初係在汪達爾人與蘇匯維人統治之下。至四二九年頃，西哥德人進佔西班牙，最先將汪達爾人驅入非洲。維時蘇匯維人在西班牙西北部所建立之王國，尚賡續維持其獨立之存在，屹然未動，至五八五年時，始爲西哥德人所傾覆，自此而後，西哥德王國之領域，除西班牙極南部而外，已包含全半島各地，維時西班牙極南部地方，已於五三四年爲東羅馬皇帝軍隊所佔據，所以西哥德人之勢力，未能深入。嗣於九十年長期爭奪之中，西哥德人卒將拜占庭人（Byzantines）第一步逐出其內地之盤據地，次於六二四年中，復驅逐於海岸城市之外。至八世紀初期，西哥德王室爲摩爾人（Moors）傾覆之後，西哥德王國之國祚，於斯以斬。

如前所述，西哥德人亦如稔習羅馬習俗之其他日耳曼部族之情形，將兵士分駐於各羅馬地主之家，分占其房屋及土地之三分之一或四分之一。各地本居之羅馬人，除其一部分土地爲西哥德人所侵奪者外，其餘則仍歸自身所占有，又羅馬人中尚未喪失其個人之自由者，則同時仍能繼續保有其自由。羅馬人仍繼續生活於羅馬法之下，約達一百五十餘年之久，又在哥德人統治之初期，羅馬人之市政組織亦尚未爲哥德人所混亂破壞。揆諸原因，此蓋哥德人亦與其他日耳曼人之天性同，殊不喜城市生活故也。

在西哥德王國之中，其情形與羅馬領域上所建其他日耳曼王國正同，亦由於宗教信仰之不同，致日耳曼與羅馬二民族之混和融合，延擱日久。緣哥德法本身，其初原禁止哥德人與羅馬人間相互通婚。然至六世紀終結以前，哥德人已接受正宗派天主教義（Catholic creed），隨於七世紀中葉，頒布一法律，正式承認哥德人與羅馬人之通婚爲合法。

在西哥德人統治下之西班牙境內，其地方行政之組織，乃以州郡制（county system）代替地方政府之自治市政制（municipal type），此與日耳曼人在羅馬領域內所建其他王國之情形，殊無二致。由哥德王國國王任命公爵或伯爵，以統治各州郡及各城市。此種官吏之任期，其初僅爲五年，非再經國王第二次之任命，不得連任。然至哥德時代終結時，則情形大變，此類官吏即成爲終身職矣。當時此類地方官吏與處理中央行政之王室官吏，俱係俗界之權貴，至哥德人棄絕亞里安派基督教而後，亦認天主教之主教，屬於權貴階級。

西哥德國王，係由國內權貴階級所推選。此時事實上自由民已無選舉權。不過當時尚有一種習慣，每當一新王選出之後，則該新選國王往往親至該選舉城市，在人民前受羣衆歡呼擁戴，所謂全體自由民參加選舉之因襲的權利，僅於此種習慣中尚可見其遺影耳，除此而外，殊無所謂自由民參與選舉之權利。

西哥德國王中，以由於叛亂成功入承大統者爲多，其方法亦不一致，有時或由於結黨竊位，或由於弒君入主；有時或竟稱兵作亂，推翻王室。雖然，無論於何種情形中，凡嗣位新主，仍於事後謹守選舉之方式，以正名分。

當六五三年時，第八次托來多（Toledo）宗教大會中曾確立一宗教性質之原則，謂國王之所以爲國王者，蓋以其行爲正當故，惟當其行動已非正當時，自不能有國王之資格矣，此原則最後且成爲法律原則，規定於西哥德法典之中。以此原則作爲一種政治學說，雖不無可以辯護之理由，但如作爲一種法律規則觀之，則此規則究不過引起叛亂動機之一種刺激而已。至當時諸主教在大會中所以宣布此原則者，大概由於彼輩主教自負不凡，往往自認爲世上是非善惡之最良判斷者，故欲假此原則，以批判君主之行爲。

自西哥德諸國王皈依正宗基督教而後，至少在形式上，國王同時亦成爲西班牙教會之領袖，不過在實際上，教會之勢力卻爲王國中之支配力，一切事務無不以教會之意旨爲轉移。

全西班牙教會之全體大會會期，每次相距不久，通常在托來多開會。在七世紀中，此種宗教大會計開會十五次之多。宗教大會由國王召集，議事程序表亦由國王制定並提交大會，開會時由國王充當主席，大會所決定之決議案交由國王執行。此種決議案或稱寺院法規（canon）者，其所涉及之問題，已超過教會立法之範圍，且包含大部分屬於今日所謂憲法範圍內之問題。如大會中討論國王之職務與特權，國王選舉之方式，以及關於處罰叛逆之法律等等問題是。又大會中復將王國國有財產與國王私有財產，完全分開，以別公私。於六三八年尚有一次宗教大會確立一原則，規定公爵與伯爵僅於有正當理由且經審判之後，始能將之免職。此規則之結果，當然不外給與公爵與伯爵一種終身任期之保障。

六五三年第八次托來多宗教大會中，有俗界權貴多人，亦經召集與會，自此次而後，俗界權貴於每次大會時，皆與諸主教隨同出席，且有表決權，至少在非特別關於教會之問題上，有表決之權。此後，在西哥德王國之內，亦可見一種議會之形式，此種議會不僅西哥德王國一處有之，遍觀全中世紀中，幾無處不有此種議會之成立，不過西哥德議會與他處所略有不同者，卽其中所包含教會之權貴，其人數遠較俗界之權貴為多耳。如第八次宗教會議之中，教會之權貴卽占七十四人，而俗界權貴之與會者，僅十有六人而已。當第八次宗教大會大會中，國王第一次召其官吏出席大會時，曾宣示其所以召令官吏出席之目的，不外欲使各官吏自身，能對於其所據以執行各自職務之原則，印象更深，庶將來執行職務上，方便多多矣。

苟吾人能謂此種會議為議會，則此種議會實不外國王之正式立法機關。至在立法上全體自由民往日固有之權利，亦如前述國王選舉之情形同，至少在形式上尚承認之。如關於特別重要之議案，雖經大會決定之後，尚須向集合於教堂門口之與會民衆當場宣布其旨，然後由此與會羣衆高呼贊成，以示同意，於是此議決案在形式上始為成立。

史學者中（其中有少數之西班牙著述者），有以僧侶政治之得勢，實為後來西哥德王國覆滅之主因者。彼輩所持之根據，乃謂自僧侶政治支配國家而後，王國國家之力量，已於無形中為教士之統治所中傷，國家之元氣，已消耗殆盡，所以在摩爾人入侵之時，一經震嚇，卽崩潰無餘。然而，大多數天主教史家，則以西哥德王國衰弱之原因歸於下列二端：一、由於王位之選舉性質；二、由於當時僧俗二界權貴之野心與漸趨獨立，因而造成政治上之傾軋，此說頗較公允。

第十七節　西哥德立法概觀

在七世紀中葉以前，西哥德法律尚未統一，哥德人仍生活於哥德法之下，而羅馬人仍生活於羅馬法之下。惟當羅馬人與哥德人發生爭執時，始適用哥德法。因此，在西哥德王國之中，其情形與勃艮第同，亦同時有二種有效法律之流行。一方面由哥德人之習慣出發，發展為王室法律之形式；他方面在王室授權之下，復編纂一羅馬法典，以適用於哥德王治下之羅馬臣民。

亞拉利克二世（Alaric II, 484-507），乃統治南高盧及西班牙之一最後哥德王也，王在位期中，即下令編纂羅馬法，以適用於羅馬臣民。其初由國內羅馬法學家組織一委員會，籌議草案，然後將此草案於五〇九年提交卡斯柯尼（Cascony）州主教及國內聞人之聯合大會審查，經該會認可，即正式成立，是當時編纂程序之大概。至西哥德王所以編纂羅馬法之目的安在？據但恩（Dahn）氏之意見，西哥德人編纂羅馬法之動機，蓋當時外覘佛克蘭人之勢力，壓境而來，西哥德人與佛蘭克人之衝突，行見日迫眉睫，無可避免，故力思對內收取及調和國內羅馬人心，以減少內部之摩擦。案但氏此說，亦不無理由。徵之事實，西哥德人與佛蘭克人之衝突，竟於編纂法典之次年發生，結果西哥德人失敗，終被佛蘭克人驅出高盧。復次，如前所述，當時國內羅馬人對於異教之統治者，原已深惡痛絕，其對於信奉正宗教佛蘭克王之進攻此信奉異教之哥德統治者之行為，必無不同情者，此種羅馬法編纂之目的，既在保證羅馬人能有效遵循其自身之法律，必可收羅馬人與西哥德統治調和之效，故西哥德人之所以編纂羅馬法，究不外全為自身利益打算也。

此法典之原稿，係存於多魯斯（Toulouse）王家文庫之中。其所發出之所有抄本，俱經王家校訂大臣（referendary, 或稱尚書 chancellor）安寧魯（Anianus）氏簽證。因此，一般遂稱此法典為安寧魯羅馬法撮要（Breviary of Anianus），時至今日，大多數西班牙法律史家仍沿用此名稱。至在其他歐洲諸國，仍通稱之為亞拉利克羅馬法撮要或西哥德羅馬法典。此法典並無官用之簡名，蓋以其包含之複雜也。安寧魯氏當簽證此法典抄本時，即稱此法典乃「從狄奧多修法典，法律判決及其他各種法律教本中之法律所選輯而成者。」此誠不失為一極恰當之描寫也。

在西班牙以外各地，凡羅馬人仍得依據羅馬法而生活之處，此亞拉利克羅馬法撮要，大半仍作為羅馬法之資料。在高盧境內，其情形亦然，蓋該處因無法蘭西王之授命，故未有此類羅馬法典之編纂，自惟有適用亞拉利克撮要以代之，此外，在佛蘭克帝國中除意大利外，所有各處，凡無羅馬法時，亦常適用此撮要，以代羅馬法。

此撮要在英格蘭境內，亦頗稱著，逮乎十二世紀中，此撮要在西歐各地，不僅已爲羅馬法之主要淵源，且幾爲其惟一之淵源。幾乎十二世紀中英、德、法諸國法律文獻內一切所參考之羅馬法，以及當時法律著述教本中所記載一切關於羅馬法之部分，無不取材於此西哥德羅馬法典。

雖然此西哥德羅馬法典，嗣後在西班牙境內横遭摧抑，然其中規則究未完全爲所廢棄，何則？蓋其中多數規則，實際上已侵入西哥德法領域之中，成爲西哥德王國之一般法律矣。

即令在亞拉利克羅馬法法典編訂之前，由於此二法制對立存在之結果，已產力一種活動，希求樹立哥德人固有之習慣法。如綽號西班牙征服者之優利希王（King Eurich），即力求實現此企圖，當王在位期中（四六六——八四年），已有西哥德法典之公布，即爲一例。

今巴黎國立圖書館中，尚藏有羊皮紙一張，其中所包含者乃古代哥德法之一部。同時學者中尚可根據不少有力之理由，相信其所包含之哥德法，確爲五世紀優利希法典原稿之一部。如布洛勒氏之見解，即爲如此；設此種見解果然屬實，則此巴黎圖書館所藏之羊皮紙，必係日耳曼制定法中最初存在之原稿，當無疑問矣。

此類古代法，實質上即古代哥德習慣之記載，所稍有不同者，即於古代習慣之中，復加上少數關於規定哥德人與羅馬人關係之新規則而已。雖然，其中可淵源於羅馬法之規則，仍不在少數。

此法典亦用拉丁文寫成，此與古代所有之日耳曼成文法，毫無二致，通常由此類記載之形式觀之，復可推知在制定此法典時，國內羅馬法學者確與以不少之助力。

至七世紀時，西哥德立法上已開一新紀元矣。如秦答斯文王（Chindasvind）在位期中（六四一——六五二年）所頒布之法律，即無分哥德人與羅馬人，皆一般受其拘束。其子李塞斯文（Recesvind）嗣位，自六五二至六七二年間二十年執政期中，亦繼承父志，完成此爲二民族建立一共同普通法之大任。如在李塞斯文王在位期中，法律上已正式承認哥德人與羅馬人通婚之效力，禁止羅馬法及其他外國法之適用。復將古代哥德法以及乃父與其自己所頒布之各種法律，加以修訂並重新公布。於其終位以前，又根據狄奧多修法典編制上有系統的新式設計，將所有此類法律中錯綜龐雜之部分，加以一番調整，以淸眉目。其所編定之法典，計分十二編，各編中復分爲各章，有條不紊，秩序井然。在每章之中，首列許多古代法（Lex antique 或 Lex antiqua noviter amendata），在此類古代法中，可見有多數與巴黎所藏羊皮紙上所載相同之法律。其次，於此古代法之後，則列乃父及其自身所頒布之各種法律。通觀此法典中，十分之七之法律爲古代法，其餘則一半爲乃父秦答斯文王所頒布之法律，一半爲其自身所頒布之法律。

李塞斯文王嚴禁將未包含於其修訂法典中之任何法律，提出於法院，對於違反其禁令者，且課以極重之罰金。對於擅自製作之任何古代西哥德法之抄本複本，法官應即沒收且毀滅之。

爾後，此法典復經修訂。最後一次之修訂，係出乎愛格利卡王（Egrica，六八七——七〇一年）之手，王將其自己所頒布之法律，增入其中，又將愛爾韋格王（Erwig）所會删去之法律，仍補入此修訂法典之中。

試將西哥德法與有史以後所見各法律之最初的成文記載加以比較，恆覺李塞斯文王及其後嗣位者所頒之各種法律，俱嫌冗長且欠明確，於適用上難臻切當便利。因此，羅馬法與寺院法遂紛紛乘隙而入，侵入西哥德法典之中。一方面，自七世紀而後之各朝，無不力求建立一適用西哥德與羅馬二民族之普通法，在此種嘗試之中，已無窮中對於羅馬人表示讓步，對於羅馬法規亦漸有所接受；迄至哥德人受羅馬化之程度更深，且更臻文明而後，一般皆感覺羅馬法規則多較其自身粗陋野蠻之習慣，更能適合其生活。所以，在李塞斯文法典之中，即包含不少的羅馬法規則，或採自亞拉利克羅馬法撮要，或取諸優帝法律大全，緣優士丁尼法律大全，在拜占庭人占據西班牙極南諸部時（五三四——六二四），業已輸入南西班牙各地。他方面，由於教會勢力日益增大之結果，寺院法中已有不少規則，逐漸混入俗界普通法律之中。可顯而易見者，即後來關於法典之歷次增修，無不出於教士之手，又當時所有關於法典之修正案，確須提交全國宗教大會審查通過，前已言之，在此種會議之中，主教甚多，而貴爵極少。無論何處，皆可見教會之勢力與影響。大概以婚姻法中，關於性的犯罪之處罰中，排斥猶太人之法律中，以及在法典前之長編序文中，其所表現之教會勢力及其影響，最為顯著。如在法典前編之序文中，常引用聖經（Holy Writ），以作為其規定之理論上的根據，是為一例，案法典之序文，乃置於各章之首，有時且作為一單行法之導言者也。

逮乎西哥德王國之末期——第八世紀之初，西哥德法典在形式上已顯為寺院法之形式，在實際上已非哥德法，而有羅馬法之實，一部西哥德法典直已形實俱亡，徒有其名而已。關於哥德法典中法規之來源，無論其從哥德人固有法而來，抑從羅馬民法或寺院法而來（此問題姑置不論），吾人祇須將其中顯而易見之特別哥德因素與特別羅馬因素，試一比較，卽可見羅馬因素究居優勢。此法典中屬於日耳曼因素者，大部分乃婚姻財產法。據塔西佗氏敍述其時日耳曼人婚姻財產制之特點，非妻由母家帶嫁資與夫，反而為夫給嫁資與妻。在婚姻關係中，無夫妻財產分別之事實，不寧惟是，妻對於自己分內所應有之財產，亦無支配處分之權，婚姻中之財產，不過一種為夫所管理之共同財產而已。

在侵權行為法與刑法之中，亦可見日耳曼刑與羅馬刑之奇特的結合。凡預謀殺人者——卽預懷惡意之殺人，皆處死刑。惟就同謀殺人者而言，則僅對於實施殺人行為者，始處死刑；至教唆或煽動殺人行為者，則對於被害者之配偶或其最近血親，須支付賠償金（卽贖罪金）。至其他傷人未致死之傷害行為，則其賠償金之數額，恆隨傷害程度之輕重而有不同。譬如毀損他人之手肢者，則按下列傷害之程度，以定支付賠償金之多少——斷全肢者，最多；斷拇指者，次之，斷小指者最少。

至法院之組織，亦係根據羅馬之體系，而非根據日耳曼之系統。在區域法院之中，不承認與會之自由民可以參預判決；從主席王室官吏偕同精通法律之顧問與審一事實觀之，卽可見下判決者，實為該主席官吏；對於城市法院或鄉村法院等第一審法院之判決，可以上訴於郡法院，從郡法院復可上訴於國王法院。國王法院之中，國王亦係根據其顧問官之意見，而下判決。惟吾人應注意者，無論在國王法院之中，抑在郡法院之中，法律顧問對於郡主或國王所提供之意見，並不拘束郡主或國王；郡主或國王自己仍有判案之權利，且負判決之責任。此顯係羅馬之原則，故此類法律顧問，並非日耳曼制中之判決發現者。

至教會之勢力表現於決定此法院組織方面者，特別為主教有監視司法之權利與義務，不寧惟是，主教且能公開指摘其所見到之缺點。

訴訟程序，亦係羅馬化之訴訟程序。此時已不承認日耳曼之舉證方法——如宣誓，輔助宣誓及神判等舉證方法。在舉證上，不僅正式之證人須提供證據，即偶然之目擊者，亦可提供證據，作為證人，又文書證明，如書證文件等，此時亦極重要。惟當時在西哥德王國之刑事審判中，亦如後期羅馬帝國之情形，可自由使用刑訊(Torture)。刑罰嚴格，且常殘酷。此外，在日耳曼中尚有一種所謂decalvatio刑者，此種刑罰據古代少數史家之解釋，謂指剝去頭皮之刑，但實際上，不過為雉髮之刑而已，蓋就古代日耳曼人觀之，雉髮一事，乃完全喪失名譽之表示，故雉髮不外古代之一種名譽刑。同時，古日耳曼法——或寧謂之較簡陋之原始法，復規定在某種特定場合下，得將加害者交付於被害者，俾便復仇。

自不待言，此西哥德法典並非完全代表一切規定西班牙人民之法規。時無分古今，地無分中外，世中從未見盡善盡美包羅無遺之完全法典者，即令二十世紀中之法典，亦何莫不然。然而，西哥德諸國王或在國王委任下工作之諸教士，無不切望編制一完善之法典，彼等似已預見近人邊沁(Jeremy Bentham)所提議之方案，因為凡一發生之案件無成文法之規定以資適用時，則彼等命法官須將之提呈國王解決，俾國王此時不僅可解決特別之爭端，抑且可考慮是否有補充立法之必要(西哥德法第二編第一章第二節參照)。

至西哥德法典中所訂立之規則，在實際上之執行及其流行，達如何程度，尚不能確知。考西哥德王國內部，每以政治上之傾軋，常致分崩離析，不能統一，不寧惟是，有時幾陷於無政府狀態之局面。自西哥德王國為摩爾人傾覆之後，中世紀北西班牙諸國之內，又可見有性質上屬於條頓制，且為西哥德法典所不承認之種種制度。譬如復仇及訴訟外之損害賠償，以及訴訟上所採之誓證法、神判法等證據方法，即為一例。自此類新興王國中之習慣法，開始採取成文形式之後，復可見法律上已承認妾之地位，即在已有一合法正妻之場合，亦然，其承認妾之地位之目的，係期望可將子女之血統，審究確定，妾所生之子，或其子之身分業已確定者，亦有繼承之權。據與史家費克爾（Ficker）氏之所示，此類後來所見之法律，大概尙爲哥德人之法律，又在斯坎地那維亞半島上，亦可見與此相類似之法規。復因西哥德法典頒布而後，不久西哥德王國爲摩爾人所傾覆，西班牙人遂爲摩爾人所統治，復返於更原始習慣與規則之支配，所以少數史家竟因此而主張西哥德法典決未完全執行適用，又謂其中規則並非法律規則，不過表彰當時僧侶階級欲將其道義觀念置諸成文法典中之慾望而已，故以此法典中之規則，實不外種種宗教道義之規則耳——雖然，此種傾向，不僅限於當時教會立法之情形如此，卽在近代立法上，有時亦可見之，此尙不足爲西哥德法典責也。

自八世紀以還，摩爾人征服西班牙而後，拉丁文中引用西哥德法典時，其所用之名稱，每不一致，時或稱之爲哥德法（Law），或哥德律例（Laws），或哥德法典；時或稱之爲法律全書，或裁判大全，或裁判官手册（Book of Judges）。至 Forum judicum (Gothorum) 一詞，乃九三二年頃所見之名稱，自十一世紀以後，此二字已成爲指法典之最通用之名稱。在西班牙文中，此字已變爲 Fuero juzgo。Fuero juzgo 一名稱，今仍爲西班牙法律史家所通用。

考西哥德法典第一次翻成西班牙文，乃當斐地南三世（Fredinand III of Castile and Leon）在位之時（一二二九——三四年），時翻譯此法典作爲柯多瓦城之地方法（Fuero）。其拉丁版中之最早者，始於一五七九年在巴黎見之。費拉提哥（Villadiego）氏於一六〇〇年在馬德里所刊之西哥德法典，在一八一五年以前，一般皆視之爲權威，風行一時，惟至一八一五年西班牙學院主編之新版刊行以後，則以前費編西哥德法典之地位，遂爲此新版所取而代之矣。

第十八節　佛蘭克帝國史實述要

當四世紀中，原盤據於麥司（Meuse）河下游西部及南部一帶之薩利族佛蘭克人（Franks of the Salic

Branch)，已逐漸發展其勢力，擴充其占據區域至雪爾德（Scheldt）河流域。佛蘭克人仍尊重羅馬之主權，承認羅馬帝國之統治，尤承認高盧省內羅馬長官之統治權。至五世紀頃，佛蘭克人復渡雪爾德河前進，同世紀中葉，占領高盧東北部，直達索謨（Somme）一帶。此際，佛蘭克人之活動，實一種主要由於土地恐慌（land hunger）所引起之民衆活動。再當其繼續前進發展時，則已奠定國家之基礎，佛蘭克帝國於焉成立。在此時佛蘭克人所占領之區域中，佛蘭克人與原住之土著間，尚無均分土地之事；原來之地主不過受佛蘭克人之驅逐，棄土流亡而已，自無所謂均分土地之可言。

迨至克羅維斯王（King Clovis）時（四八一——五一一年），則其歷次征服他地之性質，與前此迥乎不同。於其每次所舉之征伐中，皆可見有創造王業之性質以及建立王權之目的。如四八六年，克羅維斯征服高盧北部，直達賽因河一帶。其後，旋將賽因與羅亞爾二河間之地方，置於自己統治之下。又如四九六年之征服亞郎曼尼人，則兼併其土地之一部。維時東哥德王國之領域，已擴充至布羅溫斯（Province），勢頗雄厚，故亞郎曼尼族之餘衆，遂不得已轉而乞援於東哥德，並接受東哥德人之保護矣。

克羅維斯之皈依正宗基督教也，舉效頗巨，氏因改教之故，遂博得基督教士之歡心，獲得當時日暮西山之羅馬世界中最重要且最有力量之組織——即拉丁教會——之擁護。觀乎王之進攻異教西哥德人也，則倍受高盧教士之歡迎，爭譽克氏爲上帝之忠僕，神之使者，從五〇七年至五一〇年之間，遂從西哥德人手中奪取自羅亞爾河至庇里牛斯山一帶之地，故克氏制勝之速，與教士之同情，其間洵不無關鍵也。克羅維斯晏駕之後，其子繼位，復征服忒林基亞人（Thuringians）（五三一年），並傾覆勃艮第王國（五三二）。當東哥德人與東羅馬帝國之爭也，結局東哥德王國歸於敗滅，正值此二國相爭，無暇他顧之際，佛蘭克乃得乘機兼併東南高盧，更進而擴充其統治範圍，直達於今日德意志之西南一帶。又六世紀終結以前，巴維亞人亦臣服於佛蘭克人統治之下。

佛蘭克人所建立之帝國，與東、西哥德人及汪達爾人所建立之王國，迥乎不同，其一重要之區別，乃東、西哥德人與汪達爾人係侵入純粹羅馬領土之上而建國，完全以羅馬之領土為王國之基礎，結果所致，竟至喪失自身之特性，完全為羅馬人所同化，而佛蘭克人則反是，非純以羅馬領域為基礎，乃將其統治範圍擴充於羅馬領土及日耳曼人領域之中，其所屬領土，係犬牙相錯於二民族領域之間。至後來查理曼時代，其情形猶為如此，如查理曼(Charlemagne)既併意大利之郎哥巴德王國，以及從摩爾人手中奪取西班牙東北部之後，同時復進而征服薩克森人，使臣服於佛蘭克統治之下，並將其領域更向東部推進，是知舉凡其他日耳曼民族之領土，亦為之蠶食殆盡矣。

惟至後世，佛蘭克諸懦弱無能之君，相繼嗣位，自後國勢日墜，王權漸弱，地方諸大權貴（magnates）原來在理論上不過帝國之官吏者，時已紛起獨立，與中央分庭抗禮，已肇割據之端。他方面，復依據佛蘭克人之理論，以王權為財產權，並承認諸子之平等繼承權，以致常引起國土分割之事實。夫久合必分，久分必合，蓋事理之常也，觀乎佛蘭克帝國之情形，亦未嘗例外，分割之各部，每至後來復歸於統一，雖然，有時惟藉內戰之手段，始能成功。每當內戰之際，彼此俱不能不借重其權貴之力量，他方面，權貴每亦自恃其舉足重輕之地位，而於割讓一部土地作為報酬之條件下，出賣其援助，因而，權貴階級之力量日增，國王之權利日弱。幾於每次分裂之中，皆有一種傾向，至少須將羅馬人之領土與條頓族之領土，暫時分開，如在九世紀中所見最後一次之分裂，其情形仍係如此。迨強有力之亞馬芬（Amalfing）王室（亞馬芬王室通稱為喀羅林 Caroliugians 王室，因喀羅林族為亞馬芬王室中最著名之代表。）以宮相（mayers of the palace）之地位，握住支配全帝國之實權而後，中央權力再度增強，分裂之局暫告結束，雖然，此宮相之事實上的地位與權力，爾後由於廢立墨羅溫王朝之最後一君主，以及丕平（Pepin）公然僭位稱帝之故，始終合法承認之。

喀羅林王朝諸帝所建立之中央政府，較之前此墨羅溫王朝（Merovi gians）所曾企圖發展之中央政府，其權力之強盛，實遠過之。此喀羅林諸帝，對於前此尚未為墨羅溫朝所混亂之地方制度與習慣，已着手加以改革及限制。復開始創造一部統一帝國法。彼羅君主對於教會，亦已發生極密切之關係。在丕平僭取王權之際，即已取得教皇之認可，故氏卽位之後，爲酬謝教皇之助力，遂諭令佛蘭克帝國內仍信異教之臣民，須一律皈依基督教。又略羅林諸帝復容許教會對於人民之生活，得行使較前此更大之干涉與權勢，不寧惟是，且使教會之地位，儘量增高，目之爲與政府平行之機關。復進而保護教皇，抵抗意大利叛逆（卽倫巴人）對於教皇之侵犯。是略羅林朝諸帝之取好於教會，實已無微不至矣。

迄查理曼治下（七六八——八一四），佛蘭克帝國之權力，已登峯造極矣。查理曼征服倫巴德人而後，復自尊爲「佛蘭克人及倫巴德人之王」（七七四）。其後更進逼薩克森人及東佛里西人，以之降爲佛蘭克人之附庸，並強迫其入基督教。當是時也，在帝國之內，尚有巴維利人及其他日耳曼部族人，各擁其舊日之王朝，組成多數小型王國，查理曼復將之一一兼併，置於帝國直接統治之下。查理曼乘其戰勝之餘威，擊敗亞伐爾人（Avars），將帝國之領域向東推進，復由於戰勝摩爾人及兼併卡泰羅尼亞（Catalonia）之結果，帝國之疆域，復向西南方面擴張。

當時查理曼實際上之地位，幾至除東羅馬帝國所屬者以外，已爲一切基督教世界之領袖，換言之，卽幾爲所有承認羅馬主教最高權之基督教世界的領袖，一方面由於查理曼此實際上之地位，他方面復由查理曼取好教會，對於當時教會極盡保護之能事，結果，遂有八〇〇年聖誕節查理曼在羅馬加冕稱帝之事。此時不僅諸日耳曼王國建國羅馬領土時之某種重要觀念，已歸於復活，特別如所謂一切政權概淵源於羅馬帝國之觀念，已臻復活；同時還產生一種新的特別的宗教觀念。此種新生觀念，乃謂皇帝必以基督教王國保護者之資格，而保證及維護西方世界宗教之統一。在此西方世界之中，唯有一最高之俗界領袖及一最高之教會領袖。

此時，遂發生統一帝國觀念與古代佛蘭克觀念及習慣之衝突，尤以帝國權力不可分與皇權可分二觀念間之衝突，之二者實不能並立也。必在帝國內所有民族之中，能樹立一堅定之統一信念時，則帝國觀念，始有制勝皇權可分觀念之可能。但事實上，此種帝國統一之信念，僅少數高級教士及佛蘭克貴族有之。所以查理曼加冕後，愈積極實行中央集權，而結果適得其反，不僅未收統一之效，且反增強諸日耳曼部族中地方主義之信念，增強其離心之傾向。至誠篤路易（Louis the Pious）之時，雖思有所以挽救之道，而計調和之策，一面將王權分授諸子，以副古代佛蘭克王權可分之觀念；同時復承認長子爲皇帝，有最高之權，以符新帝國統一之觀念，然而大勢已去，究非消極應急之所能有功，調和之結果，反啓後世爭奪之局，終於八四三年，查理曼帝國復歸於分裂矣。

查理曼帝國，內以蕭牆禍起，國土四分五裂，國勢因以日衰，終至對外保衞其國疆，亦無能爲力。東部佛蘭克人抵抗斯拉夫人之攻擊，雖竟其功，然而帝國西部諸王抵抗西班牙方面摩爾人之進攻以及防衞斯坎地那維亞海盜之進襲海岸，則鮮奏其效。雖於八八五年頃，大部分由於北蠻人（Northman）入寇之故。查理曼帝國鑑於外侮之迫切，乃於「肥人」查理三世（Charles III. "the Fat"）治下，再度歸於統一。惟查理三世，儒弱無能，結果爲國人所逐，另推其姪亞爾諾夫（Arnulf）繼之，亞氏遂以東佛蘭克部族國王之地位，入承查理曼帝國之大統。當八八八年之廢查理三世也，帝國內部復陷於分裂，斯爲查理曼帝國最後一次之分裂。其初，五王國割據國土，分疆而治，此五王國者，即西佛蘭克與東佛蘭克二大王國，以及下勃艮第、上勃艮第與意大利三中型王國者是，東、西二佛蘭克王國，即後世德意志法蘭西二國之雛形。當中世紀中，意大利與勃艮第二王國，曾一度爲日耳曼民族之神聖羅馬帝國（Holy Roman Empire）所統治，但西佛蘭克王國與東佛蘭克王國之間，換言之，法蘭西與德意志二國之間，自分裂之後，則始終維持長期之獨立，直至今日。

由上觀之，可知佛蘭克帝國實不外代表歐洲統一國家發展史上之一過渡時期，自是而後，在歐洲方面漸有民族統一國家（national state）之產生。雖然，此帝國對於中世及近代歐洲，實給與不少之共同起點：舉其著者而言，如佛蘭克帝國當時所創關於法律及文化方面之種種觀念，在後世西歐及中歐方面，仍不失其效力，其中尤如西歐教會統一之觀念，直至宗教大改革後，始歸於消滅。又如基督教國家聯合一觀念，其存續尤久，對於後世國際公法之發達，影響甚深。此外，如以一切權力概淵源於古羅馬帝國之理論，換言之，即所謂「永續帝國」之理論（theory of "continuous empire"），對於中世末期各國一般繼受羅馬法之實現，裨益匪淺。是佛蘭克帝國對於後世之貢獻，洵不在少也。

第十九節　佛蘭克帝國之經濟情形與社會狀況

高盧在佛蘭克人征服期中，實際上無中間階級之存在。當時高盧之土地，大多爲國王或城市、教會及少數有勢力之俗界貴族階級所有。在四、五世紀中，諸小地主已放棄其自身之獨立地位，乞憐於權貴之保護，漸降爲佃農或農奴身分。在高盧境內，與羅馬帝國其他各處之情形，亦復相同，原來本屬於自由佃農之 coloni，此時已漸降爲農奴之地位。至私有土地之自由佃農，雖仍可見到，惟其數極少，大部分土地俱爲農奴或奴隸所耕種。

在佛蘭克帝國之德意志部分，在佛蘭克人統治之前，經濟上頗爲平等。可耕地各別所有之制，尚普遍流行。在一村落之中，關於耕種方法，仍多少由全村統制。考當時土地轉讓之障礙，最初乃由於承認全村人對於土地之餘產權或最後歸屬權 (residuary or eventual rights)，其後，復因承認家族對於土地之權利，終至土地之讓渡，有所不能。概觀全中世紀中，家族對於土地之權利，常藉種種方式以表現之，舉其著者而言，如買賣中家族之優先買受權 (Preemption)，乃至過一定年限之定期買回權等是。

然至佛蘭克時代，則德意志內之情形，已趨異往昔，土地之占有，日趨於不平等，肇社會階級分化之端，啓經濟地位懸殊之漸。歷代國王無不爲大地主。至往昔以森林及荒地概屬於人民全體公有之觀念，此時已歸於消滅，不寧惟是，且進一步主張，凡不屬村有之土地，或非私人所有之土地，概屬於國王之所有。

此外，多數日耳曼部族之公爵，亦擁地甚廣。

當時大部分土地，復落於教會手中，揆其由來，蓋一部分由於私人之贈與，有以致之。當時一般人士爲求自己靈魂上之幸福，而對於教會饋贈禮品之熱誠，至查理大帝 (Charles the Great) 之時，已達其最高點。往往贈與者除留去自身生存時生活之必要資財外，其餘身後之一切財產（卽餘產），概以之贈與教會。當八一一年中，曾頒發一道上諭，其中對於教會接受贈與土地所用之方法，極表不滿，而加以非難。

此外，造成土地所有之不平等者，尚有其他種種勢力。

由於開闢森林地帶之結果，或新建不少之大土地，或原已擴大之土地，此時更再經擴大。凡在一村落公認之疆界內，實行開闢森林地時，其結果不出二端，或各家庭占有之土地增加，或產生一新村落，其中一切自由居民，對於土地皆有平等之權利，無階級之別，亦無多寡之殊。在他方面，此種林地之開發，如係行之於國王所屬之森林，縱未預先取得國王准其開發之允許，然而所有經開發之土地，仍屬於新占有者之所有，不過，此新占有者須向國王納相當之稅或地租而已。如得有此種允許者，則新占有者卽因之而取得完全之所有權。此開發林地之工作，需用之人力極大，所以凡屬能揮使大批勞動力者，換言之，卽凡屬當時已擁有大量土地及多數附庸僕役之貴族階級，對於森林地之開發，必屬輕而易舉，故貴族之土地因以大增。是爲土地集中之一原因。

考土地繼承權之所屬，最初僅限於直系血親之子，爾後亦推及於旁系血親，自然，此種土地繼承權運行之結果，有時不外將 hufen ——卽僅夠維持一家生活之地產——分成多數不足以維持一家生活之各個部分。又有時由於繼承之結果，復將多數各個人所有之土地，集零爲整，集中於一人之手，蓋亦當然之結果。是爲土地集中之又一原因。

又罰金與賠償金制實行之結果，往往使小地主階級亦陷於貧困之境地。據當時之情形，贖罪金通常達一百六十索 (solidi) 左右，復加上對於法院所須支付之平和金或罰金，則其總額，當在二百索以上。此尚爲普通之情形，他如特別之例，其罰款之額，爲數尤巨，如在佛蘭克人中，有時贖罪金竟可達一千八百索左右，如殺害國王之從士時，則須支付一千八百索。而當時各個人所能持有之家畜或土地，在交換價值上，所值不高，如每頭牛之所值，恆在一索至三索之間，一普通 hufe 之所值，換言之，卽每一小家庭所有地產之價值，亦不過二百索左右，所有財產之價值，既如此之小，而所應付之罰款或賠償金，又如斯之巨，所以往往因支付罰款或賠償金之故，致傾家蕩產或尚不能了，觀乎此，則前謂罰金與賠償金足使小地主趨於破產者，可以瞭然矣。就大多數情形以言，在當時支付罰金之制度中，苟非不法行為者之親屬，最低限度亦有支付罰金半數之義務，則此巨額罰金之支付，恐多半不能實行，蓋當事人一己之財產，殊屬有限故也。因而，此原則實行之結果，不僅使不法行為者，瀕於窮窘破產，不能自拔，同時，亦重重增加整個親屬團體之負擔。是亦使土地集中之一間接原因。

此外，普通自由民出席百戶區內或郡內一切處理司法事務之會議的義務，換言之，即出席定期常會與特別會議之義務，顯然亦有礙於小租地之耕種，對於自由小地主，亦構成一嚴重負擔。此由當時對於違背此項義務者之處罰一事實，即可得其徵，如當時少數帝國地方官吏，往往召集裁判會議，專對於不出席者課處罰鍰，是人民在司法方面負擔之重，可以概見也。

至小地主之他一更重之負擔，即兵役義務是已。蓋日耳曼軍隊，實質上以步兵為主，當兵之義務，係強迫加於各自由民，凡屬自由民，則毫無例外，皆有服兵役之義務，所以當時兵役之負擔，尤其當對外作戰時，人民終至不堪其苦。

爾後，尤其在查理曼時代，此種加於自由小地主之司法及兵役義務，已大為減輕。可惜為時已晚，在此種救濟辦法認許以前，多數自由小地主早已被迫而不能不將其所有土地委諸貴族，結果，徒取得自由佃農之地位，有時或且降為農奴之地位，而受地主之保護耳。大凡在附帶有保護權之租地上，則其佃農自不能再認其有完全之自由。當九世紀中，據皇家巡察使之報告：因地方官吏濫用公權之結果，自由民中被迫而降為附庸之地位者，其數不少。當時保有皇室有地作為職位上采邑之諸郡伯，但亦有將此土地據為己有，建立獨立私有權之意圖。

際此期中，自來在日耳曼生活中極占重要地位之 sib 或謂血族團體者，因國家發達之結果，其原來所行使之公權力，遂全為國家所奪去；復因小家族（即家庭）日增重要與自治之結果，sib 在私法上之權力，亦為家庭所取而代之矣。血族團體所有公法上之權力，不僅轉移於國家，且轉移於權貴手中。隨於此血族團體衰弱之結果，於是非血親間之保護與臣屬關係——即後世封建制度中所大大發達之關係——亦相應而漸增。此時封主或 Seigneur（領主）所給與之保護，較親屬團體所能給與者，其效力更大。茲就監護關係一事以言，即可見親屬團體重要性日趨削小之一證。古代親屬團體原有保護孤兒寡婦之權利義務，至此時半由於漸次移轉此權義於二親等親屬，及半由於國家最高監護權發達之結果，遂爲最近血親及國家所取而代之矣。昔查理曼帝即特別堅持自己有保護寡婦孤兒及其他無自救力者之權利與義務，不寧惟是，帝且命其巡按使（missi）實行此種保護，溥施濟弱扶傾之恩澤。至關於婚姻同意方面，大都仍承認親屬團體之權利。又當時尙有一種極強之趨勢，提倡親屬團體內部之婚姻，其目的在保持團體財產之完整，免資財之外溢也。此種親屬繁殖之傾向，本可指摘，故當時倍受教會方面之極烈的攻擊。

當研究此期之社會組織時，可見在贖罪金之中，尙有一種數量之標準，可作爲各個社會階級之價值的尺度，又一階級或其中一部之地位之變動，後來漸漸於贖罪金之變動中，可以見之。非僅關於日耳曼之社會階級，有此種種不同之標準與價值，即就其他各民族之社會階級以言，其情形亦莫不然。譬如羅馬人之贖罪金，卽僅爲日耳曼自由民之半數。至當時是否以猶太人作爲羅馬人看待，則尙有所爭。布洛勒氏謂當時對於高盧境內及其他羅馬省內居住之猶太人，確以羅馬人看待。至對於此外之猶太人，則仍以異族目之，此類猶太人在成文法上，既無要求贖罪金之權利，則自無贖罪金多少之規定。彼輩祇能藉金錢之力，換取國王之保護，往昔路易一世對於殺害一爲國王所保護之猶太人者，往往課以極重之罰金。然而，此究係一種罰金，並非贖罪金，其全數概歸皇庫。

佛蘭克帝國之中，奴隸之人數日益激增。誠然，在日耳曼人征服之前，高盧境內之奴隸，其數自不在少，並且當時自由羅馬人在戰爭中爲入寇之日耳曼人所俘虜，而致成爲奴隸者，爲數亦復不少。逮乎墨羅溫朝時代，高盧境內之奴隸，其數大增，無論在內地抑在口岸二方面，俱已構成人口中重要之一部。其後至九世紀初，由於帝國東部與斯拉夫發生戰事之結果，於是帶入帝國中之俘虜，亦不計其數，所以除古代日耳曼語中代表奴隸之 Knecht 及 Schalk 二字而外，此時又出現一新字 slav，此 slav 一字適用極廣，幾輸入於所有西歐各國文字之中。

當此期中，奴隸在法律上之地位，亦漸有所改進。奴隸之取得限制權利能力 (legal capacity)，其最初見於佛蘭克人及南德意志中之奴隸，爾後，見於薩克森人及佛里西人之奴隸。古代法中，凡殺害一奴隸者，其罰金自十二索至十五索。後來漸增至三倍，有時且達於半自由民贖罪金之半數，因此，從外表觀之，此種罰金已非罰金之本質，寧極似一種小額之贖罪金。至九世紀之初，此種罰金卽稱爲贖罪金或 leudis 矣；雖然在大多數法律之中，規定其全額仍向奴隸之主人支付，但該奴隸之妻或子女，亦得要求此賠償金之一部。（如在少數法律之中，若倫巴德法，卽可見此例。）

此外，在某種特別奴隸階級中，其身分地位亦復大有改進。如在後期羅馬帝國中，尤其在高盧境內，農業奴隸之被命以特別管領一部分田地者，其數不少，其實際上之地位，究已等於農奴之地位，而非奴隸矣。彼輩以金錢或實物，向地主納地租，通常只須地租付訖之後，則彼輩在占有土地上，不致再受何妨礙或干涉；如該土地出賣時，則彼輩通常亦隨同土地而轉讓，其情形與農奴毫無二致。此卽所謂之 servi inquilini 者是也。此外，在德意志境內，亦可見類似之情形與相同之發展：家役奴隸 (servi casati) 之地位，已日提高，而發展爲農奴之地位，迄至九世紀初，一般已不再視奴隸爲動產，而目之爲不動產。至王室領地內之稅奴 (fiscal slaves)，實際上已取得土地之保有，且其所保有之土地，復可爲繼承之標的，其子孫可世襲承受。不寧惟是，其土地亦可渡讓，如此輩稅奴可出賣其土地是。是知稅奴之地位，直與眞正之完全所有權人，無大異也。在教會所有之奴隸中，亦可見相同之改進。最初所見之改進，卽教會將其奴隸派置於教會所有之土地，於支付一定額之地租及服特定有限勞役之條件下，命其經管各獨立之農莊。

在家役奴隸 (Famuli, pueri, vassi, vasalli 或塞爾第語之 gwas) 之階級中，由贖罪金上所表現其地位之改進更大，且爲時更早。在佛蘭克帝國內，家役奴隸之身價，其初卽已達五十索左右。如佛蘭克人中，凡殺害一家役奴隸者，其所應支付之費款包括平和金在內，計達五十七索。國王之家奴（ministeriales），在佛蘭克帝國之內，頗占重要地位。彼輩有時且受命擔任公職。如後所述，不僅多數國王家奴，並且多數貴族之奴隸，隨於封建騎士制發達之結果，均因而提高其地位，往往取得騎士之身分。

至半自由階級（liti）——包括經解放而脫離奴籍之奴隸在內，大體言之，其贖罪金額尚未一般普遍增高。恆隨各地法律之不同，而有差別（從自由人贖罪金之三分之一至三分之二），不過，通常爲自由民之半數——卽一百索。惟至後來，半自由人在經濟上及法律上之地位，亦復漸有改進，其所應服之勞役，似已減輕。在訴訟程序上，已無需其主人爲其代表，而可親自出庭及宣誓。但如其所經營之土地出賣時，則亦隨同土地而轉移。其地位與佛蘭克帝國內羅馬部分之農奴，毫無二致。在自由羅馬人之贖罪金僅爲自由日耳曼人之半數卽一百索時，高盧境內之農奴，其贖罪金僅爲五十索。惟至後來之法律中，羅馬農奴之贖罪金，亦已增爲一百索矣。

在此期中，由於釋放奴隸之結果，半自由階級之人數因以大增。至教會所提倡之新的放奴方式——卽在教堂中及憑聖經之放奴方式，時已爲一般所承認；不過，根據日耳曼人之觀念，認爲此種放奴之方式，尙不能使該奴隸完全自由耳。因是，在教堂中放奴，或憑聖經放奴時，教會當局仍有權保護該奴隸，並可行使此種權利。此外，當時仍然承認可使奴隸或半自由人完全自由之放奴方式，其最普通者，卽當國王之前或當巴維里公爵（the duke of Bavarians）之前，用小錢一枚（per denarium）爲象徵之放奴方式，此處所以謂在巴維里公爵之前用此法放奴亦屬有效者，蓋巴維里公爵在佛蘭克時代之初，權勢頗大，實保有種種王權之遺跡故也。此種憑小錢一枚而脫離奴籍之自由民（Penny freeman, denariales），其身價與本生自由民相等，均爲二百索。其惟一不同之處，卽此二百索非贖罪金，而係罰金，其全額概屬於國王。

在此期中，古代日耳曼部族之貴族階級，仍然存在，不過，此時尙有一新貴族階級，正日在發展中，考此新階級之所以取得貴族之地位者，蓋完全以對於國王效勞服務爲基礎者也。據歷史上最早之證據，在佛蘭克人中，立於普通自由民之上的惟一階級，乃皇族之成員。此種新興貴族階級之所由來，大概由於當時已有一強有力之王室發展，結果，前此日趨老大之貴族階級，遂爲此新興勢力之發展所壓倒所排擠之矣。除此而外，在其他日耳曼部族之中，仍可見有此種老大之日耳曼世襲貴族階級。貴族之贖罪金，其額較高，雖然，其實際之數額，往往亦不一致，其最低者如中部佛里西安人中之三百索，其最高者如薩克森人中之情形，可達一千二百索左右，故其間相差甚大。在薩克森人中，貴族階級之劃分，尤爲顯明，往往形成一特別之階級，其情形較諸日耳曼他族之貴族階級，尤有甚焉。如貴族與普通自由民之間，卽不通婚。又薩克森貴族自甘於服從佛蘭克王室統治之程度，較之薩克森族中之其他人士，更爲積極。概觀自誠篤路易崩後，無論何次對於佛蘭克帝國之叛變，薩克森貴族概未參與其中。在七八二年中，少數薩克森貴族已有受命爲帝國之郡主，與皇室伯爵之勳位者。考此中世紀薩克森貴族之基礎，乃半基於古代之部族貴族，半基於以服役皇室爲本據之新興貴族階級。

此種新興之公務貴族（official nobility），最初發達於佛蘭克人中，且爲佛蘭克人中權勢最大最強者。此輩貴族由於服務皇室之故，致獲得一較高額之贖罪金。據當時之制，伯爵，巡按使（missi）及國王之從士，無論於何種情形之下，各有三倍於普通自由民之贖罪金。其初，此新興貴族原非一眞正之特殊階級：此貴族並非世襲之制，乃對下層平民開放，其中無不可踰越之定界，故當時平民亦可因功而登顯貴，惟至佛蘭克時代終結之際，皇室官吏之職位及其所受賜之土地，有漸趨於世襲之傾向，於是此新興之公務貴族，始從此公然大遂其發展，而形成一特殊之階級矣。

迨佛蘭克帝國瓦解而後，除佛里西安人中尚有古代部族貴族之遺跡外，所有其他各處之古代部族貴族，後來概歸於消滅，在佛里西安人中，直至爾後十五世紀時，尚承認 ethelings、普通自由民與半自由民等區別。中世歐洲之高級貴族，卽由佛蘭克時代所已發達之公務貴族演變而來。

高盧在日耳曼人征服以前，其中亦有相當於貴族階級之特別階級，此種階級在其廣大之土地占有上，有其經濟的基礎，在其向帝國所服之公務上，有其公務上之根據。此階級之人曰 nobiles 或 honorati。在勃艮第王國之中，以此種貴族與古代勃艮第貴族置於同等之地位。但佛蘭克人卻不承認高盧內此種貴族階級在法律上有特別優越之地位。其中羅馬貴族之贖罪金與自由羅馬人之贖罪金相等，亦不過一百索而已。惟一普通羅馬人由於服務皇室或取得教會顯職之故，亦可有一高額贖罪金之可能。由是可知，後世法蘭西貴族之惟一基礎，似因彼輩昔日曾對佛蘭克王效忠服役之故。

當此時期，普通自由民階級，漸趨分裂。其中一部分由於服公務之故，其地位日漸增高，其大部分則由於經濟不能獨立之結果，其地位則愈趨下降。凡在由自由保有土地制轉變為土地租賃制之處，前所有者只要自身在區域法院中及軍隊中，尚能保有其地位時，則其法律上之地位仍不至受何損失。此已喪失土地所有權之前地主，仍一般與尚為自由地主之自由民有同額之贖罪金。又此前地主只要其所支付之地租，僅純為經濟上之地租，則其支付地租並不影響其地位。不過，前自由地主已將其土地交與現在之地主，而其所支付之地租又非純為經濟上之地租，並且尚有以此買得地主保護（schutzzins）之意思時，則已降為農奴之地位矣。此由自由地主身分降為農奴身分一事實，與後世免役特權區中采邑管轄權之發達，有極密切之關係，關於此點，於本書次章討論封建制度發展時，當有所論述，茲不贅於此。

第二十節　佛蘭克帝國法律發達之大概

佛蘭克帝國之內，法系極為分歧。不僅日耳曼部族中各支各族之成員，各依其自身所屬支族之法律而生活，同時被征服之羅馬人仍有權生活於自身羅馬法之下。如前所述，在建國羅馬領域內之其他日耳曼王國中，就羅馬人自身間之關係上，即已承認一原則，以羅馬人與羅馬人之關係，適用羅馬法；惟當一勃艮第人，或倫巴德人或西哥德人，與羅馬人發生爭執時，則適用日耳曼部族法，而非羅馬法。至於佛蘭克帝國中，乃更進一步，另確立他一不同之原則。其原則維何？乃承認羅馬人要求依據羅馬法而生活之權利，與佛蘭克人或巴維里亞人要求依據佛蘭克法或巴維里亞法而生活之權利，皆有同等之效力。揆諸確立此新原則之用意，大概最初所以承認此原則者，主着眼於受佛蘭克人統治之其他日耳曼部族，故其所根據之旨趣，不外欲藉此保障帝國內各地佛蘭克人能受其自身法律之保護。迨至各部族法之平等地位一經確立之後，於是此原則遂進而擴充其範圍，復包含羅馬法於內矣。歸結一言，當時一般之原則乃：日耳曼人與羅馬人皆同等各自生活於出生法支配之下，其效力無所軒輊也。

至國內羅馬人之羅馬法，乃羅馬法之極簡單化之形式。所謂各省「通俗」羅馬法（"vulgar" Roman Law），並非根據法律之因襲原則或形式上之推理，而係以較古羅馬帝國時代更為簡樸之經濟生活的實際上需要為基礎者也。故此通俗羅馬法與古代羅馬帝國法律之關係，猶同日常所說之拉丁口語與成文古拉丁語之關係然也。

屬人法（Personal Law, Lex originis）之決定，乃以出生事實為標準。婚生子女從父之法，非婚生子女從母之法，妻從夫法。夫死，妻當其仍受夫之親屬監護時，照律仍從夫法。惟在意大利則情形不同，依九世紀中意王羅泰爾一世（Lothoir I）之一上諭，即樹立一反對原則，夫死，則妻乃返於其出生法（birth law）。脫離奴籍者之人法，則多少以放奴形式為準而決之。凡在國王之前，以小錢一枚而釋放者，則從國王之人法——換言之，即從佛蘭克法。凡憑聖經，特許狀（charter）或在教堂中所舉行之釋奴，則概從羅馬法。除此而外，有時脫離奴籍者，仍從前主之法。後來倫巴德法中，竟將此最後一原則擴充及於一切脫離奴籍之人，概以之從前主之法。

緣最初並非所有之教士，皆須依羅馬法而生活。佛蘭克帝國中，亦僅以教士中全部或大部分生而為羅馬人時，始依羅馬法而生活。舉例以言，如最初之佛蘭克法中，一教士之贖罪金與其他羅馬自由民之贖罪金相等，亦僅一百索。惟至爾後，則以出生為日耳曼籍之教士，仍保有其原有日耳曼人資格之贖罪金。其後通行於佛蘭克帝國之規則，則以一切教士，小如教會執事，大如主教，俱從其出生法。但在倫巴慿所流行之觀念，仍與此不同。至少在十一世紀中，倫巴德法律家仍認爲所有教士之應受羅馬法管轄者，實爲一根基穩固之古代規則，是倫巴慿人之墨守成規，可以概見矣。

至於外邦人——卽出生於佛蘭克帝國以外之人，無論何處之古代法律，一般皆目此種人無有法律，換言之，卽此種人俱在法律保護之外。至其他古代法系中，此種外邦人亦可藉外賓權（guest right）或優遇外賓之美俗，而取得保護，故結果亦漸成爲東主家庭之一員。又此種人亦可用金錢買取他人之保護，而不必成爲任何家庭之一分子。迄至後期，此種外邦人復可由本民族與其所在地民族訂一條約，而取得保護。

概觀各日耳曼民族中，似在古代早已發達一種觀念：以爲凡不能享受其他保護之外邦人，當然可要求國王之保護。因是，後來從此種觀念演化之結果，復發達一種實際上國王保護新外邦人之獨占權，此種保護權之買賣，在中世歐洲已成爲皇室收入之一重要來源。苟外邦人爲他人所殺害時，則盎格羅薩克森王與被害者之親屬，各平分其贖罪金。在佛蘭克人中，凡取得皇室保護之外邦人，俱從國王之法——卽佛蘭克法，其贖罪金概歸於國王。又在佛蘭克人中，國王對於歿於其領域內之外國人之一切財產，有繼承之權。在倫巴慿人中則不然，必外邦人死而無子嗣者，國王始能繼承其遺產。在此種由保護權所演繹而來之皇室權利中，自可見到中世紀 Jus albinagii 或 droit d'aubaine 之起點，中世籍沒外人遺產之權利，實發端於此。

前已言之，在日耳曼部族中，一方面着眼各支日耳曼族之利益，他方面復顧及羅馬人之利益，兼籌並顧之結果，終至不能不承認日耳曼人與羅馬人各有依據自身法律而生活之權利。在佛蘭克帝國之內，此種情形卽屢屢所發生之法律牴觸（conflict of law）問題也。緣佛蘭克帝國中，羅馬人與日耳曼人間，或日耳曼各部族之間，在地域上無絕對之分劃。薩利克族佛蘭克人均以土地所有者自居，分佈於全帝國各地。又在帝國中少數部分，尤其如勃艮第及北意大利二部，其人種之複雜，達於極點，幾至不能謂其有何一般適用之優越的地域法之存在。里昂主教亞哥巴氏嘗有言曰：「往往五人同行或同坐一處，其中未嘗見一人與他人間有共同之法律者，實所常見。」是法系之複雜，可見一斑。意大利北部，其人種尤為複雜。其中有生活於羅馬法之下者，有生活於倫巴德法之下者，有生活於佛蘭克法之下者，有生活於亞倫曼尼法之下者，復有生活於其他日耳曼部族法之下者，各支各族之人集居雜處，不一而足。雖然，根據八五〇年至一〇〇〇年間該地所訂之種種契據觀之，則知當時北意大利之大地主，概為佛蘭克人與亞倫曼尼人，由此復可推知，在北意大利占有優越地位者，自亦不外此二種人。

國內之民族與法系既駁雜若此，則法律之牴觸，在所不免，故每當二民族之人相遇而為交易、訴訟、及其他種種法律行為時，自非尋求某種方法，以解決此法律之牴觸不可。基於此種實際上之必要，當時已所求得之解決方法，亦不為少，此種在佛蘭克帝國中所發達之規則，即近代歐洲國際私法之起點。然而，實際上此種種規則苟遽稱之為國際私法或國際刑法之規則，尚有未當，何者？蓋如前述，此種種外邦人——即生活於佛蘭克帝國以外之人，在佛蘭克帝國之內，並不能享受任何權利。故此種所發達之規則，實不外僅適用於受佛蘭克人所統治之人而已，要無國際性之可言。

茲將佛蘭克帝國所確立之主要規則，摘其一部，錄之如次：

(1)贖罪金之決定，以被害者之出生法為準，對於身體輕微傷害之一切損害賠償額之決定，亦然。

(2)他方面，在特別刑事案件中，非關於對被害者支付損害賠償之問題，而係關於不法行為者能藉支付一定金額之辦法，以免其身體上之受刑者，則其罰金概歸法院。此種罰金刑之決定，則依不法行為人之出生法為準。

至八〇〇年後，又發生一新原則：即犯罪行為地法之適用是也。此處所謂行為地法者，自不外指一地域內適用極普遍之法律而言，斯即地方習慣法起對抗人法之表示也。

(3)民事訴訟中，被告之權利與義務，亦以其出生法為準。舉例以言：如被告實行其舉證權之期間，宣誓及誓證方式等，概以被告之出生法為準。

(4)在訂立契約之場合，雙方當事人必各遵守其出生法規定之方式，始受契約之拘束。渡讓必依渡讓者法律所必要之方式爲之。此規則其初僅適用於直接渡讓土地之行爲。隨後復發達一種趨勢，一般承認第一次嘗契渡讓人之法律，乃規律其後所有渡讓行爲之法律。

(5)訂婚與結婚中，新郎依自己出生法所定之方式，而受拘束。至送女完婚之儀式，必依女家父或其監護人法所定之方式。

當時教會反對在婚姻關係上同時二種法制。往昔曾生一案件，其事實爲一佛蘭克人與一薩克森女子結婚，其後，此佛蘭克人以結婚未依照佛蘭克法之方式，而係依據薩克森法所定方式一點爲理由，竟去其妻。八九五年特里布(Tribur)宗教大會中對於此案，曾宣示一原則：無論其結婚之方式係依夫法，抑依妻法，其結婚皆爲有效。今日契約法上通認之準據法選擇制的第一次承認，或始於此。自然，今日契約準據法之選擇，通常乃指契約訂立地法與契約履行法之選擇，自毋待言也。

在現代宗教信仰不同之二人結婚中，雖尚可見古日耳曼觀念之遺跡，即雙方當事人須各依自己所承認之方式，易言之，卽須有二個宗教儀式而舉行婚禮，但實際上此寧爲一習慣問題，而非一法律問題，是不可不知者。

(6)監護問題，依被監護者之法律定之。

(7)繼承依被繼承人之部族法爲準。

當佛蘭克期中，種種欲求法律統一之力量，或至少務求減少法律分歧差異之力量，已極爲活躍。此種力量之一，卽法律之模倣或法律之假借是也。緣各日耳曼部族之法律與習慣，自來卽大同小異，其相似之點寧多於相異之處，因此之故，每當此類法律與習慣最初化諸成文形式時，必有取法某一部族編訂較早之法典之舉，此編訂較早之部族法典，卽爲爾後他一部族法律成文記載所根據之藍本。

在此類最早成文法典編制之先，凡羅馬與日耳曼二民族彼此接觸極密切之處，羅馬法對於日耳曼習慣，以及日耳曼習慣對於羅馬法，均交互有多少影響。如前所述，與羅馬世界接觸最早且極密切之日耳曼人——即勃艮第人與西哥德人，其所採取之羅馬觀念與制度，不在少數。他方面，日耳曼制度亦逐漸侵入日耳曼帝國中之羅馬部分。降至佛蘭克時代之末期，就吾人所發現之當時文書觀之，足見勃艮第及意大利境內之羅馬人，雖聲稱「依我羅馬法」而行動，但實際上其所作所爲，完全非根據羅馬法。奧學者費克爾（Ficker），研究中世意大利法之權威也，氏嘗謂在倫巴德中所謂依羅馬法而生活者，其實終不外指宣稱羅馬法之人，遵行少數從羅馬法所演繹而來之規則而已，故羅馬法之經適用者，其數極爲有限。

帝國中求法律統一之一最強的力量，乃佛蘭克人之力量，此蓋佛蘭克人居於統治地位之關係，有以致之也。佛蘭克人之觀念，對於其他民族之習慣，皆多少予以影響，換言之，即對於其他民族習慣之成文的規定，多少予以限制變更。國王法院之判決，在理論上固不受佛蘭克法律乃至其他任何部族法之支配，但實際上究極自然而然仍爲佛蘭克人之觀點所左右之。區域法院之中，一切程序本依某一部族法律之規定行之，惟事實上因佛蘭克官吏或至少曾爲皇室教育所訓練之官吏，主持法院之故，所以法院中一切程序及判決，泰半爲其所左右之，考此一事實與佛蘭克觀念及制度之傳播，實有極密切之關係焉。

在墨羅溫王朝時代，佛蘭克人之觀念對於各種部族法之影響，泰半非出乎有心。然至喀羅林王朝時代，已漸見有欲求統一法律之明顯企圖矣。在誠篤路易時代，教士之勢力與影響，極有利於法律統一之運動。主教亞哥巴氏曾倡議佛蘭克法律應擴張適用於全帝國，庶幾帝國之內，始能如一君主統治之情形然，亦祇受一種法律之支配規律。此種遠大之計劃，實際上雖未見諸實行，但此種提示洵足以代表當時時代精神之特徵也。

迄佛蘭克時代末期，關於減少法律分歧與力求統一法律之運動，確已大有進步。惟至此期終了之際，諸部族法律之間，仍不無差別，當時即令從佛蘭克人所承襲借用之種種制度，尚莫不受地域之限制也。

此外，關於統一法律之他一極重要的因素，即皇室法（royal law）之發達是也。皇室法所沿以發達之路線有三，即行政習慣，司法判決與立法是。

當時皇室官吏憑其行政之大權，不用事前正式宣示新規則，即可直接執行一新規則。如其執行爾後繼續不斷行之，則此行政上之習慣，遂成法律之一淵源。退一步以言，此種行政習慣與庶民法院中法律之發達，以及與皇室法所藉以發展之其他方法，至少有平行之關係，同等之效力，是可得而言也。

在佛蘭克王朝中，藉頒布皇室命令之手段，已行使獨立之中央立法權。在其他日耳曼部族中，其與佛蘭克皇室命令權完全相似者，則未之見也。更考佛蘭克皇室命令所以發生強力者，良非偶然，蓋佛蘭克皇權之發達，較其他日耳曼部族為早，若皇室法院之建立，若以維持平和即維持「國王之平和」，又若任命皇室代表居一切司法上之要職等，凡此種種無不使君主居於極有利之地位，得強行其自身之命令，無須一般人民之合作。夫皇室命令既能產生新法規，故此種新法規之執行，乃藉行政權為之，而非依區域法院中出席之人民或判決發現者以執行者，寧屬當然之結果。

由此觀之，可知佛蘭克人成文法發達之一端，蓋半由於人民大會接受一建議新規則之決議，半由於皇室命令之發達，有以致之。

皇室命令亦由下列三種方法之一，與一般人民之法律 (folk law) 發生關係。即皇室命令或補充部族法之效力；或與部族法同時競合適用；或與普通人民法律相衝突，而優先適用，排斥普通法律之效力。

部族法與皇室法之一極重要之區別，即前者為屬人法，後者為屬地法，此前已言之矣。又皇室命令有時得適用於全國，有時僅適用於特別區域。至他一較重要之區別，即部族法為原始法，嚴格法；而皇室法則為進步且漸趨於衡平之法律。皇室法無論由命令所發達，抑由皇室法院之判決所發達，確為此期中改進法律之一重要方法，究可斷言也。逮乎此期終了之際，通常將重要之皇室命令，提交全國僧俗二界之權貴，徵求其同意。如前所述，在西哥德王國之中，亦有此同樣之舉。此實中世紀中巡迴裁判所及國會立法制度之濫觴也。

當時之種種皇室改革法案，既因地方大會明示或默示之同意接受，已混入各部族法制之中，故在帝國崩潰之後，仍得繼續維持其存在，尚不失其為地方習慣之效力。惟在他方面，彼仍然存在於部族法以外之皇室法，其執行須依皇室之行政作用始能實現，故隨中央政權之消滅，而大部分亦歸於消滅。

第二十一節　佛蘭克帝國之成文法

概觀自四五〇年至八五〇年之間，日耳曼法律之化諸成文者，遠較其後四百年（八五〇——一二五〇）中所見者爲多。

如前所述，在諸日耳曼王國中已編纂有少數關於羅馬法之簡要法典，以便於國內羅馬人之用。同時吾人又知由於蠻族與羅馬世界接觸之結果，已啓日耳曼人力求將部族習慣化爲成文形式之漸。至西哥德人、勃艮第人以及倫哥巴德人，於移殖羅馬領土之後，約莫五十年或七十年之中，亦已將其習慣化諸成文之形式，此已於前述。茲一觀佛蘭克人及爾後爲佛蘭克人所統治之其他日耳曼部族之情形，則可知在墨羅溫時代，盤據於今日德意志西、南二部之日耳曼部族，實爲追隨此先例之前驅。在此期中所制定之成文法，計有薩利克佛蘭克人法，利浦安佛蘭克法（Riparian Franks），亞倫曼尼法或斯瓦賓法，以及此期終了時之巴維里亞法等是。迄至喀羅林時代，此編纂成文法典之運動復傳播於德意志中部及南部。此期中已經制定公布之法律，計有佛里西安法、薩克森法、夏馬威佛蘭克（Chamavian Franks）法以及托麟基亞法（即 Angli 與 Werini 法）等。此種後期所制定之成文法，較前此在墨羅溫時代所制訂之諸法律，益爲簡陋，故極少引人注意。當時一般似皆以此種種法律，均不及德意志西部及南部諸地法律之重要。又在當時部族法院中下判決時，顯亦極少援用此類法律。以上所述種種，從流傳於今日之原稿之數目觀之，即足徵吾言之不誣。薩利克法中之原稿，倘存留於今日者，其數在七十以上，亞倫曼尼法或斯瓦賓法中今日尚可見之原稿，幾近五十左右，利浦安法之原稿，所可見者約三十以上，巴維里亞法之原稿，亦在三十左右，他方面，薩克森法原稿，僅存二紙，夏馬威法所存之原稿，其數亦同，至盎格里與威利尼法（Law of Angli and Werini——即托麟基亞法）之原稿，則僅存其一而已。相形之下，則喀羅林諸成文法重要性之小及其適用之少，可以概見之矣。

此外，在德意志中部之少數部族中，則無成文法編制之舉，如東佛蘭克人、黑西安人（Hessians）以及南托靈基亞人，即爲此例。

中世紀中，概稱此類部族法集成曰蠻族法（legs bar-barorum），而在各部族成文法原稿之中，其所名稱，卻不一致，或稱爲法（legs），或稱爲公約（pact），或敕令（edict），又或有用拉丁化德語，逕稱之 ewa 者。

就其形式上以言，此種種制定法有時純粹記載現行習慣，換言之，卽完全爲因襲相傳之「古訓格言」（wisdom），惟有時其形式上又近於立法之形式，如其中法規卽常爲人稱之爲欽定憲法或制定法，斯卽一例。雖然，無論從何種形式觀之，此種種制定法終究大部分以習慣之記述爲主，故其中在外觀上若立法形式之法律者，究不過宣示原有之規則而已。

大凡採立法形式之處，通常可見有人民之合作方式，存乎其中。如薩利克法中，其創制或制定法律之權，屬於人民。亞倫曼尼法中，卽明白宣示貴族與公爵及其餘全體人民，連同制定法律。又郎哥巴德王羅泰爾所頒布之法令，必經其人民依據古代武器相碰發聲之方式，表示全民決議通過後，始有效力。他如勃艮第王耿多巴氏，亦曾宣示謂其所編訂之法典，係根據「全體人民共同之同意」而爲之者。是知當時立法形式上，人民合作力之重要也。

至於以一切成文法目爲公約（compact）或契約（agreement）之觀念，從當時常用 pactus 一字代替 lex 一字之事實，可以見之。如薩利克法中，卽有多數節之開頭，特書「Hoc convenit observari」（卽指「互相同意遵守」之義）等字眼。亞倫曼尼法之起頭，亦可見此相同之習語，標諸法文之首。

此種種制定法所採用之方式，無論其暗示係眞正之立法，抑或暗示祇係古代判決之編訂，但是無不表示有智人——或稱 sapientes——之活動與勢力。智人或提示法規之形式，或備咨詢，當有問題向之提出時，則參照現行有效之習慣，給以專門之答覆。因此，一般往往竟稱此種智人爲立法者。

上述種種成文法，均以拉丁文寫成。此蓋當時之大陸日耳曼人，尚不能書寫德文之故。惟盎格羅薩克森之英格蘭，在此方面卻較大陸之德意志進步多矣，時已能使用獨立之文字。此種種大陸制定法最初之形成，據吾人所可想像之者，概不出下列之方式。其初國王或公爵向智人提出多數問題，然後智人逐一加以答覆；並且每一答覆並提交大會通過，於是最後遂由一懂部族方言且能書寫拉丁文者，將此經大會通過之答案翻成拉丁文，當時此種特別人才，或爲教士，或爲國內羅馬法學家。

概觀此期中，王室勢力之影響於部族法之正式公示者，亦已日益月增。如後來在喀羅林時代所編集之少數法律，顯非出於已有成文法律之部族所要求，而係由於當時國王或其廷臣欲實現或完成其編纂法典工作之意圖——換言之，亦可謂由於國王或其廷臣欲獲得部族習慣一完全記載之企圖，此徵之史實，至爲顯然。

實際上，因喀羅林時代諸王對於立法已發生實際影響之故，乃至產生不少關於以前墨羅溫時期中立法活動之傳說。此種種傳說經教士加以整理後，往往嵌於古代墨羅溫朝所頒法律原文之前，作爲序論，此從流傳於今日之原稿中，即可見之。此種種所謂「序文」(prclogues) 中，雖皆照例宣示謂此全部法律係出乎某某君主之創議所制定，但事實上其中所包含之種種記載，往往有不少與吾人所知關於其原來之編纂年代，完全不符者。

關於查理曼之立法事績，吾人所知者實較可靠。據云查氏曾計劃將所有各部族之習慣，化諸成文之記載，蓋當時諸部族中，尚未有成文之法律故也。少數寺院史家曾謂查氏之計劃，確已見諸實行，惟此說不合事實。雖然，查理曼時代法律之編纂，似由於查氏之創議者，是可得而言也。不寧惟是，查氏對於制定及推行古佛蘭克法中少數較爲完美統一法規之工作，亦極注意。查理曼朝究不外古佛蘭克帝國之一學術中心；查氏在位中所頒布之「修正法」，實較前此所見之諸法律條文爲佳，其所用之拉丁文、亦較優美。

當時在各部族法中，新情事日增不已，故部族法之內容亦隨之而日見駁雜。據吾人所知，倫巴德法典中所增入之新法律，其數不少，此種種增訂之新法中，皆加上創議此法制定之君主名字，此與盎格羅薩克森法令或法典之情形，大多相似。其他大陸日耳曼人之法律中，亦增入不少之新規則，其增訂之方法，不外下列二端：

或不用特別標題，而逕置於舊法條之末，作爲補篇；或按其最適當之地位，插入舊法條之中。又此地尙須注意者，此種新增入之規則，非盡爲新法律——即正式批准之新法規，同時，除此類法規之外，在執行法律時，判決中所接受之新格言或專家意見，亦訂入法典之中。每當新法規或新判決從外表觀之，似較舊法規更臻重要，或其適用更爲普遍時，則有時即將此新法律或判決置於最先，故在此類法典各編中，其章節排列之先後秩序，不能即作爲其制定年代先後之最終的證據，是不可不知者。

此種法典增訂之工作，出乎私人之手者不少。若西哥德王國中官家賡續修訂法典之舉，在當時佛蘭克帝國中尙未之見也。

無論何部族之成文法，並非舉一切實際上所遵行之規則，而完全記載之。其以成文記載之者，不過在形式上有正式公示必要之種種情事而已。至法律之種種根本原則，往往以其事屬當然(self-evident)無公示之必要，故皆略而不載。他如無定限之種種隨意規定，如對於各種不法行爲所應付之罰金或損害賠償金額之規定，其情形與審判上或審判外實行權利之程序同，自須一一記載之。

至此類成文法實際上在庶民法院司法中之適用，達於如何程度，尙不能確知。自不待言，當時已有採用成文法之趨勢，並且在法律條文中及皇室命令中，每每加重裁判者準據成文法判案之責任及皇室官吏監督執行之責任。然而，事實上並不如所期，大概在德意志北部，各地裁判官往往以一己對於法律之見解，作爲判決之基礎，時除皇室郡伯或其代理者外，法院中極少援用成文法者。復就佛里西安法、薩克森法及忒林基亞法所流傳於今日之原稿以言，其數極少，由此亦足徵成文法在此三族人中，決不甚普遍流行也。

此種種古日耳曼法中最值得注意者，當推薩利克法(Lex Salica)，實際上，對於薩利克法之研究，歷來最盛。關於薩利克法之年代，至今雖尙有所爭，但通說皆信其爲克羅維斯(Clovis)時代（四八一——五一一年）之產物。

此法所包含者，自不外多數尙活躍於一般人記憶中之古代流傳的格言，以及後世之種種增訂。此法之最早者，當推克羅維斯之特別法，其最後者，乃八一九年左右誠篤路易所批准之一格言。由此足知此法律中各編之編制，爲時不一，綜其先後，約三百餘年之久。

概觀流傳於今日之種種原稿，其中從無一係註明七五〇年以前之年代者。又其中往往一部分原稿所記載之條文，顯然較其他原稿中所記載者，更屬古老。德國法律史家嘗分此類原稿爲四大類，其最後之一類，占所遺原稿中之七分之五，斯即查理曼時代所制定之種種修正法或修正案。其最早之一類，其法條中固無顯屬異教習慣之規則，惟其中偶然可見少數表徵基督教影響力之規定。至第二類原稿中，則其表明所受基督教觀念之影響，已大於昔，此特別於禁止血緣婚姻及關於褻瀆聖物罪之規定中，可以見之。在第二類及第三類原稿中，尚可見有所謂馬偎註釋（Malberg gloss）者。即在此二類原稿中，插入關於程序問題之德文單字或習語，將條文逐一加以註釋或解釋。至所以稱爲「馬偎」註釋者，蓋照常按例必於 malbergo 中，始插入此種註釋，按 malbergo 之原義，即指在法院中或在司法會議中之意而言，「馬偎」註釋一名詞，即由此義而來。即令在此種種最早之法條中，後世所加之竄改，顯亦不在少數，職是之故，以致後來在五世紀終了時對於其中主要條文之修訂，實不無使用批評天才餘地也。

一八八〇年黑塞爾（Hessels）在英國所刊之一版，於同一段中卽編入十種不同之條文。

利浦安法（Lex Ripuaria），大部分係以薩利克法爲楷模，不過二者亦不盡同，仍表現有別饒興味之差異。此法最初制定之年代，亦無從確知，而各種著述之中，所說亦不一致，或謂其制定於六世紀中葉以前，或謂其制定於六世紀將終結之前，至今尚無定說。據此法在外形上所表現爲最古之部分觀之，要不外一部習慣法規之集成，不過其中尚包含有少數近乎制定法之規則耳。至與此古代原法條織成一片者，則爲自達哥伯王（King Dagobert）（六二八—七〇年）時代至查理曼時代中之皇室法律是也。關於修訂此法中最早諸規則之工作，實較薩利克法之情形，尤爲困難，何則？蓋吾人所有之一切原稿，皆係根據第八世紀喀羅林王朝之修正版，真正之原文，早已湮滅也。

斯瓦賓部族法中，有二個古制定法，其一較早者，即六世紀末或七世紀前半期所制定之亞倫曼尼約章(Pactus Alemanorum)。此約章之流傳於今日者，皆片斷不全。至八世紀之初，又有第二個制定法之出現，此法通稱為亞倫曼尼法(Lex Alemannorum)。此法為郎特佛里公爵(Duke Lantfrid)(七〇九—七三〇)所創制，而經全體人民所通過者。當七〇三年中，郎特佛里公被佛蘭克王羅泰爾征服且遭虐殺而後，其公國遂淪於喀羅林朝直接統治之下。在喀羅林朝勢力之下，其法律自亦不免於受喀羅林族之變更及增修。

巴維利亞人之成文法，最初形成於七四四年至七四八年之間。制定之時係用西哥德最初之成文法與亞倫曼尼法為其藍本。其起頭數節係規定宗教與政府之事務，由此足徵當時主教與佛蘭克官吏，確已趨於合作。其後雖歷次有所增訂，但增訂之法條大部分尚獨成一篇，未與古代原文混雜不分，此與前述各古代制定法增訂之情形，所以異也。

佛里西安人當時所占據之區域，即今日比利時之一部、丹麥之一部以及德意志之一部，以前一般咸認佛里西安法係查理曼時代一私人所編制之法律，其中所包含之法規，乃利用查理曼時代以前之資料而制定之者。惟據布洛勒氏之推測，以其前二十一條，確係代表一官方所編之第一次草案，不過當時因某種原因，此法律草案始終未正式公布之耳。至其餘之條文中，有一部分係規定東佛里西亞及西佛里西亞二處關於破壞法律之規定。復以當時東佛里西亞人，尚崇奉異教，故在該法之前編與後編中所設之規定，彼此差別極大。如前編中禁止星期日之工作，承認教會平和；禁止與異教之買主買賣奴隸；凡寺院法所禁止之婚姻，必以別居之方法而終止其婚姻關係。此外，對於在教堂用抽籤方法之神斷法，以及褻瀆聖骨之宣誓等，亦加以承認之。

其後編中之規定，如凡在寺院中犯褻瀆聖物罪者，人人得而誅之，又母親可溺殺幼嬰，而不受罰。同時又規定：凡搶劫寺院者，必遣送之於為海水所冲洗之沙洲上，並因其已觸犯神怒，故必對之施以種種斷肢之刑，然後再殺以祭神，庶謝神怒，當時復宣布此種規定乃東佛里西亞之法律。是知後編中所載者，多屬異教之規定也。

盎格羅・威林法（Lex Angiorum et Werinorum）卽忒林基亞法成文編纂之一種。在其編排上，雖以利浦安法爲藍本，但實際上所受薩克森法律之影響，似亦不少。此法編纂之時期，大概與薩克森法編制同時，盎格羅・威林法對於研究日耳曼法之學者，極有實益。蓋從此法之中，可見關於動產法中戰具與家具區別之最初證明。又此法對於研究英國法之學者，亦不無實益。蓋在英國森林憲章（constitutio de foresta）中，所引用此法之規定，不在少數，此森林憲章歷來皆以爲係卡魯特（Canute）王所頒布，但實際上或不如此，大概係卡魯特時代以後之產物（參閱布洛勒氏前揭三五〇頁註二）。

關於各部族法編纂之大概，已大略述之於上矣，茲進而一觀皇室法令之情形，則知在墨羅溫時代，關於皇室法令之名稱不一而足，有時稱爲 auctoritates，有時稱爲 edicta 或 praeceptiones 或 decreta。至喀羅林時代，則皇室法令之名稱始歸於統一，一律稱爲「法令」（capitularies）。當時法令分爲二種，卽教會法令與普通法令是也。又從另一觀點，復可分爲三種：卽補充部族法效力之法令（legibus addenda）、獨立法令（per se scribenda）以及包含對皇室巡按使所下訓令之法令（capitota missorum）是也。

補充法律之法令，就其名稱之含義以言，足見其爲變更部族法之手段。有編入於某一特定部族之法律中，僅對於該部族有效者；有爲所有各部族而制定，其效力適用於全帝國各部者。其中所設之規定，凡庶民法院判案時，亦可引爲判決之基礎。原則上，此種法令亦必經一部族或所有部族之人民同意接受後，始能有效。事實上，此種提交全體人民同意公決之習慣，至後世查理曼時代，尚可見其遺跡。

他方面，爲皇室自身所制定之法令，不外行政機關所執行之皇室命令。此種法令雖多涉及皇室領地，表彰君主之私權，惟大部分仍以代表君主公權力之行使爲主。其中有少數之法令，固可謂爲出於暫時目的所頒布之特別命令，但除此而外，有永久效力之法令，亦復有之。此種法令之大多數，係規定關於皇室官吏之地位與權限，教會關於俗界之事務，關稅，幣制與商業事務等行政法規。不過，此外關於維護公安與公共秩序之規則，亦不在少數，並且此類規則，實際上已產生對全國人民有效之新的共同法。在此種情形之下，此類關於公安秩序之法令，且有優越於部族法之效力。

上述關涉皇室本身之法令，君主憑藉其皇權之作用，即可頒布之。不過，如前所述，當時已逐漸發生一種習慣，即君主在每年之帝國大會中，須將比較重要之命令提交權貴討論，並須於取得權貴之同意後，始能有效。

在誠篤路易及其繼位者統治期中，此種大會已漸具有國會之性質，大會同意亦漸成為對於皇權行使之一限制矣。有時尚可見凡皇室法令編入部族法中時，一般僅認為有權貴之同意即足，至部族大會之形式上通過與否，實無必要也。

Capitula missorum 者，乃對於皇室巡按使所下之訓令也，其中包含皇室巡按使 (royal commissioners) 所必須遵守之種種法規。惟其中並包含有皇室巡按使所應執行之種種法規；緣查理曼時代，常川派皇室巡按使巡視全國，巡按使隨處可以開庭審判，如巡迴法院之情形，因是，此種訓令遂成為發展程序法與實體法之重要工具矣。

當時此種種皇室法令之刊為小册者，為數頗不少，並且至少有一册必須保存於皇家檔案庫中。惟當時既無法令之登記或目錄，而檔案之管理又漫無秩序，以致其中所存之法令專册，常歸於遺失。因而遂有八二七年安塞奇修 (Ansegisus) 氏編纂法令之舉。安氏時為盧恩 (Rouen) 主教區內芬堵尼納 (Fontanella) 之方丈，氏出身弗蘭克之望族，與皇室之關係極為密切。氏將所有查理曼法令，路易之法令以及羅泰爾王法令之所能收集者，編纂成册，誠如氏所言，其目的「在使此類皇室法令，不致湮滅失傳。」氏復將各朝所頒之教令，亦編入其中；此外，又用增訂之方法，將巡按使所發之命令補入其後，作為補編。就安氏所編之法令集觀之，安氏所能收集之法令，為數甚少，總計不過二十九種而已，此點誠不能不使吾人引為驚奇；蓋從近代最後且最完善之一版中觀之，可知自查理曼登極時起至八二七年止，其間所頒布之法令，為數甚多，至少可蒐集百二十四種，何安氏費盡心力，而所得之數竟不及十分之一？由此觀之，當時皇室檔案庫組織之不健全，與乎管理之腐敗，洵可概見一斑。安氏編纂之初，卽竭力避免增改，務期保存正確之原文。因此，氏之法令集極爲大多數所採用，實際上已取得官家編纂之權威矣。

自此約三十餘年之後，在帝國西部又出現一部皇室法令集，此法令集編行之目的，在補充安氏法令集之不足，惟其中所包含故造僞纂之法令不少，關於此點，以後討論寺院法之淵源時，當有詳述。

第二十二節　佛蘭克帝國之法院組織與訴訟程序

中古之世，各地地方庶民法院(local popular court)之組織，恆隨帝國之各部而有不同。在佛蘭克人中，郡法院係分別在各百戶區內依次開庭。其開庭之期，或在月初新月，或在月中滿月，俱可選擇行之。故在每一郡中每年正規集會開庭之次數，約莫八、九次左右。更進而言之，卽謂一年之內，每百戶區中至多不過二、三次正規之集會，以審理案件，惟於必要時，亦可召集特別集會。

如前所述，在日耳曼庶民法院中，與審之自由民除對於智人或宣法者所提出之判決，表示同意或否決外，此外與案件之審判實無關係。在佛蘭克人中，此種智人或宣法者謂之 rachimburgi。當時乃從在社會上極有聲望且經驗豐富學識淵博者中所選出者。

又如前第十九節之所述，在此期中普通自由民出席法院之義務，使諸小地主已痛感爲一嚴重之負擔，至無土地之自由民，當更不待言矣！復以判決既爲法院或 rachimburgi 所下，而與席之自由民除對之表示贊否之意見外，實際上又與審判毫無關係，所以自由民參與法院陪審之舉，似亦無其必要。因是，查理大帝（Charles the Great）於七六九年卽公布一法令，思減少法院會審之次數，藉以減輕自由民之負擔，該法令宣示謂：每百戶區內法院之正規集會（placita generalia），每年僅舉行二次，計夏、冬二季各集會審案一次，際此集會開庭之日，該區內全體自由民務須出席參加。惟其後所頒之種種法令，甚且更進一步，欲完全免除小地主出席法院之義務。至於特別之集會，則小地主幾完全免除出席之義務矣，蓋在此時，僅特別經郡守傳喚之自由民，始有出席到庭之義務故也。

在此種情況之下，必須出席常會乃至特別集會之 rachimburgi，終不能不大部分從大地主中選出，或如當時所流行之習語所云，必「從優秀分子」(meliores)中選出，自屬勢所必至之結果也。惟就一般言之，每郡之中正常以此爲終身職者，究不過十二人左右耳。此種人後來卽稱之爲 Schepen 或 Schöffen（承審官）。斯卽中世紀中 Schöffen 法院之濫觴，在中世 Schöffen 法院之中，凡出席法院會審及制作判決之權利義務，恆與保有一定地產之事實，其間有不可分之關係，必有地產之人，始有享受此權利負擔此義務之資格。終至中世德意志及法蘭西之鄉村區域內，其區域法院竟因之全爲貴族、騎士、及小地主(yeomen)之集團矣（諾曼時代英國之鎮法院，其情形亦然）。

當中世諸城市取得地方自治之地位，且各有其本城之城市法院時，在此類中世城市之中，Schöffen 或法文所謂之 échevins（卽市行政長官，其主要之職務乃執行法律維持治安）一詞，終成爲揹負有司法及行政二種責任之城市官吏之專門名詞。此名詞自經用於此義而後，遂輾轉自荷蘭流入新亞摩斯德登(New Amsterdam)城，在新亞[illegible]斯德登城古代之記錄中，卽可見有稱爲 schepen 之官吏者。

當時在司法程序上，國家之權力已逐漸增強，此於當時限制自力救濟一事實中，卽可見之。除此而外，他如復仇權行使之限制，復仇範圍之縮小，以及在實行債權上，債權人所施訴訟外強制或取質之禁止等，莫不表現司法程序上公權力之日增。

在此期中關於程序方面之變更，要不在少，茲舉其比較重要者如次：

(一)訴訟手續之程式，已完全爲基督教化之形式。佛蘭克人中，訴訟之原告已不再乞靈於異教神明之裁決，而於自身之有理或被告之無理尙未明白證明以前，必須先立一事前宣誓(fore-oath)或預備宣誓(preliminary oath)。至其他部族中，被告仍趨告於上帝，要求上帝及其聖徒證 其中訴之眞實。其通常之宣誓形式，乃憑「聖物」(relic)宣誓，或憑福音（聖經）宣誓。至往昔種種異教之宣誓式，時僅存「武器宣誓」一種而已。但此種宣誓式與前此異教之形式，亦不盡同，此時已成爲一種憑祀神武器之宣誓，且僅於特別案件中，始採用此宣誓式耳。至利浦安佛蘭克人以前本有一種憑宣誓指環及一榛木枝之宣誓式，不過此種宣誓式於喀羅林時代，已歸於廢止。佛里安人雖尚保有所謂家畜誓言——即指以該發誓人所有之用具發誓之方式，惟此種宣誓法亦僅於次要之案件中用之耳。所有神判之法，概以基督教之儀式代之。維時雖一度傳入一種特別之基督教式神判法（即所謂十字形證明法（so called cross proof）者），惟不久即廢，究不過曇花一現耳。此種特別神判法，亦極有趣，行此神判法時，乃命原被二造對面而立，各人將兩臂向左右平伸，使全身成一十字形，其能維持原位不動而站立最久者，即認定爲此次神判法中之勝訴者。雖然，此神判法旋於八一九年禁止使用。

（二）由律師爲訴訟代理之制，當時尚未發達。夷考佛蘭克人之制度，與所有古代其他法系之情形，毫無二致，家長乃對外爲其妻、子女、家屬及非家屬而寓於其家者之代表，不過此不能認爲眞正之代理。何者？蓋家長乃以家長之資格，代表其自身之利益，而非代表利害關係者本人之利益故也。雖然，在此期中，凡不諳申訴或抗辯程式之當事人，亦得請其有專門法律智識之友人，爲之代勞，其所代爲之訴訟行爲，亦能有效。此時當事者本人仍須到場，且須陳述其申訴之要旨，不過其代爲訴訟之友人，仍得當場暗示及授意本人。爾後更且承認當事人可以逕行指定其友人爲訴訟之代言人（mouth）或主述者（forspeaker），或如拉丁文所謂之 Prolocutor，亦屬可許。諾曼時代之法文，則稱此種人爲 conteur。其後中世訴訟程序中，復發達一種辦法，即代言人如發生錯誤時，本人可加以否認，有權廢棄其所爲之陳述。又爲便於立即發現及修正此種錯誤起見，通常在重要之案件中，原告不僅偕同代言人出庭，且須偕同所謂「諦聽者」（listener）或「提醒者」（warner）等專門家多人到場。此種專門家之責任乃一經發現代言人在陳述上發生錯誤時，則立即告知本人，本人即藉此撤回其對代言人之授權。此代言人因本人撤回授權之結果，必對於其因無權代爲之陳述，支付小額之罰款，但代言人支付罰款之後，本人仍得再委任其爲代言人，於是代言人又得使用正當之陳述方式，再代本人陳述。斯即歷史上最初所見撤回及修正訴訟之方法也。諾曼時代之英國，亦採用此種方法。

在佛蘭克帝國之中，「代言人」已成爲一種專門職業。查理曼帝曾頒布一法令，曉諭其巡按使須隨時當心此類專門職業辯護人之詭計與欺詐，良以此輩專門職業之辯護人，有時利用其超人之技巧，以顚倒是非阻撓公平故也。

(三)由於法院中與審官吏權勢日增之結果，寖假而減少古代訴訟程序上極端嚴格之形式性矣。在古代條頓民族最初之訴訟程序上，雙方當事人須使用習慣上一定之語句，陳述其申訴或答辯之要旨，始有效力，參審官非在當事人之一方未使用正當程式時，則無何插言干涉之權：在此種情形之下，與古代其他法系之訴訟制度同，此未使用正當程式之當事人，一般卽目爲已經敗訴。惟至此期中，其情形與古昔漸有不同，參審官在訴訟程序上已較爲積極活躍；凡要求當事雙方以一定程式申訴或答辯者，又於必要時命當事人爲事先預備宣誓者，以及指揮判決發現人提出判決者，已非原告，而成爲參審官之職權矣。至案件之判決，無論其由於宣誓法，抑或由於神判法所得，皆係於法院之外爲之，本無須由法院以正式宣告，此與古代之情形，毫無所異，不過在證據方面已經證明勝訴之當事人，此時復可藉裁判官之裁決，取得一明白宣示之判決——換言之，卽該當事人可取得其勝訴之司法上的正式證明。

關於被告之傳喚，在古代法中由被告爲之，惟至此期，則亦可由裁判官根據原告之請求爲之。裁判官據原告之請求後，卽傳喚被告到場，被告無正當理由而不到庭者，且可對之課以罰金。此種開審方法，一般稱爲 bannitio，此與古代原告親往傳喚被告之所謂 mannitio 一詞，正相反對者也。

此外，君主所命之地方官，如郡伯或子爵等，在處罰犯罪及執行判決方面，其權力已日見增大，凡犯罪行爲人當場被捕，或爲人呼追而終爲所捕時，非有抗拒之情形，不得就地將之殺死；必縛送於皇室官吏之前，聽候處斷。此時被捕者既不容有所審訊，又不能有何證明其無罪之機會。程序上惟一所必要者，僅對於逮捕應負責之人應照律偕同其宣誓輔助人，當官吏之前宣誓，謂該犯人確係於其公然爲犯罪行爲中，當場被捕者；於是皇室裁判官遂可據此而自己下一判決。

當時尚有一種命敗訴者支付損害賠償或課罰金之判決，吾人可以稱之為民事判決，在此種民事判決執行之中，非已得司法法院之允許後，則對於判決債務人之勤產不能擅施扣押。如判決債權人請求扣押債務人之財產時，則扣押可由郡伯或其一屬員為之。因是，判決之公力執行遂於無窮中代替判決債權人之私力扣押矣。當判決尚不能因此而滿足時，則惟一之方法乃將債務人交予債權人，任其處置，惟債務人之親屬或友人願以金錢為之贖身者，則債務人仍可免於此種交付，或仍可恢復其自由。喀羅林時代之法律，雖允許債務人得自願委身於債權人，為之服役以償債，但在此種情形之下，對於債權人之權力，亦復有所限制，以防其濫施權力，苛待債務人也。

在刑事訴訟程序及犯罪之處罰上，亦可見種種變更，考此種種變更之所由來，蓋由於當時維持平和之思想有所變更，一般以維持平和之目的，主在於維持君主之平和，於是，所謂全體人民之平和，寖假而多少為君主之平和所代替之矣。影響所及，終於刑事訴訟程序及犯罪處罰上，亦發生種種變更，如前所述，個人通常在君主特別保護之下對之侵害，是無異對君主之侵害。凡此種保護關係一經君主賜准之後，如再經君主撤回時，則目為即君恩之撤回。此種情形，就君主之從士與一切皇室官吏言之，極屬顯然。由於高級封建領地制發達之結果，此種保護關係之觀念，復經侵入君臣關係之中。其後，更進而擴充其範圍，漸及於全體人民與君主之關係，何以知之？蓋至後來每當一新君即位之初，則全國人民俱須向此新君立一忠順之誓(oath of allegiance)，於是全體人民與君主之間，亦因此而成立保護關係。在昔古日耳曼時代，重大犯罪之處罰，乃將犯人逐出法外，惟至此時，遂目之為忠順義務之違背，故其處罰乃將犯人置於君主權力處置之下，或如盎格羅諾曼法(Anglo-Norman Law)之所云，「其生其死，任君主之處置」(in the King's Mercy)。處罰之大權既操之君主，因而遂發達不少之新刑罰：如死刑、斷肢、放逐、喪失自由——即降為奴隸、拘禁，或於可能範圍內，準據古代原始之反坐法(lex taliones)，將犯人交付與被害者或其親屬，任其處置。

此時放逐法外之刑(outlawry)，已變為追放之刑(banishment)，此種刑罰乃將犯人放逐於君主或郡伯保護之外。

有時，倘殘留一種古代觀念，以爲縱在犯罪案件中，犯人亦可支付一定數之金錢，而減輕其刑——此卽犯人得以金錢贖罪。惟此與古代之贖罪金，性質不同，此時所課之罰金已具有新的公刑罰之性質，其全數概歸國庫。

在此新法之中，與古代舊法之規定同，當一人被放逐於平和之外時，則其財產亦不復受法律上之保護矣。喀羅林時代，又發達一種程序，犯罪者本人縱未遭放逐於平和之外，亦得將其財產單獨放逐於君主保護之外。此時放逐於法外者，非人身而係財產。又在當時所謂民事案件之判決執行上，亦可利用此種手續。凡放逐法外之財產，先由郡伯保管一年，過此期間而未爲原有人贖取時，則以之滿足原告之判決，有餘則歸國庫。

在宣誓或誓證法等證明方法上，亦有所改革。誓證者或宣誓輔助人須各別宣誓。有舉證權之一方，仍有選擇其宣誓輔助人之權，且此時已不再限於僅選擇其親屬，因此，輔助宣誓之制，亦多少失去其家族宣誓或宗族宣誓之特質矣。有時對方如向法院聲明其可提出更多數之宣誓輔助人時，法院亦得將舉證權移歸該對方當事人。故舉證權之歸屬，實質上仍以所能提出宣誓輔助人之人數爲準。

在有關商業之事務上，可作正式證人（ceremonial witness）之資格，乃依其保有特定數額之財產爲準。此種證人在被允許舉行宣誓之先，必經審查，以決定其是否合乎資格——換言之，卽審查其是否曾參與並知悉該待證之事件。又反對證人之提出，亦屬可許，惟當此正反二方證人間所發生之爭點，如係直接關於事實眞實性之爭者，則惟一之解決方法，乃訴諸神判法，由雙方團體決鬭，以定是非曲直。

至文件與書證之證明力，亦有賴於人證之支助，證人須自己宣誓，肯定證實其所提出之書證確屬直實，其情形與古代正式口頭契約之法律行爲，毫無二致。在利浦安法中，書證或文件之代筆者，亦須宣誓其文件爲眞實，如對方有否認或其他表示不信其爲眞實之行爲時，則代筆者亦必起而與之決鬭。通常表示否認文書眞實之行爲，乃對方當事人用其所佩之劍，將文書刺破。不過，皇室文件或書證與私人文件或書證不同，有絕對之效力，絲毫不容有否認或不信實之表示。

在法律發達史上，國王法院較庶民法院更爲重要，由於國王法院發達之結果，遂促進法律上種種新的發展。除君主躬自主持之法院，或其所命特級郡伯（count palatine）所主持之法院外，尙有一種特別皇室法院，此種特別皇室法院之所由發達，乃由於君主授皇權於巡按使之結果所漸次演成者。

在墨羅温時代，已有任命特設巡按使之舉，此特設巡按使之職責，多半以巡視皇有地維護君主之權利爲主，惟常常亦派以監督地方行政，有時當某區域內發生騷動變亂時，亦派巡按使馳往恢復秩序。查理曼分全國爲多數巡按區（missatic districts），每年派巡按使二員巡閱各區，其職掌半爲監督地方官之行政，半爲保護皇有地內君主之權利，惟大半尙爲監督並補充司法之執行。因而，此巡按使所開之法庭，已成爲眞正之巡迴法院矣。

往昔查理曼帝所派之巡按使，乃受命出巡各地，審訊並檢舉全國所有未舉發之犯人，而處決之。其所受命之職司，尤在注重視察各地對於寡婦孤兒及一般無人救助者（minus potentes）之所施所爲，是否公平。

皇室法院之司法程序，並無必依某特定部族法所定制度以進行之限制。縱在外表上認爲某某法律規定有可準據之價値，然皇室法院仍可不顧該法規之規定，而依其法官內心之公平觀念正義意識（secundum equitatem），自行裁斷。

在此種種皇室法院之中，復發達一種新證據方法——即糾問式之證據方法。在墨羅温時代，已採用糾問程序。當受命出巡保護皇有地內君主權利之特設巡按使，發覺君主之權利與人有所爭議時——舉例以言，如發覺皇有地與其鄰地所有者間，關於皇地之疆界問題，或關於皇室管家或皇地鄰居所有者所要求之地役權問題，有所爭議；或發覺居於皇有地內者，身分不明，即對於該人究爲奴隸、農奴，抑爲自由人，尙有所懷疑時，則此種種爭端之解決，不藉宣誓或輔助宣誓之法，而用審問之法決之。其方法爲皇室巡按使此時即傳喚皇地鄰居所有者多人，或當地一部分人士到場，其人數通常爲六人以上，但往往爲十二人以上，經傳喚此等人到場後，遂將此繁爭之問題，向之提出。此時對於此等人卽以證人目之，至傳喚此等人之選擇，亦非漫無標準，乃巡按使從彼輩素爲人所敬仰、極爲忠實可靠、且可認爲對於此爭議有所聞知者中，所選出者。巡按使所問於彼輩者，並非要求其證明何者爲君主之權利，何者爲隣居所有者之權利？或該身分不明之人，其法律上之地位應屬何種？而係要求彼輩本其所見與記憶，陳述過去事物之實在狀況。如問：皇室地產與其隣接地產之間，以前各自[illegible]之疆界線，據一般之推定究在何處？在隣接土地上，以前係以君主之名義行使地役權，抑用其隣地所有人之名義行使地役權？該身分不明之人，在過去一般所承認之實際上的身分，究屬何種？當此輩證人經傳喚到場，並宣誓其對於所有提出之問題，必爲眞實之回答而後，於是始將繫爭之問題向之提出，並由巡按使詢問其過去關於該事實之所見所知。此輩證人回答之方式，亦不必一致，或相互會商之後，提出一聯合答覆；或各個證人對於所問個別答覆，均無不可。後一法，在意大利或高盧南部諸地，適用較爲普遍。一般言之，此輩證人對於所提出問題之答覆，並不附帶說明其答覆之理由——換言之，卽不陳述其答覆所根據之所知事實。不過有時亦僅陳述其過去所知之事實，而不加斷語，於是對於巡按使自身所下之判決，實已提供一事實的根據。

因爲此輩證人既宣誓其必爲眞實之陳述，一般乃稱之爲 jurati 或總稱之爲 jurata，各人之回答如屬一致時，則稱之爲 veredictum （卽事實的判斷）。對於此種事實之判斷（verdict），雙方當事人皆不能有所辯駁或表示反對。惟皇家巡按使有理由足以懷疑證人有偏頗之嫌時，則可命此類證人訴諸神判法，藉洗清其自身之嫌疑，而表白其大公忠實之心地。

如第一次詢問未產生明白之結果，易詞以言，卽第一次詢問之結果，各證人之所答不一，致事實之判斷未趨一致者，則必另傳其他一批證人，舉行第二訊問。如仍無結果，則原告——如國王之管家或其他起訴之私人——惟有依據部族法之規定，向普通法院提起訴訟，以求救濟耳。

概觀在此全部之程序中，有一基本之假定，卽凡在一長期間內，毫未中斷而繼續存在之一種事物狀態，卽可推定其爲該事物之法律的狀態。因此，此種程序原來僅限於土地及個人身分之問題，始有其適用。

此種糾問式之證據方法，在一切皇室法院之中，有可適用之時即適用之，至皇室法院之究屬何種，概不問也，因此，不僅在國王法院中可以適用此程序，即在特設巡按使所開之法庭，以及查理曼時代巡按使所開之巡迴法庭中，仍可適用此程序。

如前所述，糾問程序與糾問式證據方法之所以發達者，顯然由於爲保護皇有地內君主之權利，或謂爲保護皇室財政權之故。後一種情形，或係往日羅馬行政習慣之遺跡。但此種糾問程序其初亦非皇有地內特有之情形，徵之史跡，當其發達之始，似已承認寺院亦可享有此種特權；自來即承認當君主將一部土地賜與一俗界權貴，作爲采邑，或賜與一寺院，作爲其寺祿時，則凡附屬於該部皇有地之糾問採證特權，亦隨該土地之賜與而移轉。因此，凡在此等御賜寺祿地上所建立之寺院，自始似已享受此種特權，又在此期中，此種特權尙擴充於多數非建立於御賜祿地上之其他寺院。在誠篤路易時代，寺院教士更有進一步之嘗試，每欲爲一切寺院財產亦取得此糾問特權。教士之此種企圖，雖未完全成功，但於窩姆斯宗教大會(Diet of Worms)中，已取得一法律上之根據，該會曾頒布一法律，其中規定：如寺院主張其對於該繫爭之土地已平和占有三十年者，則寺院即可用糾問程序以決定其主張之是否成立。又此糾問舉證權，亦可藉皇室令狀(royal writ)而賦與私人，有時由於皇室允許保護私人之結果，同時亦賦與此種特權，如皇室允許保護外商之情形，即屬此例。至皇室保護下之猶太人，則屬例外，無一般的糾問舉證特權，惟當猶太人與基督教徒間發生爭執，而證人對於同教之人關於一法律行爲或一書證拒絕舉證時，則君主可指定並授權郡伯採用糾問程序，以爲本案之決定。

縱在墨羅溫時代，不問何種案件，佛蘭克君主皆可根據當事人之上訴，將案件從普通法院中調至國王法院判決，或交一皇室官吏判決。自然，在此種情形之下，如有可以適用糾問程序之時，亦必用以決案，蓋無待言。

糾問程序證據法之主要優點，約有三端：其一，此程序乃用一比較合理的解決爭議之方法，以代替宣誓法或誓證法；其二，縱然當事人之一方無正式之證人，或不能找到宣誓輔助人時，仍能對於自己之主張，有舉證之機會；其三，事實之判斷 (verdict) 一經成立後，即爲確定，不能再藉決鬬之法輕易將之廢棄，故訴訟關係易於了結。

如前所述，皇室之文件，無論在皇室法院中，抑在普通法院中，有絕對的證明力，對方不能否認或駁難，是爲皇室文件特有之利益。在私人之土地轉讓中，爲期取得此種利益計，自非採用一種擬制訴訟之方法不爲功。此法即受讓土地者，或憑藉一般之特權，或憑藉其特別之令狀，以讓與人爲被告，向皇室法院提起訴訟，於是讓與人亦故爲應訴，向法院承認原告對於該土地之權利，法院遂根據被告之確認，而爲原告勝訴之判決。此時一有公證力之判決複本，遂代替任何私人契據或誓證之用，而享受不能爲他人攻擊或否認其證明力之利益。

凡在使用糾問程序以審判嫌疑犯時，則行審問之陪審員即有後世英美法上大陪審官 (grand jury) 之種種職責。一切被控爲有犯罪嫌疑之人，概由普通法院審判，其有罪抑無罪，仍悉依神判法決之。

關於皇室糾問程序之不適民情，及其極爲人民所不歡迎之事實，有不少之證據，足資證明。所以查理曼帝有見及此，終不能不下令申告其巡按使，對於作有利於皇庫收入證明之證人，須注意加以保護，以免其因公害私，致受他人之仇害。同時又常見當時君主賜准寺院團體得享有糾問特權，或得享有根據糾問特權之判決特權時，此二種特權，每不爲其他人士所承認，因此君主往往再加以特別之批准。當路易二世加冕爲意大利國王時，其臣民即相率訴苦於王，謂彼輩在路易二世及其先君在位期中，久已爲此不必要之審問所累，路易二世終不能不與人民相約，保證此後必不至再擴大其適用糾問程序之範圍，至超過查理曼及誠篤路易所適用之程度以上。

考當時反對糾問程序之理由，雖半由於人類本性，極不喜改革，半由於欲維持地方自治之地位，故極力反對中央權力之侵入，惟主要之原因，或寧爲此程序保衛君主之私權及皇庫之收入，過於有效，絲毫不容他人有所侵越及規避，以致引起一般人之怨恨，對於此程序莫不深惡痛疾之。

迄佛蘭克帝國瓦解之後，糾問程序亦同此期中所創制之其他多數進步運動之命運，隨帝國之瓦解而趨於末日，故在大多數新興王國或公國之中，糾問程序已大受窒礙，終歸消滅。惟在諾曼底公國，因諾曼底公仍能繼續維持其大部分從喀羅林系所發展而來之一強有力的中央政府，故仍能維持糾問程序之適用，不僅以之作爲審判犯人之方法，且以之作爲判決關於土地上及身分上權利爭議的方法，糾問程序在此不僅能賡續維持，抑且日益擴展其範圍，漸至承認俗界權貴及寺院組織亦享有糾問特權，迨至英王亨利二世之父喬佛內公（Duke Geoffrey）之世，竟承認在可能適用糾問程序之事務上，要求適用糾問程序，乃一切諾曼人之一般權利。在英國方面，英王亨利二世將糾問程序，輸入所有皇室法院中，又當其嗣位者在位期中，證據陪審制（jury of witnesses）已漸演變爲判決陪審制（jury of decision），終至發展爲後世英美法上所完全發達之民事陪審制（civil jury）矣。學者中最初指明英國陪審制歷史上可溯源於佛蘭克之糾問程序者，當推布洛勒氏，所有近代英國史學家莫不師承布氏之說。

至英美法上大陪審制（grand jury）是否純粹淵源於大陸？學者間尚有所爭，迄無定說。惟依余所知，英國在盎格羅薩克森時代，在刑事被告之審判上，其所用之程序似與大陸程序頗爲相似。

至由民事陪審制漸次擴充於刑事陪審者，完全爲英國所發展之程序，自毋待言；至英國刑事陪審制所以輸入於大陸者，實由於十八世紀末法國大革命及十九世紀而後大陸方面諸次革命之結果，有以致之。

第三章　歐陸法律分合(Disintegration and Reintegration)之情形(八八七—一五〇〇年)

第二十三節　史實述要

自八八七年佛蘭克大帝國最後瓜分之後，中歐、西歐之統治，遂再度分裂，大權旁落於諸僧、俗二界極有權勢者之手。古帝國中之德意志部分，名義上由一選任之德意志國王統治，此新德意志王國至亨利一世（九一九—三六年）時代，國基業臻穩固矣。

意大利其初原有其自身之君主，曰柏倫加留（Berengarius），即佛留里侯爵（Marguis of Friuli）是也。惟據意大利史學者波地爾（Pertile）之言謂：意大利貴族無論何時每喜擇立二君主，但對此二君主可均不服從，因此，彼貴族在當時復舉斯波賚多公季多(Guido of Spoleto)氏為君，以對抗柏倫加留，於是二王對峙，平分天下，迄至季多及其子倫柏多（Lamberto）晏駕之後，貴族始選立一外籍君主。計六十三年之中（八八八—九五一年），意大利凡經十個君主之統治，其中尚有少數君主，要求皇帝之尊號者，是此期中意大利王位遞更之速，貴族權力之大，以及政治不安定之狀，可概見一斑。

至法蘭西之情形，其初似亦有一選任之君主。法蘭西自從佛蘭克帝國分離獨立後，其首任之國王，與德意二國內首任之國王同，俱屬喀羅林族之血統，但法蘭西之王室，其後已漸轉移，終為甲必丹族（Capétian house）所承襲之。

直至十三世紀中葉止，德意志王國之勢力，強於法蘭西王國，而成為支配歐洲之中心力。在九五一年，德王鄂圖一世（Otto I）再度合併德意二國，自擁為二國之君主。介乎法德二國間之羅泰林基亞(Lotharingia)，面積不小，時亦淪於德人統治之下；此外波希米亞與摩拉維亞（Moravia）二地，亦被併入王國之內，又自汪茲

(Wends)至阿德(Odor)河一帶之地，亦由於有力的殖民之結果，而成為德人之領土。

概觀此所有各王國之中，王權莫不日趨衰退。王室大臣，無分僧俗，俱已握有較大之政權。惟此輩權臣之權力，復為其下附庸之權力所限制，亦不能儘量發揮其效。領主僅對其直接上屬之封主，盡特定且有限之義務。故各領主在其領地之內，實際上直等於一小國王。維時諸城市乃乘機奮起，力爭脫離中世初期郡伯或主教統治之羈絆，亦取得一較高之自治地位。

法蘭西自十三世紀中葉而後，君主之權力漸增強大。而德意志方面，由於欲維持歐洲大帝國之企圖，反使君權漸弱，無法抬頭。迄中世後期，德意志國王與神聖羅馬帝國皇帝之權力，亦寖假而徒有其名義而已。其後德意二國之內，復各為多數獨立公國與自治市所分裂，中央政權竟為之豆剖而瓜分。意大利之情形，尤為甚焉，竟至連中央政府之名義，亦不存在。如意大利北部，則分裂為多數僧、俗二界之公國與自由市。至中央意大利方面，則全為教會之勢力範圍，羅馬教皇之統治權且漸次向外擴充及於羅馬城外四週之區域，此教會之中央政府賡續維持其獨立之地位，至十九世紀而後止。他如西西里(Sicily)與南意大利諸地，在十一及十二世紀中，已淪於諾曼人之手。此南意大利王國曾於神聖羅馬帝國皇帝荷亨斯多芬王室斐德利二世(Hohenstaufen Frederick II)治下，一度與神聖羅馬帝國作短期之聯合，惟當荷亨斯多芬王朝傾覆之後，復與神聖羅馬帝國分裂，於一二六七年頃，南意大利王國遂為安柔查理(Charles of Anjou)所統治。此王國亦賡續維持其獨立，至十九世紀為止。

時摩爾人之侵略，抵北部山地區域，已遇阻而中止，緣該區域內時已出現不少之小王國及公國。舉其最重要者而言，如卡士提(Castile)、亞拉根(Aragon)、拉伐爾(Navarre)以及今猶獨立之卡塔羅尼亞(Catalonia)諸邦是。此北部諸邦，與摩爾人頻年爭殺不已，其後終克服意大利半島之全部，北部諸邦之武功，遂爾炫耀一時，值茲克服半島全部之數百年中，諸獨立王國之間，太半由於相互通婚之結果，爾後漸結合為一更大之君合國(Personal Unions)組織，迨至十五世紀頃，因斐地南(Fredinand)王與伊薩伯拉(Isabella)后結婚之故，於是意大利半島遂正式統一於一單一王國之下，惟葡萄牙則屬例外，蓋葡萄牙於十二世紀時，已從卡士提分離獨立矣。

在此全期中，司法之執行與法律之發展，已大趨分化。從采邑、或郡、或城市之區域法院，一般多再可上訴之上級法院。其惟一所能上訴之議會，不過爲中世之末，凡法院執行司法上有偏頗或故意拖延訴訟之情形時，人民可訴請君主行使其固有之干涉權，以中止其程序之進行，是人民當時有效之上訴，僅此而已。至中世結束而後，在各西班牙各王國中，已先後建立皇室法院之制度，維時諸王國尙備具君合國之形式，而彼此結合者也。同時，在法蘭西國內，皇室法院亦已成立，其初建立皇室法院者，尙爲法國北部，最後在法國南部諸地，亦成立皇室法院之組織，至德意志國內，由於國王大諸侯權力日增，結果遂產生一種官吏法院（official court）之制度，從官吏法院可上訴於諸侯法院，惟因當時對於僧、俗二界之各重要區域，允許「不上訴特權」(privilege of not appealing）之故，結果，在保有此特權之區域內，其法院實際上已等於最終之審級，於是帝國法院名義上之最高審判權，已於無形中化整爲零，旁落於其他特權區法院矣。

當歐洲脫離封建制之無政府狀態而後，現代國家之組織，已漸次形成，其初大率皆採取君主專制國之形式。維時西班牙則尙爲一君主名義下所聯合之多數單一王國的混合，但法蘭西時已成爲一單一國矣。而德意志當時已集國內諸僧、俗侯主及自由市，而組織一離合無常組織疎鬆之大邦聯國。至意大利之情形，除無一邦聯之名義外，與德意志毫無不同之處。

當此期中，貴族會議（assemblies of magnates）之中，由於有各城市代表參加之故，致其人數大增，權力日大，已演成若近代國會形式之組織。在西班牙王國中，有少數王國，特別如卡士提及亞拉根二邦，此種國會或曰 cortes 者，發達較早，其行使之權力，且較美國國會之權力爲大。當十二世紀時，此類西班牙王國之議會中，已有各城市之代表參加，而英國國會及德意志帝國議會（diet）之中，至十三世紀時，始有城市代表參加，至法國之全級會議（états généraux），直至十四世紀初，其中始有城市之代表。西班牙各王國之議會，在十三世紀至十五世紀之中，極占重要之地位。從一二一七年至一四七四年間，計卡士提國內舉行此議會之次數，凡百四十九次，會期相距之最長者，亦不過八年左右。對於此類議會權力之限制與劃定，在西班牙各王國中，情形不一，有權力之劃定比較明確妥當者，有非然者。雖然，無論在何國之中，尚有一同點，卽凡徵課新稅時，皆非得議會之同意不可，又宣戰、媾和及頒布新法律，通常亦須得議會之同意，此三百餘年，吾人直可稱之為憲政時代。又亞拉根及卡泰羅尼亞二邦，其議會之權力極大，吾人卽稱之為議會政治之王國，亦非過言也。

惟十五世紀中，所有西班牙王國中之議會，均已日暮西山，其權力俱已開始削弱。西班牙各獨立王國之法律，在各國之議會中，已漸具成文之形式，雖然，彼此間之法律仍未趨一致也。在十九世紀以前，西班牙全境內實尚無所謂通行全域之西班牙國法。

至法蘭西之全級會議，其所行使之權力，自來似不如西班牙各王國議會所行使者大，其效力亦遠不及之。由於皇室專制主義發達之結果，全級會議之集會，亦漸次減少。所謂議會者，究已名存實亡矣。在德意志方面，帝國議會在理論上雖享有一般立法權，惟實際上與歐洲其他各國之情形同，會中貴族代表及城市代表所斤斤注意者，不在制定統一法律，而在於如何設法維持其地方自治之地位耳。

迨此期終結之際，西班牙及法蘭西二國之內，皇室之命令權，均寖假有成為國家立法權之勢。然而，此權力之行使，係主為行政上之目的，而非在於普通法律之制定也。

結果所致，所有中世紀中之普通私法，在性質上殆全為地方法矣。

然而，當是期中，有數支體系龐大之歐洲法律，已趨發展，此卽封建法（feudal law），寺院法（ecclesiastic or canon law）及爾後所發達之商法（law merchant）是也。封建法由皇室法院適用執行之，不過，就一般而言，皇室法院僅對於皇室直屬附庸為當事人之訟爭，始有管轄權。寺院法則由特別之教會法院執行適用，對此教會法院判決之不服，尚可上訴於羅馬教廷。商法亦由特設之商事法院執行之，但多半不能從普通商事法院上訴於高級法院，故商事法院爲初審兼終審之機關。

在此期之最後四百餘年中，由於優士丁尼法典研究之復興，以及優帝法典在司法上實用日廣之結果，遂至承認第四大支歐洲法律矣。

第二十四節　封建制度之基礎

當吾人提及中世紀時，即想到中世紀之特徵：半爲當時之封建組織，半爲中世教會所占之地位，緣中世教會之地位，極爲優越，就多數方面觀之，儼同一世界國家然。

「封建制度」(feudalism) 一詞，包含種種不同之意義。吾人謂公法之封建化者，其義係兼指君主或地方諸侯之權力，主要根據其爲「次封建領主」之封主地位而存在，以及每一「次封建領主」一方面保有封主之土地並行使其權力，而他方面又須對封主盡忠服務之制度而言。即令所保有之土地爲教會之土地，然在理論上，仍以須對公衆服務爲其條件者也。

復從社會組織之觀點以言，所謂封建制度者，不外代表一種複雜的社會階層組織，在此一社會組織之中，恆別爲種種相異之階級，上下相疊，每一階級各負有特別之義務，享有相對應之特別權利者也。在此整個制度之最下層，且形成其經濟基礎之部分，吾人所見之現象，乃土地之耕種完全操之於勞動者之手，此種農業勞動者之生活，極不自由，受其工作所在地範圍之拘束，且事實上居於領主無限制的權力支配之下。至領主權力之大，由當時所謂領主之采邑不受任何最高政權之干涉一詞中，實可顯見之。

爰考封建制度之基礎，其中有一部分係濫觴於後期羅馬帝國，舉其著者而言，如農奴制及地方免除制度 (local immunity) 是。緣後期羅馬帝國在紀元後第五世紀中，小地主以完全所有權保有土地之現象，實際上概歸消滅，帝國內一切土地，殆全爲皇帝或自治市團體或寺院團體或俗界貴族所分有。耕種土地者曰 coloni，其地位實與農奴無異；若輩及其子女概受特定耕地範圍之拘束，不能自由離去。在羅馬共和時代以及初期帝政時代，coloni 本為自由佃戶 (free tanants)。當時羅馬帝國政府，對於地主將 coloni 降為農奴地位之舉，嘗極力反對阻撓，其爭鬪之史跡，吾人於帝國憲法之中，卽可見之。惟社會及經濟之力量，竟以優越之勢，制服政府之政策，結果所致，帝國憲法之中究不過規定 coloni 所付之地租，不能增高，實物之徵收不能改為錢幣之支納，以及 coloni 不能作為奴隸買賣，以免其脫離耕地等限制而已。此卽日耳曼征服者在羅馬領域內所發現之情況，而日耳曼人於征服羅馬領域後，對於此種種情況，亦無意加以改變，故仍一承舊制。其惟一與羅馬舊制有所變更之處，卽日耳曼君主占有皇室稅地 (fiscal lands)，而其親信之侍從或寵臣，則占取羅馬俗界貴族之所有地土，或至少占取其一部，通常為每一私有地之三分一至三分二之比例。至寺院團體所保有之土地，大概不外二種：其一為在蠻族征服以前業已取得之土地，其二為自蠻族征服以後，新從蠻族君主所受領之大量稅地的賜與，從後一種方法取得土地之例，為數不少。又當時國王對於其從屬，或為酬勞其以往之服務，或為取得其將來之忠心，亦嘗賜以其他稅地。

至中世免除制度之根源，亦可追溯於羅馬帝國。在昔羅馬帝國之內，所謂免除特權者，主指免除對於地方政府之一切負擔而言，此負擔之種類為徭役抑為納稅，則在所不問。迄至後期羅馬帝國，所有稅地亦享受免除特權，又對於多數寺院團體及少數俗界之權勢者，亦賜准享有免除特權，其方法乃對於此等團體或階級給與一種特權 (privilege)，於是憑藉此種特權，遂得享有蠲免徭役與賦稅之利益，此尤在高盧為然。中世時代所謂免除制度之意義，乃指將免除特區之土地，從職司處理地方政治之當局者手中取出，使毋受其支配而言。所謂地方政治上正常之當局，乃指市鎮或自治市而言。至鄉村則照律由中央直轄市鎮管理。稅地或其他土地之所謂免除特權者，乃指管理地方政治之權，已完全置諸皇室總管或免除特區俗僧二界地主手中之謂。

緣昔羅馬帝國中，皇室總管 (procuratores) 在稅地內，對於一切佃戶及農奴，常行使警察權。在民事案件，如雙方當事人皆住於該稅地內者，亦由該稅地內之法院審判之。

至於刑事案件，則仍由省長治下所設之省法院管轄。然而，縱在刑事案件中，省長亦非完全蔑視免除特區之權利，習慣上省長往往事前通知免除特區之總管，向之索取被告，而於被告經拘提並移送至省法院時，則總管通常仍站在保護者之地位，行使其保護之職權，照顧被告之利益。高盧境內之寺院團體及多數俗界貴族，亦被賦與此種相同之審判權，其賦與之方法：乃由中央任命一主教或敎長，或一俗界貴族爲特區內之「維護治安官」。

此種羅馬之免除制雖爲地方政權之委任，但不能免於中央行政之權力支配和控制。免除特區內之當局，與地方行政之正規機關——如自治市政府，情形相同，不僅徵取地方目的上所需要之徭役與稅金，以供地方政府之用，同時並須徵集全國目的所需要之財力與人力，以之繳付中央政府。自不待言，皇室總管所繳與中央政府者，當然不外該區內徵發所得之一切餘額耳。至其他免除特區內僧俗二界之當局，亦須將全國目的所需之金錢繳納國庫。在每一免除特區內，對於全國軍役上所必要之人員，亦須徵發之，以補充帝國之軍隊（參閱布洛勒氏書第二卷二八五至二八九頁）。

如前所述，在佛蘭克帝國諸王統治之下，帝國內德意志部分，關於土地之保有，已日趨於不平等之現象。不少之大土地，已爲君主賜與寺院團體及君主親近隨臣與寵臣，作爲祿地，同時，大多數小地主階級已爲經濟壓迫下之犧牲品，漸委棄其土地於僧俗二界權貴之手，終至降爲佃戶之地位。

關於小地主階級之漸趨消滅，由後來佛蘭克法律之中，即可見之，蓋後來佛蘭克法律似乎假定普通人須受領主（seignener, senior）之支配，領主對於普通人有保護及爲之負責之義務。

佛蘭克帝國中與羅馬帝國之情形同，凡稅地概不歸普通地方官——郡伯——管理，不僅稅地之經濟行政與管理，統由君主所派之執事官或總管司之，即地方政治亦操於此輩皇室執事官或總管之手。對於帝國所屬羅馬部分內之寺院團體，固已承認其得享有免除特權，而對於帝國所屬德意志區域內之寺院團體，其所賦與之免除特權更大。此外，對於俗界諸領袖貴族所賜予之免除特權，亦不甚小。因此，自來卽有人主張謂，君主對寺院團體或俗界貴族賜與土地時，同時卽附有免除郡伯權力支配之特權，何則？蓋該部土地當其屬於君主所有之期中，卽已享有此種特權，自不能因轉讓之故而致其既得權反失其存在也。在佛蘭克統治者之下，其使免除特權排除地方政治上普通當局者及其權力作用之支配，較諸羅馬帝國中之情形，尤屬顯明。一般言之，君主所派之郡伯通常不能以其伯爵之資格，進入免除特區中行使職務，並且對於該區內人民或財產，不能直接指揮命令。對於免除特區內人民之民事審判權，乃全由領主(seigneur)親自行使或以領主之名義行使之，其程度較諸羅馬帝國之情形，尤有過之。至對於免除特權區內自由民之刑事審判權，雖仍屬諸郡伯，然而習慣上郡伯往往於事前要求免除特區之領主，將被告交付審判，郡伯尙不能任意入該區內執行職務。僅當領主拒絕交付被告時，則郡伯進入該特區內以逮捕被告之舉，始能認爲正當耳。

在帝國內之德意志部分，免除制度與私審判權雖不如羅馬領域內所發達之完善，但此種制度發達之基礎，已存於古代日耳曼法之中，故其由來漸矣。根據古日耳曼法，家長不僅對其家屬之不法行爲負責，且對於奴隸及其所庇護之任何非家屬之外人的不法行爲，亦須負責。因之，家長對於一切寓其家作爲家屬看待者之不法行爲，自應負責。至地主對於其自由佃戶之不法行爲，其初原不負責，惟自日耳曼人之廣大私有地日臻發達，並開始取得免除特區地位而後，於是其領地以外之人對領地內自由佃戶有所爭執時，通常第一次先向領主申訴。然而，此並非佛蘭克時代中法律上所必要之手續，亦非在此期中已將自由佃戶間之訟爭，從區法院轉移於領主之私人法院處理，是不可不知者也。

往昔羅馬人中，凡免除特區內之居民，概不能免於對帝國之種種義務，此在佛蘭克時代，其情形亦然；若輩居民既不能免除地方上巡邏、警衛、建橋、修路等等徭役，又不能規避兵役之義務。不過此種種對於國家之義務，乃爲領主所強制執行，或藉領主之手而強制執行者。領主之徵召及統帶免除特區內之軍隊，其情形與郡伯之徵召及統率郡內之軍隊者，毫無二致。

關於中世紀所謂低級或基層租地之來源與本質，既已論之如上矣。至高級封建領地中兵役義務，尤其如騎士服役義務，最初乃完全發達於佛蘭克帝國中。

在中世封建制度之全盛期中，尤其在高級軍役領地制中，不僅可見以服役之期間作爲保有土地之期間，且可見在封主與附庸之間——即直接上級封主與其下級附庸之間，尚有人的關係存在，此種關係之特徵，即由保護與忠順之交互義務表現之。此封建領地制中人的關係，可溯源於古代主人與從士之關係。從士制度於前述古代日耳曼之從士制或 comitatus 時，已言之詳矣，茲惟就其有關封建制之部分，略爲申述如次。考古代從士制，從士對於主人之服役義務，其初原來完全以人的關係爲基礎，爾後亦漸趨變質，尤當從士脫離主人之家，而自行定居於主人所賜之土地上時，於是土地賜與服役之間，遂開始發生不可分之關係，以服役乃受領地士者當然之義務。雖然，縱在當時，一般觀念上仍不以從士繼續服役之義務，乃由土地之賜與所生，而猶目之爲從原來之人的關係而來。雖至佛蘭克諸君主對於其隨臣大加賞賜土地之時，其初仍不以受賜者有負擔何種特定服役之義務。惟在道義上，受賜者應繼續負擔其人的忠順之義務，萬一有危急之事，須對主人與以必要之幫助。又在主人要求其服務，而此從士竟置之不理時，主人固可撤銷其贈與，而收回土地，惟此亦不過根據古耳曼之觀念，以一切贈與行爲於受贈人表示有負恩行爲時，可得撤銷之耳，並不能即因此認爲土地贈與與服役義務間之必然關係也。此種以賜與或恩澤可得撤銷之根本的假定，在往昔雖未曾明白表示，但當時凡土地之贈與，如屬不得撤銷者，則必在證明贈與行爲之書契上特別載明，就此一事實觀之，足見此種假定在當時確係存在。又此種種特別記載，係於多數對教會贈與土地之書契中見之。

關於從士從主人處受領土地後，須對主人服役之制，在歷史上足使吾人得一較明確之認識者，最初見於第五世紀頃西哥德人中之制度。緣當時西哥德人之生活與羅馬人所發生之關係，較其他大多數日耳曼部族與羅馬人之接觸，尤爲密切。西哥德人大多服務於羅馬軍隊之中。西哥德王之從士曰 bucellarii。此名詞係由 bucella 一字而來，bucella 原指軍用麵包或硬麵包而言（此字後轉用爲步兵 donghboys 之義）。在五世紀後半期優利希法中，即可見國王從士中有一部分得於特別軍役服務期內，保有國王所賜之土地，又其子嗣於同一軍役服務期內，復可繼承該土地。惟當受賜者或其繼承人未爲服務時，則其賜與即告終止。在佛蘭克帝國之內，直至八世紀以前，尚不見與此相同之一定辦法。

在薩克森人之英國，其發展之大概與佛蘭克時代大陸方面所述之情形，殆無二致。最初薩克森時代之皇室從士，在威賽克斯法（Laws of Wessex）法中概稱為 gesithas。縱在此種種最初期之古代法中，亦可見從士顯然已定住於其所受賜之土地上，並且在從士之家中，尚保有不自由僕役與自由僕役二種人。惟如從士不應國王之召集令以効命疆場時，則除喪失其土地外，尚須付一百先令之罰金。在一較早之時代中，此種外居之從士已漸成為一世襲之貴族階級矣，自後凡出身於皇室從士世系（gesithcund）者，其所應得之贖罪金仍高於普通自由民。往昔亞佛勒得王（King Alfred）即嘗從此皇室從士家系中，挑選郡宰（shire-reeves），是其地位之高，可以想見。同時在皇宮之中，復發達另一種所謂 thegnas 之家臣；其發展之過程亦復相同，其中有一部分自移殖於自己所有土地上定居之後，亦寖假而成為一種世襲之地紳貴族階級。即在薩克森時代，國王往往擇選此類新與權貴出而徵召及統帶王國軍隊，其勢力之大，尤可推知。

第二十五節　佛蘭克帝國之封建領地制

歷史上以軍役為條件之封建領地制，最初發達於佛蘭克帝國中。在帝國瓦解以前，此以服役義務為根據之領地觀念，已逐漸擴大，其所包含之範圍不僅止於土地，且及於所有僧俗二界之官職。

軍役領地制（military tenure）又可稱為騎士采地制（knight fee），其發達與佛蘭克軍隊組織之變更，極有關係。古代初期之古日耳曼觀念，以為凡屬自由民，皆係部族軍隊之成員。凡體力能服兵役之全體自由民，在戰時皆有服兵役之義務，是乃全國皆兵之制度也。

爾後由於帝國內部經濟上日漸不平等之結果，於是小地主履行其軍役義務，亦覺困難日增，在此種情形之下，對於軍役服務之徵召，遂有加以限制之傾向。至某特定期間內，此軍役義務之強制履行須至如何程度，概由皇室命令決定之。在決定上其主要所考慮之點，一為帝國之臨時需要，他為個人之資格問題。關於第二點，則由皇室命令規定一定數額之財產，作爲據以要求個人服役之單位，此種財產數額並非一成不變之數，其後以命令亦可加以變更之。在此種情況之下，往往將若干保有小塊土地之小地主結合一道，視之爲一個軍役單位，就中每三、四員自由民中，僅出一人服役，而由餘者供養其人之衣食，當時謂之爲 adjutorium（輔助人）。

至郡內徵役之責，則委諸郡伯。惟在免除特區則不然，凡將佃戶及從士遣送於戰場之責任，在喀羅林朝時代，係在於領主，換言之，卽屬於免除特區之地主，而不屬於郡伯。惟原則上全體自由民之軍役義務，依然存在；一旦外敵入侵，邊疆吃緊，則凡能持武器之自由民，皆須應召赴戰，保衛國土（lentweri）。

雖然一方面在此種情況之下，皇室對於諸小地主旣不能不予以更多且更大之救濟，以期保護人力，但同時在他方面復因戰爭技術之變更，而小地主所能服役之價值，又因之而日漸減少。緣昔日創建佛蘭克帝國之軍隊，全係古羅馬式之軍隊——均爲步兵，惟統帥與其從士始乘馬作戰耳。第自七三〇至七五〇年摩爾人傾覆西班牙，直入高盧而後，佛蘭克人與之連年惡鬬，此際極感有大規模及效力更強之騎兵的必要。結果遂竭全力發展一種新式軍隊，將武裝及乘馬作戰之騎士編爲重騎兵，以對抗摩爾人軍隊中之輕騎兵，於是，軍隊編制及兵種一問題，始因之而得其解決。値玆以土地爲實質上財富之惟一且重要型式之時代，則維持給養此重騎兵之經濟的基礎，當然在於土地。時國王與俗界貴族所保有之土地，本屬有限，實不夠給養所有之騎兵。而他方面騎兵之需要，又不可少，在當時縱將國王及貴族之從士，全體配備武裝，改編爲騎兵，乃至將其家奴亦皆改裝爲騎士之後，其總數仍感不夠。此外所需之騎兵尤多，從而在此種情況之下，皇室所需之土地，自亦更多。昔宮相查理馬特（Charles Martel, the Mayor of Palaces）及其繼位者，有見及此，遂大肆強占教會之土地，以應此急需。復以當時皇室之強占教會土地，乃藉口抵抗回教徒以保護基督教，故教會方面，亦不能有充分之理由以反對之。皇室因此所占取之土地，俱分封於俗界貴族及其親信從士，而貴族與從士復將其所得之封地，再細分而賜與其所屬附庸，其細分之標準，在使此細分之部分，在經濟上均足以配置更多數之騎士。概觀此整個之程序與一大規模公法契約之情形，酷相類似，正猶之一大規模公開招標承攬契約之報酬，其初分給少數承攬人，而此少數承攬人復將其承包工作之實行，再分配於次承攬人，如此輾轉相承，而造成一複雜之契約關係。中世之采地再分制(sub-enfeoffments)，大概係濫觴於此，中世采地再分制之效果，卽於皇室與騎士采地保有者之間，產生多數不斷的間接權力關係，其間首尾相銜，如鉸如鏈者也。

考使用騎兵爲戰爭中主要兵力一事，與定期軍役領地之發達，係相依並進，有不可分之關係。定期封建領地制最初發生於帝國之西南部——卽亞奎丹尼亞(Aquitania)地方，故騎兵最初亦見於該處。逮乎九世紀中葉，高盧或稱西佛蘭西亞(West Francia)境內之軍隊，幾全爲騎兵所組成，其中所包含之分子，半爲自由附庸，半爲ministeriales——卽奴籍騎士。其他如來因河迤東之地，直至佛蘭克帝國瓦解以後，騎兵之發達尚未完成。

值茲教會所有之廣大土地爲皇室強占之際，君主爲期充分利用教會資源以衞國土計，甚至採用更專橫之手段，以達其目的。有時且任命俗人進居教會之要職，如主教或住持一類之職。當摩爾人之入侵經佛蘭克人擊退之後，於是佛蘭克人對內將國家與教會之關係，復重新加以調整。當時承認於軍事目的上所占取之教會土地，仍爲教會之土地，教會尙保有其所有權，且對教會納什一之稅(decima et nona)。同時復進而承認教會之保有土地，主要在於宗教及慈善之目的，除此而外，凡超乎此二目的所必要之土地，爲教會所占有者，不問多寡，概屬於過剩之土地占有，國家對於此超額之土地，得正當課以軍稅及其他軍事上之服役。從國家及其需要之觀點以言，教會之領袖在其教會免除特區內，有負責徵集其主教管轄區或寺院軍隊之義務。此卽中世後期所見出征教士之所由來。

當時從國家之觀點出發，無論爲教會職位之本身，抑爲主教所管理支配之土地，均須合於爲服役而保有土地之標準，換言之，卽教職本身與教會保有土地之事實，均須以服務爲前提。因此，遂發達一種特別之封建領地制，往昔諾曼時代之法蘭西人，恆稱此種封建領地曰Frankalmoign。在此種特別領地制之下，教會所應履行之義務，乃在維持宗教事務、慈善事業、及教育事業是已。

不僅教會之職務，作如是觀，終至對於俗界之職位，亦從此同一觀點出發。就郡伯而言，郡伯保有皇室土地之一部，作爲其職位上之采邑，換言之，卽以土地之生產物作爲其俸給，故一郡伯之地位與職務，實已等一免除特區之大地主，極難謂二者之間有何顯明之差別。郡伯亦與免除特區之俗界領主或僧界領主之職權同，有推行地方行政，徵收地方行政上所必要之稅款及其徭役，設立法院審判民刑訴訟及徵課罰金等權。每一郡伯對於有關全國性質之服役，各對國君負責，是郡伯對於皇室仍有其應盡之義務。

降至佛蘭克時代之末葉，以軍役爲期限所領之土地，無論爲寺院祿地，抑爲俗界之采邑，尙無當然正式世襲之可能。在理論上，土地之封賜完全注重人的因素，乃於封主與附庸皆屬生存之期中而爲之者。然而在事實上並不如此，幾乎自始以來，每當封主歿後，其繼承者對於忠心履行其義務之附庸，在形式上將前封主所爲之封賜，復行更新一次，賡續維持其封受之關係，因而在他方面又漸次形成一種習慣，一旦受封者死後，如有一子能對封主繼續盡其所應服之義務時，則封主亦往往將其封地授與其長子。由此可知，祿地或采地之賜與，自來卽具有可以世襲之實。

佛蘭克帝國在統一期中，理論上並不承認郡伯之職位爲終身之職。更未至承認郡伯之子有何世襲其爵位之權。惟事實上通常不僅准許郡伯終身保有其職位，並且漸至於習慣上每將郡伯職位，授與其子，如其長子得認爲一適當之人選時，寧多擇其長子而授與爵位。

由此觀之，佛蘭克帝國在瓦解以前，其封建制度在實質上確已建立矣，顧其封建制度之內容，與吾人所見中世後期之封建制度，毫無二致。此整個之封建制度，可視爲一種劃分全國土地爲多數服役單位之制度，或可視爲一種特別之報償制度，凡對全體社會服役之人，得藉此收取土地生產物，作爲其勞務之代價或報酬者也。在此種封建領地制中，其最初所流行之觀念，乃後一種觀點，而非前者。至軍役領地制，則情形特殊，係完全導源於古代主人與從士間保護與忠順之人的關係也。

第二十六節　全盛時代之封建制度

自佛蘭克帝國崩潰之後，封建制度已達於全盛之發展。當時土地既仍爲財富之最重要資源，故整個封建制度之經濟基礎，當然在於土地。封建制度之全體結構，主要以土地之生產物爲其基礎，維時一切土地俱爲受地界拘束之農奴所耕植，故進一步言之，農奴實係維持封建制度之要素。不僅當時之戰士（卽騎士）須依賴此勞力以維生，卽騎士之封主以及封主之封主，乃至最後最高封主之國君自身（此指有國君之情形言），亦各有其自身之采地。國王及其廷臣亦端賴皇室領地之生產物以維持生活。

每一封主對其附庸得行使有經濟價值之種種權利。縱采地已成爲可以繼承時，每當采地由被繼承者移轉於其子嗣之際，封主尙得徵收一筆金錢——斯卽所謂采地繼承稅（relief）者是，其金額通常達於該地一年收入之總數。如該繼承者尙未成年，則封主尙有監護之權，又封主行使此監護權時，復可徵取多少金錢，作爲其勞役之報酬，是封主之榨取，已無微不至矣。例如就歐洲多數地方所見者而言，苟已死之附庸無子，而封地將移轉於其女嗣時，則將來關於此女繼承者婚姻問題之決定，封主亦有參與之發言權；封主並有權監視伊必與一能負擔封地上所附一切義務之男子結婚，且對於其婚姻有同意之權；不寧惟是，封主對於婚姻之同意，尙得徵收一定金錢，爾後終成爲封主額外收入之來源。封主一旦有急難之時，可要求其附庸納輔助金或義捐，舉例言之，如封主被俘，則附庸須集資將之贖回，又如封主之女出嫁，則附庸須助以妝奩嫁資等是。封主固可要求附庸捐納此種種輔助金，但在他方面，附庸遇有急需時，復可向其所屬附庸要求同樣之輔助金。由此觀之，此種輔助金吾人可稱之爲租稅，此租稅乃沿直線向下次第轉嫁，直至最後歸屬於領地上之農奴，由農奴捐納其金額或一部，故農奴乃最後之負稅者。又封地亦有返還於封主之可能，其情形爲附庸無子承繼封地，及附庸有負義背忠之行爲時，封主可用籍沒之手段，仍取還其封土。

至在領地或莊園之中，耕地內之奴籍耕農不僅須向領主繳地租或納實物，且須對領主服多少勞役，此勞役僅有量的限制，而無質的限制。農奴對於領主雖照例有於一週內祇爲領主工作多少日之義務，但除此而外，當領主特別命令其爲某種勞務時，則不問其種類與時間，農奴仍非遵行不可。農奴苟不得領主之同意，不能嫁女（至少不能將女嫁與他領地內之農奴），又其子亦不能受命爲教士；此外，苟無領主之允許，即小至一牛或一馬之出賣，亦所不能。農奴自身之結婚，亦須向領主繳納若干金錢，以取得領主對於其結婚之允許。農奴所保有之土地，雖可轉授其子，但繼承其耕地者，須用若干頭牛或其他家畜或金錢，向領主繳納租地繼承稅，其情形與前述附庸之繳納采地繼承稅者正同。在特別急難之中，領主復可要求農奴納特別義捐，其情形與封主在急難中要求附庸捐納補助金者，殆無二致；又如前述，領主向封主繳納補助金時，在領主方面視之，亦屬一種急需變故，故領主又轉向農奴收取義捐，以彌縫應急，農奴究爲最後之負擔者。往昔諾曼語中，稱此種義捐與納款，概曰 tallages。

就包含審判權之采地而言（此種情形乃指郡伯之采地而言，蓋如前述，在郡伯之職司中，本包含有設立郡法院審理訴訟之權利與義務，後來因承認郡伯之職位乃一種祿地或采地，故郡伯之采地自始即包含審判權，）其於執行司法上所徵收之訟費與罰款，亦爲采地收入之一來源。

緣封建制度之下，中世之社會已分爲多數顯明之階級。在農奴以上者爲騎士或其他貴冑，在貴冑之中，復有若干極嚴格階級之差別。在十三世紀德意志國內，已苦心經營，完成此嚴密之階層組織。社會階層組織之最高頂點，爲諸侯或社會首領。其下則爲自由地主，自由地主所保有之封地，非直接受之於國王，而係從諸侯或教會首領手中得來。再下則爲可以出席郡法院且有發言權之自由民，此類自由民大半爲騎士，惟在有自由保有土地之自耕農之處，則此種自耕農之自由地主，或如英人所稱之小地主（yeomen）者，係與騎士屬於同一階級，二者在社會地位上，無所軒輊。再其下之更低階級，則爲 ministeriales。ministeriales 乃出身奴隸之騎士，此種奴籍騎士在法理上固仍爲不自由人，惟實際上其社會地位仍較無土地之自由民或市民之地位爲高。

至歐洲大陸其他各處，其社會階層之區別，雖不若此處之嚴密，但無論何地，凡屬國王之直接附庸且對於一廣大土地可行使其權力之封建貴人，恆形成最高級之貴族階級，又無論何處，凡教會首要人物如主教及住持等，亦屬於此同一階級。在此階級之下，則爲低級貴族，再次則爲法人所謂之第三階級（Third Estate）——如自由市民屬之。中世西班牙內，對於封建貴族，概簡稱之曰富翁（ricos hombres）；對於低級貴族，則稱之爲紳士或要人（filli alcuines, fifos d'algo）。

以封建制度視爲一種政治制度時，則封建制度又可有數迥然不同之發展。在封建制度之下，事實上最後保有一切土地與官職者，皆係得之於一最高之封主——即國王，在無國王之處則爲地方諸侯，苟以此事實視爲一種領地制度，則可見此事實有集中統一政權之趨勢。在他方面，復從封主與附庸間之人的關係以言，質言之，卽從直接封主與其附庸間之人的關係以言，吾人可謂國王或地方諸侯僅能對其直接所屬之附庸，要求政治上之服役，而此等附庸，亦僅接受其直接上級封主之命令。此後一種理論，極流行於歐洲大陸西部諸地。時有諺云：「君有臣，臣有民，臣下之民，不屬國君」（The man's man is not the lord's man）。此之意義，究不外指政權分裂之義而言：蓋在此情形之下，君令不出朝門，國家大權多已旁落於各大地方諸侯、公爵、侯爵或郡伯之手，結果外藩當道，漸與君主獨立，而據地稱雄矣。如前所述，在十三世紀中葉以前，同時兼任神聖羅馬帝國皇帝之德意志國王，其權力原較法蘭西國王之權力爲大。故封建制度中政權分化之趨勢，最初見於法蘭西，而不見於德意志。然自十三世紀中葉而後，德意志王室漸趨衰弱，所有德意志國內及北意大利二處之地方諸侯，乘機崛起，實際上漸與國王對立，釀成地方割據之勢。但他方面法蘭西王權日增，中央王室半以籍沒之手段，半以通婚之方法，漸兼併一二大公國之土地，而王室之權力大半因此兼併公國之結果，亦日趨強大。誠然，當時德國國王仍出乎推選，而法國國王已由世襲，此事實對於法國王權之伸張與德國王權之沒落，自極有關係。蓋在德國選舉國王之權，已操之於少數教會首領與諸侯之手，當每屆選舉之期，候選者果對於此輩賜與一定土地，漸增其割據之區域，必可賄選成功，結果所致，每次選舉之後，此輩地方侯主之土地大增，因而其權力亦日大。王室權力之削弱，蓋當然之結果也。

至言西班牙，摩爾人於八世紀中侵入西班牙，已占有半島之大部分，自後諸基督教王國與摩爾人連年兵革不休，顧此長期戰爭之結果，漸至有增強中央權力之趨勢，斯亦戰爭中所必有之現象，非獨此處爲然也。其後各西班牙王國之王權，除葡萄牙而外，最後由於通婚之結果，均落於一單一王族之手，故西班牙各國之王權在此期之末，實已變爲專制之王政。

至於英國，由於諾曼人征服之結果，其封建制度下分化之趨勢，已完全爲此新興勢力所遏止。初威廉之敗英王哈羅德（Harold）也，舉一切英國王室領地及哈羅德王部下之領地，置於征服者之手中。自威廉入主英國而後，國內叛亂紛至沓來，威廉舉兵弭亂之後，每繼之以大舉沒收叛亂者之私有地，所以此繼起不斷之叛亂，實際上反使所有英國之土地，俱落於諾曼王室之手，終助成中央權力之強大。威廉沒收叛亂者土地之後，每將其大部分封於其親隨大臣，作爲采地；惟因威廉之裂土分封，非祇一次，而係於爾後迭次分封，故當時諸大臣所領之封土，皆星羅棋布，分散於全島各處，是地形上已不容於割據矣。抑有甚者，威廉及其嗣位諸君，更進一步而絕對否認大陸方面人民不屬君主之理論。故不僅每一諾曼英王即位之初，皆遵守昔佛蘭克帝國所建立，且在諾曼底公國尚繼續保存之習慣，要求治下全體自由民對於國王舉行忠順之宣誓，且令每一英國附庸對於其直接上級封主舉行特別忠順宣誓時，其誓詞中必包含下列一語：「除余必對我主國王所應盡之忠順外」。自後數百年中，雖有時國內諸男爵聯合對抗王室，此於限制王權之運用上，雖不無成效，此種情形尤以約翰王時代爲甚，惟國王之權力不僅仍能維持不墜，且日益增大，迄至條多（Tudors）王朝時代，王權之發達，已達於極點。

顧吾人探究大陸法律發達之所得，深知中央權力之分化，必致一國家之統一法律有不能發達之虞。良以國王法院乃僅爲王室直轄附庸所設。而王室直轄附庸所設之法院，亦僅能對於其下所屬之直接附庸，且祇關於封建法上之事務，有管轄審判之權。至封建事務以外之司法，則仍由執行地方習慣之區域法院司之。至在昔國王對於各地法院中有故意拖延及偏頗不公者，習慣上本有將原案抽調於國王法院審理之大權與義務，此種習慣已相沿日久，此時雖未至完全消滅，惟國王乃至地方大諸侯，在此種政權分化之下，實際上已無強制執行此習慣之力量，結果仍各自爲政，司法權之分裂，莫此爲甚。而法律之統一，更無可能。

嘗研究封建法對於現代法律所與影響之程度，則知除現代不動產法受古代封建法之影響外，其他各種法律中所見關於封建制度之遺跡，實微乎其微。就封建制度中所形成之公法體系而言，則封建主義之公法原則，在大陸方面已爲法蘭西西班牙二國絕對君權之發達，以及德意志意大利二國地方諸侯絕對大權之發達，所取而代之；或爲獨立自治之民主共和國體之發達，所排斥之。

以封建制度視爲一種土地租賃之制度時，則知正惟當時政權分離破碎之故，致中世法學中，往往將土地上之權利別爲 dominium eminens 與 dominium utile 二種。Eminent domain (即 dominium eminens)之中，雖自始即包含封建領主之政權——此所謂封建領主之政治權力，不僅指國王對於直接附庸之權力，且指每一上級封主對於下級直轄附庸關係上之權力；但同時又包含封主所取得之一切經濟利益，如監護、結婚、遺產繼承稅以及輔助金等是。至 dominium utile (管用權)一詞，吾人或可譯爲實際上之特有權 (practical ownership)，凡領主對於其直接管領下之土地，皆有此種權利。如國王之對於王室領地，各個中間封主之對於其直接領地，乃至騎士之對於其軍役期中所保有之采地，皆同等享有此種權利。就通常所見之情形以言，凡在農奴對於土地有永久且可繼承之權利之處，有時可見實際上之持有權屬於農奴，而領主之權利，反成爲一種名義上之所有權 (eminent domain)而已。

實際持有權之內容，包含二種利益，一爲終身之生存財產，此種利益太半不能轉讓；他爲繼承期待權或殘餘財產權 (reversion or remainder)，此種權利一經授與時，又不過成爲另一人之生存財產而已。

可繼承之殘餘財產，並不歸屬於一切子女，又此種財產其初亦非必歸屬於諸子。惟自封建制度完全發達之後，結果遂產生長子繼承之現象，是謂之長子繼承原則 (rule of primogeniture)。考此原則之所由來，乃由於當時在事實上不能承認或不願承認騎士服務爲可分之結果，有以致之。又此原則復進而擴充其適用範圍，於非根據騎士服役而係根據其他理由所保有之采地上，亦適用長子繼承原則，良以封建制度之基礎，在於服役，一人所應服之勞務果分之於多數人負擔時，實有背乎封主之利益也。

不寧惟是，長子繼承制復延伸其適用範圍及於奴隸租地之中，惟此種租地內長子繼承制之實行，決非領主之利益，而寧爲佃奴之利益，是可斷言也。何以言之，蓋在此種制度之下，則農奴所保有之土地，不可過小，過小則不能維持一家之生活。此外，在尙繼續有自由保有土地之自耕農之國——在大陸方面有少數地方，此種自由保有土地之人爲數尙夥——土地一般亦由長子繼承之。

在奴隸租地及自耕農土地之繼承上，有時尙可見他一完全相異之原則，斯卽所謂幼子繼承(ultimogeniture)之原則，在此原則之下，土地概由幼子繼承。揆厥由來，蓋在當時復發生一種觀念，以爲對於一僅夠維持一家生活所保有之土地，不應再要求其同時維持子孫幾數代之生活，此原則之產生，乃完全由於此種觀念論理發展之結果。良以長子如繼受土地，則該部土地自非同時維持其父母妻子，以及尙不能離開土地獨立謀生之幼弟與尙未出嫁之幼妹等多人之生活不可，惟於事實上難期有濟，於負擔上未免太重。在他方面，如土地爲幼子繼承，則當其繼承之時，其年長諸兄必早已離去其土地，而獨立謀生。又幼子於自已結婚以及開始其小家庭生活以前，其姊妹亦多般已出嫁，故事實上可免長子繼承制之諸弊。〔參照法國拿破崙法典關於諸子財產強制分劃之效果，同時並參照普魯士關於威斯特發里亞(Westphalia)農業租地之調查。〕自不待言，在封建制度之下，以最後遺言或遺囑以決定不動產繼承之事實，尙不可能。

在歐洲大陸方面，近代不動產物權法中所見關於封建原則之蹤跡，爲數極少。在大陸方面，卽令在諸大平原國中，關於土地保有之制，無一處有如英國所受封建化程度之徹底者。其尤重要者，乃當歐洲諸城市成爲自治制，且各城市於自身之城市法院中發展各自之城市法而後，在此類城市之中，一切土地俱已變爲自由保有之制，土地上之權利亦可以渡讓，且可以遺囑處分之。復以繼受優帝法典作爲補充法律之結果，於是羅馬法上所有權之概念，乃得適用於一切不受當時現行地方法或封建法規律之案情上。當時若此類之封建法規，除封建法院適用之外，其他法院從未有適用之者。自封建佃地制經十八、十九兩世紀中歷次大革命所掃除滅跡而後，於是前此受封建法規律之不動產物權法，終至洗頭換面，而受羅馬法原則之規律。幾乎惟一在今日大陸不動產法中所承認之一重要原則，而未爲羅馬法所承認者，乃對於土地得課以永久無定期之地租義務一原則耳。除此而外，在近代大陸不動產物權法中，已不見其他封建法之遺跡。

雖然在中世封建法之發達期中，歐洲各國尚無中央司法機關或中央立法機關，惟封建法在其實質上卻爲統一之法律。此半由於歐洲大部分地方之社會情況，均屬大同小異；半由於最初一封建法之成文的記載，已享有一般權威，致各國莫之奉爲圭臬，基上二因，封建法遂得普遍流行於各處，而收其內容統一之效。考此最初第一部封建法最完全之記載，當推十一世紀末或十二世紀初倫巴底之一私人編纂曰 Libri feudorum（封建法典）者。就其尚流傳於今日之原稿的形式以言，此法典乃集各時代中種種不同的因素而編成。其中所包含者，有神聖羅馬帝國德意志君主治下北意大利國會中所採取之立法政策，有米蘭（Milan）巴維亞（Pavia）披亞聖查（Piacenza）及克里蒙拉（Cremona）諸城關於封建法之判決。此種資料皆有註疏或詮釋加以說明。一般以爲此法典係由米蘭一封建法院之法官所編。此法典後來更經私人加以修訂，所以十三世紀中所見之原稿，與最初之原稿相較，其經變更之處極多。以前在波倫那（Bologna）法律學校中，亦曾研究此法典，且在所有中世刊行之優士丁尼羅馬法典中，無不將此部封建法典編入，故此法典在當時極爲流行。此外，在十二、十三兩世紀中，其他封建法典之編纂尚夥，舉其稍重要者而言，約有下列數種：

在亞拉根內，有一私人所編之貴族法法典，曰 Fuero of Tudela（條德拉法），其中所包含之規則，有多數係從一一二二年亞拉根國會所批准之 Fuero of Sobrabe（古索布拉比法）中完全抄襲而來。（古索布拉布法早已失傳，今日已不復可見。）卡士提內亦有相同之貴族法法典之編纂，該法典通稱爲 Fuero de los fijos-dalgo，惟亦稱爲判決及仲裁大全（Books of Decision and of Arbitration），又在一一三八年國會批准此法時，國會中復稱之爲拉基納法令或拉基納法（Ordinance or Fuero of Nagera），其中所記載者，實質上爲封建公法與封建私法之規則，其後於十三及十四世紀中，此法復經編入卡士提法典之中。

在雙西西里之諾曼王國中，於十二世紀時已見有關於封建案件之判決集成，頗有價値，至十三世紀中，其地之封建法概經編纂爲一共同法典，其中所包含之封建法則，巨細無遺，極稱完善，且其編制上亦極有系統，堪稱封建法典之一善本。

至德意志國內，在十三世紀中當各省區及地方習慣法（即地方法 landrecht）尙由普通法院執行之時，同時關於封建法（Lehnrecht）已開始有私人編纂之舉。在有名之撒克森法典（Sachsenspeigel, 1230）及斯瓦賓法典（Schwabenspeigel, 約於一二五〇年左右編製）中，已將封建法另別爲一部，設立專章，不再與其他法律混爲一談。

在法蘭西十字軍所征服之東方各地，尤其在耶路撒冷王國及安替奧希（Antioch）王國之中，不僅已傳入北法蘭西式之封建制度，且此種封建原則，在二國政制上及法制上，已發展至極點。職是之故，吾人對於所謂耶路撒冷及安替奧希審判（assizes）一書，頗感興趣，該書大約編訂於十三世紀中葉，係一部完善精細之封建法彙編，其中所包含之法規，完全係根據二國封建法院之判決。此後在十四世紀中，關於塞浦諾斯島（Cyprus）所適用之封建法，亦見有此相同之封建法典。

第二十七節　羅馬帝國中之基督教會

當紀元後之最初三百餘年中，基督教會及其教徒皆與非基督教世界隔絕。基督教在精神方面，乃代表一種對於舊世界日趨墮落腐化之有力反動，尤其爲對於男女關係上性的頹風敗俗，抨擊極力，同時對於帝國國教，亦攻擊最烈。緣基督教本身與帝國國教組織，二者實居於不能調和之地位。雖然羅馬帝國對於國內宗教之派別，取寬大之態度，不僅容許各種旁門異教在境內傳道，且將非羅馬國教之諸神，亦奉之於羅馬萬神廟（Panthem) 中，惟當時已發生一種新羅馬國教，其教義乃以崇拜過去之羅馬皇帝爲基礎，考此種國教發生之所由來，最初發源於東部，爾後漸傳播於全帝國，而成爲羅馬帝國之國教。在羅馬帝國之中，舉凡入營宣誓及羅馬司法訴訟程序上所用之宣誓，皆有背乎基督教教義，爲基督徒所不能採用之宣誓。時基督徒莫不自信有應潔身自守，不染塵俗之義務，基督教徒既自信有義務，遂致與舊世界相隔日遠，超然塵世，有時且與帝國之法律與制度常生衝突，冰炭不容。惟其然也，故結果間有迫害基督教徒之事，此迫害教徒之舉，在少數雄才大略之羅馬皇帝治下，尤爲甚焉。

當時基督教徒對於舊社會抨擊之態度，既爲如此，結果所致，不僅引起一般人對於基督徒之妬視，即學者普林尼(Pliny)亦嘗謂基督徒實人類之公敵云。

基督徒在此種環境之下，相互間遂不能不以強密之連繫團結之，以與外力相抗；時每一基督教會已成一同教人士結合極強之團體。於是教會寖假而發達一種教職組織(hierarchic organization)。基督教最初乃於城市中取得一穩固之立足點，至環城以外之郊地，僅爾後因傳教士之力量，始爲基督教所化。城市教會地位較高，對於鄉村之禮拜聚會，有監督及指揮之大權，城市教會中爲首之教士，後來亦變爲主教之地位。帝國各地之主教，隨於教會勢力之日增，終至握有頗無限制之最高政權。當時主教權之最重要者，當推羅馬城中所建立之主教職權，自毋待言。

每一基督教會，自來對於其中教士之生活，即有一定精神上之管理權。任何基督教徒如犯重大罪孽者，非本人公開自認並舉行懺悔，即將之逐出教會。

古代基督教徒中，認爲教徒間所發生之一切爭議，不應訴諸非基督教俗界法院，而應於教會內解決之，蓋以此爲榮譽攸關之問題，或竟爲道義的問題故也。因此，是後將一切爭議概交由一主教仲裁之趨勢，遂日益月增。而羅馬法對於此種仲裁，不僅消極的容認其有適用之餘地，乃至積極加以鼓勵提倡。凡爭議雙方當事人所選定仲裁者，關於問題之是非曲直所下之判定，羅馬法上亦認之爲肯定的最終決定，不容再有爭議。羅馬法上所以承認基督教主教之仲裁判決爲終局判決者，並非因其爲主教身分之故，乃因其爲當事人所選定之仲裁人之資格故也。自教徒之人數增加而後，基督教勢力益大，於是彼基督教徒亦漸爲帝國政府所容忍。

至康士坦丁帝及其繼位者治下，基督教會已經國家正式承認，並在法律上取得合法地位。最初基督教會之地位，尚不過與其他宗教組織之地位相等耳；蓋基督教會之取得此種地位，乃由於當時帝國頒布一法令，確立一般信教自由與一體寬容之原則，故基督教亦從此原則而得自由，獲其地位，是一般解放之結果也。惟至十四世紀中葉，基督教勢力大張，遂成爲羅馬之國教，羅馬帝國之法律，最初尚祇對於背教者加以刑罰，其後，漸至制裁異端邪教，再後，乃進而以嚴刑禁止異教之習俗。最後更變本加厲，乃至籍沒一切異教僧院，或以之轉給基督教，或以之供非宗教之公共目的之用。至基督教所以建爲國教者，實有一極強之政治上的理由。蓋當時基督教已成爲優越之宗教，退一步以言，至少在城市中有此地位，又基督教會前此爲應付環境壓迫之結果，已發達一種極強密之行政組織，與羅馬世界之政治組織，極應吻合。而事實上羅馬帝國將此種宗教組織加以羈縻，使之爲帝國服務，結果帝國自身之權力亦因以大增。是基督教之得成爲羅馬國教者，良非偶然。

在此基督教之羅馬帝國中，皇帝自身即爲教會之首領，皇帝有確認及督察大主教及主教選舉之權，有出席全國教會大會充任主席之權，又對於大會所通過之教令有批准之權。皇帝對於俗界之事務固有無限制之立法大權，但對於教會事務自不能有此大權；關於教義及道德諸問題，其最後決定之權，仍屬於全國教會大會。教會對於會吏(clergy)有懲罰之權，其尤爲重要者，乃教會對於教外俗人之道德與精神生活，其所能行使之管轄權，範圍已日見增大。時定期懺悔之習慣，已益見增長，凡有罪者(sinner)非自白其罪過並依所定之苦行方法懺悔改過不可。如習惡不悛，或雖自白自罪，而不爲苦修悔罪者，是無異使自身與教會相對抗，結果此人必爲教會排斥於禮拜之外，或用最後之手段，施以破門罰(excommunication)，根本剝去其教籍。此種制裁乃精神上道義上之制裁，而非身體上法律上之制裁。雖然，當時之破門罰實屬一種極重之刑罰，蓋破門逐教之意義，不僅指有罪者自此靈魂上將有永遠不能超度得救之虞，且此受破門罰者，永遠排斥於教徒之外，不能再與教徒接觸，而爲一切教徒所不齒。學者梅特蘭（Maitland）氏嘗有言之，破門罰有如同盟絕交（boycott）之現象。是破門罰之眞相，可由此一語道破之矣。至教會對於俗人之精神生活之管轄權，就其嚴格之本義以言，尙非法律上之管轄權，蓋就普通法律以言，除非教會法院所非難之罪過，已達於可認爲構成一種公的犯罪之程度，如背教罪、崇拜異教罪等情形，自當依法律處決者外，其他縱爲教會法院所責難之罪過，法律上尙不至付與一定之效果。

在此基督教帝國之中，主教對於教徒相互間爭議之管轄權，已擴張其範圍，超乎其以前之限度。在紀元後三三三年頃，康士坦丁帝曾頒布一法律，規定如爭議之一造已訴請主教裁判時，則他造非親自到庭，且將繫爭案件交付主教裁判不可（雖屬不願——Etiam si alia Pars refragatur）。此之意義，不外指主教法庭在普通民事案件上已成爲第一審法院，與普通民事法院有競合之審判管轄權。此法律後經訂入狄奧多西法典中，惟終始未編入優士丁尼法典中。

至後期羅馬帝國時代，帝國內部已發生政教之爭，緣中世紀中，政權當局與教權當局之爭，無時或已，爲當時之普遍現象也。考其相爭之跡：在當時羅馬之法制下，基督教士並不能免於普通法院之刑事追訴，即居主教之地位者，亦然。惟是就教會之觀點看來，認爲任何教士以教士之資格，而被拘提至刑事法庭之前，乃極可恥之事，有損教會之尊嚴；因此遂要求被告（指教士爲被告者而言）須先經教會法院審判，若判之結果，如認爲有罪，則剝去其僧服，以示褫奪其教士之資格，然後將之以俗人之資格，移送普通法院審判之。是爲政教相爭之起點。結果，教會之要求多少成功，當時除一部分案件——如對於叛逆罪之追訴外，其他大多數案件中，大都已承認教會之此種預審特權。惟教會法院對於被告所爲之免罪或不罰等處分，仍無礙於普通法院中以後之追訴，是不可不知者。

第二十八節　佛蘭克帝國中之基督教會

在西羅馬帝國傾覆以後所建立之諸條頓王國中，不論何國，只要諸條頓君主仍堅信阿里安派非正宗基督教時，則基督教會與條頓國家必不致發生密切關係，且寧爲二個強力之對立關係，是可斷言也。然至最後，如各條頓王國中所一致發生之現象，當諸條頓君主接受尼僧信條（Nicene creed）並皈依正宗基督教而後，於是國家與教會之關係，完全轉變，實質上與後期羅馬帝國中之情形，已無二致。要而言之，此關係乃一種通力合作之關係，在此種合作關係之中，條頓王國內教會之地位，且較羅馬帝國中教會所佔之地位，更爲重要。

欲了解中世初期教會之地位，吾人必須注意之一點：卽中世初期之教會因負擔新責任之結果，隨而亦已發生種種新權力。當時所加於教會之新責任，在羅馬文化未獲得其立足點之諸地——如德意志、斯坎地那維亞以及薩克森人之英國等處，其任務尤爲重要。何則？蓋在此類野蠻民族之中，教會不外代表古代世界文化之殘餘生命；教會已成爲古代世界文化藉以直接輸入近代世界所必經之橋樑。又教授諸蠻族君主如何使用其權力，亦已爲教士所負擔之工作與責任；教士已成爲諸蠻族諸主之法律顧問與尙書大臣之類，彼輩進言蠻王，教以如何組織政府，並襄助其推行政治。不寧惟是，復因條頓族諸國對於多數今日認爲國家職務之事，所策行者微乎其微，結果，此種種國家職務概由教會越俎代庖。當時以爲國家職務，大部分僅爲對外禦寇，保衛疆土，對內維持治安而已。雖在羅馬帝國之中，關於救貧之職責，大部分亦遺諸基督教會爲之；至條頓民族中，其情形猶然，舉凡慈善事業、教育事業，皆成爲教會之職務。至言基督教會對於一般人道德問題精神生活所行使之管轄權，至此時愈趨重要，何以言之，蓋條頓法律，粗野簡陋，其所遺於精神制裁之範圍，較諸發達程度甚高且極完善之法制如羅馬法者，尤爲廣泛故也。

每一條頓國王，不論爲西哥德王、佛蘭克王或薩克森王，俱爲各該國王中教會之首領，舉凡確認及監督主教之選舉，及出席宗教大會充任主席等，皆屬國王之權。如前所述，西哥德帝國中教會之權要，實際上對於政務已有支配左右之勢力，君主不過徒有名義上之最高權而已。但佛蘭克帝國教會之權要，則無此種大權。在墨羅溫朝諸帝統治之下，教會不僅受君主最高權之支配，服從君主之統治，且實際上已脫離羅馬城最高教庭之支配而獨立。誠然，一般皆承認羅馬教皇乃各基督教王國中之首席主教，又在七世紀教皇權力尙不能順利行使，普及各處以前，法國阿爾斯之主教（Bishop of Arles）往往尙主張渠曾經教皇授權，命其爲教皇之代表，代之使行教皇大權。誠然，國王自身間既常從羅馬教皇處領受聖骨、聖物或其他紀念品一類之賞賜，因此國王亦允許乃至要求教皇對於其國內之主教賞賜袈裟，同時國王關於其國內教會事務，且聽取教皇之意見。由此觀之，是教皇之地位，不可謂不高，教皇之權力，不可謂不大。實則不然，教皇對於教會事務上，並無眞正之最高權，至對於阿爾斯主教之授權，實亦無何等特別重要之意義。良以當時苟不得佛蘭克君主之許可，教皇仍不得干涉佛蘭克之教會。且縱於教會事務上，亦未賦與教皇何種立法權或審判權。時佛蘭克之宗教立法，乃從國王召集或至少經國王授權所舉行之佛蘭克教會大會中所出。且此教會大會之決議，非得國王之批准，不能拘束俗界之權力。國王對於信仰問題，教義問題，固無何明白否認之大權，但對於教會組織之體制問題，則有此特別的否認大權。在信仰與教義方面，佛蘭克之教會確有自由與自治之地位，不受外力之干涉。至涉及有關僧俗二界之混合問題，則國王無須與教會大會合作，可直接以命令行使其獨立之法權。

主教由君主任命之，至少君主之意思通常有最後決定之效力。原則上承認寺院法規則之規定，以主教應由主教管轄區內教士及牧師集會選舉之；不過主教之選舉，須經國王批准確認，始能有效，在經國王批准確認以前，則被選出之主教，尙不能就任此聖職，則通常之情形，乃由國王指定其自己所內定之候選人，故所謂選舉者徒具其形式耳。抑有甚者，國王有時立行任命一主教，甚至連選舉之形式，亦全然棄置不顧。考佛蘭克帝國在宮相當權之下，此種任命主教之事，行之頻繁，亦不以爲異，乃至查理馬特之世，竟有任命教外俗人爲主教之事，顧此雖云怪誕，然亦前世君主濫權干涉教政之流弊所趨也。

如前所述，至喀羅林時代，則情形稍變，不僅佛蘭克治下國家與教會間之合作，更臻密切，且在教皇與諸佛蘭克君主之間，更進一步，且有訂立協約之舉，此舉吾人即稱之爲一種同盟關係，亦無不可。在此同盟之中，國王不僅須抵抗倫巴德強鄰，以保衛教皇，且於撲滅異教，以及於仍奉異教之其他各日耳曼部族之中，強行基督教之崇拜等方面，諸國王所維護及支持教會之功，較前代尤為出力。佛蘭克領域內喀羅林朝諸帝對於維護教會之功，固不為小，然而在他方面，其對於教會所行使之最高支配大權，亦不亞於墨羅並時代諸帝支配教會之權力；且於某些方面，或有過之無不及。如喀羅林時代，皇帝覺對於教會事務，亦行使立法權；此時在宗教大會中，與會教士僅有建議發言權，而無決案權。全國貴族議會開會時，則宗教會議亦不過其中之一部。惟如教會之權要人物，經皇帝特別召集時，此種宗教大會，始繩為一種特別之宗教議會。在普通議會之中，教會之權要人物通常分別作小組討論，不過繼對於教會事務，俗界貴族亦可發表意見。教士所為之決議，與一切佛蘭克議會之議決案同，皆須待君主之批准，始能生效。君王對於教會組織之體制問題，祇憑自己一紙命令，即可行使立法權，無須商得普通議會或宗教大會之同意。至寺院規則對於教外俗人之拘束力，可達如何程度，悉由君主決之。如君主對於此等事務，未有何明白宣示時，則推定該教會之議決案（此即指寺院法規則而言——譯者案），僅有拘束教士之效力。

喀羅林王族前此以宮相資格所已控制之主教任命權，此時因已繼承王位之故，乃正式以國王之資格而把握此任命權。因此王權乃至益張。教士及教區牧師集會選舉主教之事，時已成為例外之現象，一般概由君主任命之。惟在主教管轄經允准有選舉權者，或在經君主命令選舉補缺之處，始有選舉之事，即於此種情形之下，其選舉仍不能免於君主之干涉，君主仍指派巡按使前往監選，又其選舉並須經君主之批准認可，始能有效。如被選出之主教，君主認為尚不滿意，而不與同意時，則君主之處置手段，亦甚簡單，不過另行任命一新主教以代之而已。

當時一般目主教與方丈，乃皇室之官吏，此種主教與方丈之地位，與郡伯同，概置於查理曼帝特派巡按使監督之下。在他方面，主教與方丈之勢力，亦日見增大，主教與方丈得出席議會，且於立法上有建議發言權；主教與方丈得經君主任命為巡按使，故結果對於行政亦發部分之控制作用；又得經君主任命為國王法院之陪審官，故結果亦有影響司法之勢力；又以教會免除特區之發達，教會對於區域內之附庸與佃戶，亦享有第一次審判權，再以有戰事之時，主教及方丈常率領其所轄附庸與佃戶，效命疆場，故對於戰時對於帝國已盡實際勞役：因此種種原因，以致主教與方丈對於帝國內俗界之事務，影響日增。

無論在佛蘭克帝國內，抑在西哥德人或薩克森人中，教會法院在中古後期所行使之獨立且絕對排他的審判權，尚未臻發達。教會惟於必要時，始可取得對於部族法適用之限制耳，特別於婚姻問題及誓契與遺囑問題，教會有限制部族法適用之權。如在婚姻問題上，教會力主必採一夫一妻制，且以永久共同生活爲目的之婚姻，此外關於特許與遺囑方面，教會已取得政府之承認。西班牙在西哥德人統治時，教士向來卽已監督地方司法之執行。英國在薩克森人統治之下，主教常出席郡法院，與郡守並席而坐，參與審判。至佛蘭克帝國，則情形稍有不同，主教出席郡法院（county court）之事實，其初極不常見。惟自查理曼時代而後，佛蘭克之教士遂漸影響於司法之執行，揆厥由來，蓋一方面由於教會巡按使（ecclesiastical missi）之監督權，他方面由於教士有出席中央皇室法院參審之權，有以致之。

佛蘭克之教士與羅馬帝國之教士同，原則上須受普通法院之管轄。但佛蘭克之教會，亦力求取得在本教會法院中審判被告教士之權，如被告經審判後果發現有罪，則由教會法院宣示剝去僧服，以示褫奪其僧籍，然後再移送普通法院，按其俗人之資格而審理之，凡此舉措，與羅馬帝國之教會正復相同。關於教會法院管轄權問題，當時尚引起多少爭議。在墨羅溫時代，教會對於對主教刑事追訴一問題，得貫徹其主張，故凡對主教爲刑事追訴時，君主必先派員調查，以期決定該刑事追訴，是否有充分理由。如調查結果，認爲有充分理由，則該主教須先經教會法院審判，果發現其有罪，則將該主教，黜革其職，然後移送於國王法院判決。苟宗教大會對於該主教諭知無罪而釋放，則爾後不能對之再行追訴。

對於牧師或低級教士，教會雖亦力求取得教會之預審追訴權，但其成功殊鮮。此僧俗二當局關於管轄權之爭，雖在克羅泰二世（Clothair II, 614）時，曾頒行一道法令，以作暫時的解決，惟該法令中，用語既嫌含混模稜，而解釋又復牽強附會，因此其解決方法究屬如何，至今猶爲一大爭論之點。據考證所知，該法令在討論中，確經一再修改。其中就當事人爲準，將牧師及會吏與低級教士分開，以牧師與會吏爲一類，以低級教士爲一類；復就事件之本身爲準，亦分大案件與小案件之別。在大案件中，牧師與會吏先由教會法院審判，但教會法院縱諭知無罪免刑等處分，仍無礙於普通法院之再行追訴。至小案件中，則不問爲牧師抑爲會吏，均可傳於普通法院受審，至一切低於會吏之教士，則於一切案件之中，不問案情之大小輕重，皆可傳至普通法院受審；考此時對於教會惟一之讓步，卽在此種情形之下，應先行通知主教，俾主教得知其情，以便幫助該被告教士行使防禦，以及請求法院減輕其刑。以上所述，乃克羅泰法令中解決此管轄權爭議之辦法。

對於上述所有的規則，尙有完全屬於條頓習慣之例外者，此卽凡教士在「行爲中」當場被捕者，則不適用前述諸規則，槪由普通法院審判。在此種情形之下，卽爲主教之身分者，亦受同等之處遇，視爲其已經自白犯罪。此時該主教一切防禦抗辯之權，槪被剝奪，須直接受普通法院之定罪，無須預經教會黜職之手續。然而，教會當局對此例外之習慣，恆不滿意，始終宣言此種追訴程序乃權力之不當行使。

在喀羅林時代，與墨羅溫時代之情形同。被控之主教須先由宗教大會審判。惟此時之宗教大會，與前代之宗教大會稍有不同，已非一獨立之組織，而成爲國王朝廷之一部，其職司在處理教會事務，是宗教大會之地位與權力，至此皆已變質矣。被告主教須親自至君主及宗教大會之前，聽候審判，宗教大會中所下之判決，則須由君主加以批准。但事實上君主極少不予批准者。至布洛勒氏於其著作中所引以說明君主不受宗教大會判決拘束之惟一案件，亦不過爲一方面由宗教大會判決主教有罪，而他方面君主其後又使之復職，重返主教區就任之情形，但此種情形未必卽爲君主不受宗教大會判決拘束之證明，故布氏之說，尙無確證。

對於所有其他教士之刑事管轄審判權，則仍落於教會之手。被告乃由主教審訊，如審訊結果，認爲無罪，則不受俗界法院之追訴。反是，如有罪，則由主教爲有罪之判決，並移送於俗界法院處刑。

在純粹爲宗教性質之事務上，則教會對於教士有完全之懲罰權，又於信仰及道德等精神生活上之問題，教會對於俗人亦有完全管轄權。在喀羅林時代，教會關於上述種種事務，已得到俗界權力之支助。一般認爲政府之責任乃在保證教會於履行其任務上，必可獲得國家之幫助。試舉一二實例，即可證明。如在主教強制方丈牧師或低級教士服從其指揮時，郡伯當予以協力，且於必要時，君主尚為之助勢。每當主教出巡其管轄區，偵察教士之犯罪及執行刑罰時，郡伯或其代行官亦對於主教予以各種必要之幫助。因此各地郡伯，實即所謂「教會之保姆」，始終偏向於主教之一方，助其壓制異教信徒之習慣。在薩克森尼(Saxony)地方，凡怠忽洗禮(sacrement of baptism)，違背教會齋戒，以及實行火葬，皆處以死刑。

至於維持教會對於俗人之管轄權，以及在促成其未來發展上所至關重要者，乃佛蘭克帝國之中，正同中世歐洲之一般情形然，對於因不服從教會教義，且拒絕苦修懺悔，而為教會處以破門罰者，往往再臨之以拘禁追放等等威脅。換詞以言，即該犯罪者除經教會將之破門逐出而後，國家復對之處以法律上放逐(civil outlawry)之刑。由此觀之，是不外將教會對於精神生活問題上之權力，復轉移於對於犯罪之法律上的管轄權。在行使此種管轄權中，復編有種種專冊，曰「懺悔錄」(Penitentials)，以作為教士審判之南針。在此種懺悔錄中，將罪分為各類，於一類之下，復詳細規定各該苦修之相當方法。至此種懺悔錄何以不應目為法典，其理由之所在，今日誠不易揣測。

昔後期羅馬帝國中，以及五世紀而後新建之諸條頓王國中，教會與國家之合作，原已肇其端，逮乎查理曼時代，二者合作之程度，誠可謂已達其發達之最高頂點。八〇〇年皇帝寶座之重建，即完全出於教會之功勞。八〇〇年之加冕，洵不外代表國家中及教會中所謂基督教王國一統之概念。此一統之觀念，在爾時已具體化為可見之二實體，即由政教二最高領袖以代表之，在國家為皇帝，在教會為教皇。當昔此二大力量之運行，能互相調和，步趨一致之時，其合作對於雙方皆有利，且教會方面，亦必滿意足，無復他求。

迄查理曼晏駕而後，教會之態度，遂始為之一變，漸啓教權無上之野心。緣自查理曼死後，帝國一統之局，已顯見不能維持。在此情勢之下，一統之帝國果不能不趨於瓦解，而教會果不能不成為基督教王國一統之唯一代表，則教會之應更求鞏固其地位，顯有必要。而教會尤非進一步獲得並維持帝國權力之繼承不為功；又值茲無皇帝以保護教會之局面下，則教會尤需維護自身更大之獨立，以免受多數小封建侯主之支配。因此，在當時教會發表之文字中，已見其將教會之權力，逐漸抬高，而放置於俗界權力之上，又教會要求獨立及要求在教皇統治之下，形成其更有力量之組織之呼聲，亦甚囂塵上矣。

初，八二九年佛蘭克諸主教在巴黎宗教大會中，會聯名上書皇帝路易一世，措詞極恭，其中即表露一種教權無上之意思，以爲教會權力所以優越於俗界政權者，蓋君主在宗教方面所爲之一舉一動，必得受教士之批判也。在八三三年政爭中，路易一世不能不曲從諸子之意志，而瓜分帝國，當時教皇已居於仲裁人之地位。是時佛蘭克諸主教已剝奪路易之政權；旋於次年，諸主教復於形式上恢復路易之帝位，是佛蘭克教會於實際上已具左右政治之勢。至教皇尼哥拉一世（Nicholas I）（八五八—八六七年），其擴權之野心，尤爲積極，氏處心積慮，籌劃擴張教皇權力之策。凡擇立新皇登極及加冕諸禮，概由教皇主持之，當時並認其爲建立帝位之合法的方法，至國王之擇立登基及加冕諸禮，亦以此同一意義解釋之。昔查理二世之登位也，即出乎國內諸主教擁立之功，故氏於八五九年即已默認諸主教有權憑藉其共同之判決，得再廢黜其王位。何以見之，如查理二世曾有言曰：「朕憑主教之力，忝登王位，主教乃上帝所臨及上帝所表彰其裁判之寶座也，設無主教之審判，則無論何人自無可廢立或剝奪朕王位之理。」觀乎此，苟從反面言之，則主教之判決自有廢黜其王位之力，明矣。

由於上述此種種傾向之結果，於是皇室對於教會事務之立法權，因而大受限制。教皇尼哥拉一世力主寺院法則有優先於帝國法律及命令適用之效。而查理二世一面雖要求在俗界事務上皇帝有最高立法權，但同時於他方面，復不能不承認教皇在教會事務上有最高立法權。

此際佛蘭克之宗教大會，乃漸漸脫離皇帝之支配，轉而益依附於教皇。緣自路易一世之後，教皇已進而要求召集佛蘭克宗教大會之權，迨至教皇尼哥拉一世，且更進一步，要求所有宗教大會之議決，須經教皇之批准，始能有效。

顧此期中，教會對於主教選舉中被選主教須經皇室批准一點，雖無所爭，但此時教會已取得由主教區內教士自由選舉主教之權利，是教會之成功與收穫，實不爲小。此外教會宗教大會，在舉行黜革主教之程序上，亦已脫離國王之影響，不因皇室之力而左右之，而完全受教皇之控制。

凡此種種新趨勢，於當時有名之二僞教令集中，可一一顯見之。考此二著名之僞教令集，係出現於第九世紀中葉，卽所謂僞伊西多林拉集（Pseudo Isidoriana）與僞本尼狄克特集（False Benedict）者是。僞伊西多林拉集乃就寺院法範圍內，杜撰不少僞教令。原來在六世紀中西班牙國內已編行一部重要之教令集，其中所搜集之材料爲宗教大會之教令及教皇之教令。近代史家稱此教令集曰希斯帕拉（Hispana）。在後世所見此教令集之原稿中，其篇首已有一篇序文，而在七世紀中逝世之西班牙百科全書派學者伊西多（Isidore）之論文集中，亦見一篇與此完全相同之序文。因此後世遂推定此全部教令集之編纂，乃出於伊氏之手，自後乃稱此教令集曰伊西多林拉集。在八四八年至八五三年間，此教令集復有一新版出現，其中所包含之僞造新教令，約九十種之多，各新教令所註明之年代，皆不出一世紀末至四世紀末葉間各年號。然就原西班牙教令集中所包含之教令而言，卽其最早之教令所註年代，乃自四世紀末葉始。此僞造新教令文句極爲精巧，此種種文句並非杜撰，係取諸眞正教令、宗教大會決議、教父著作、亞拉里羅馬法撮要以及佛蘭克帝國法令等僧俗二界之材料而成。至僞造者達成其目的之方法，多般爲摭取原文中之一二句，而捨棄其上下文，惟於必要時，則改變原文之字句。考此種僞造法令之一般目的，不外欲使教會之權力能優越於俗界君主之政權。至他一較爲特別之目的，卽在犧牲德意志及高盧二地大主教之勢力，以提高教皇之權威。至其達成此特別目的之方法，乃於教令集中僞造種種僞教令，以主教對於大主教之命令與判決不服時，有上訴於教皇之權。

約當此期前後，復有一種佛蘭克皇室法令集出，其中大部份俱係僞造。其情形與前述僞教令集同，凡僞造之部分與古代眞正之法令，尙係相互牽連。此僞法令集乃以八二七年安西基修（Ansegisus）所編法令集爲藍本，其表面上之目的，亦不過使之成爲安編法令集之一增訂本而已。惟在該新編法令集之序言中，竟謂此次編訂係出於某本尼狄克特教徒（Benedictus Levita）——卽會吏本尼狄克特（Benedict the Deacon）之手。夫本尼狄克特其人者，顯然一想像中之虛擬人物耳。此僞法令在編纂上正同僞伊西多林並集中之僞造法令然，其中所包含之文句，皆可追溯至眞正材料：如狄奥多修法典、亞拉利羅馬法撮要、西哥德法、巴維利亞法、眞正寺院法與教令，以及懺悔錄，教父著作與聖經等。又其僞法令文句，亦與原文之上下分開，用字亦有改變。至此僞造之目的，亦不外欲使教會之權力能超乎俗界政權之上，且爲教會奠定一爭取更大獨立之基礎。

以前對於此二僞集，無不信以爲眞。誠然，事實上固不能證明此種種僞造新法令，當教皇利奧九世（Leo IX）以前，在羅馬本城中曾經有引用之事實。考利奧九世殁於一〇五四年，其受任爲教皇以前，乃部爾(Toul)城之主教。但在八五三年所舉行之一佛蘭克教會大會中，確曾經引用過一僞法令。又在八五八年之一佛蘭克宗教大會中，亦曾引用一僞法令。自後不久，禿頭查理(Charles the Bald)常參照引用本尼狄克特所編前代諸帝之法律，是其對於本尼狄克特法令集之眞實性，顯然已確信不疑矣。

第二十九節　中世後期之寺院法權與寺院法

教權之伸張與一統，昔因羅馬城內部之紛爭，雖遲遲未克成功，然至十一、十二世紀頃，此理想已完全實現之矣。在中世後期中，基督教會實際上已成爲一世界國家。常見在各基督教國家及多數爲教會君侯所治理之區域內，教會已行使其直接之領土主權(territorial sovereignty)。至歐洲其餘部分，教會亦已組織爲一國家之形式，惟此國家係存於政治國家之中，此教會國家得行使立法司法二大權，所缺者惟政權一要素耳，換言之，卽無直接強行其命令之權。然而教會所能行使之種種大權，大部分尙須賴俗界政權之作用爲之強制執行，始能完滿實現者也，如受教會施以破門逐教者，在法律上卽成爲放逐法外之人，是其一例。

同時，教會所有之財政收入，亦頗不小，又藉俗界政權之協助，復可行使徵稅權，如徵收什一稅是。

教會之行政組織，遠較大陸任何國家之行政組織爲完善健全。當時教會之行政組織，已日趨集權化，立於此組織健全之僧侶政治的最高頂點者，爲一教皇。教會組織中除專司靈魂超度之普通牧師外，且保有寺院軍隊，寺院軍乃從高級教士中擇選編成，直轄於教皇。此寺院僧團中之一部分，如寺院騎士者，直等於教會之一種常備軍。

當時教會主教中，已成爲握有政治大權之大地主者（至少可謂其隱有之實力，與政治大權殆相去無幾），爲數確已不少，顧此種事實固爲增加教會力量之一因素，然同時亦不失爲教會之一大危機。在中世歐洲各地，分化之勢力風靡一時，中世國家無不受其波及，故教會爲免受此分化勢力之餘波，而期維護自身之集權統一計，自不能不反對此力之擴大。

爾時教會之政策，乃在剝奪國王及諸侯任命教職之權，以期教會之權要得免於一切俗界權力之支配。因此，遂於「敍爵」(investiture)一問題上，引起大紛爭。結果，教會於此問題上僅有部分之成功。此外，教會爲使全體教士完全超脫塵俗之利益與權位之慾，復施用他一方法，其法乃強制教士之獨身生活。教士之獨生生活，雖尙爲教士所樂於接受，但在格雷哥里七世(Gregory VII)以前（一〇七三—一〇八〇年），對於獨生生活之要求，亦非毫無條件而強制者也。教會此種政策之成功，就其結果而言，適足以補償教會於敍爵問題爭議上部分之失敗而有餘。何以見之？蓋一主教縱得君主之賜祿，而領有其土地，乃至由君主任命其爲主教，惟此主教如必與其餘教士同，與普通社會遙相隔絕，超然塵俗物慾名利之外，則結果此主教終必忠於教會之利益，概可斷言。此外尙有應注意者：在新教徒宗教大改革(Protestant Reformation)而後，普魯士條頓騎士團之大統帥，已皈依新教，未幾此大統帥已正式舉行結婚，且將其騎士團之祿地改建爲一世襲公國，在昔教會苦心籌劃之種種政策與方略，至此遇當頭之一棒。

中世後期教會法院所行使之管轄權，範圍極廣。教會不僅有一般排除普通俗界法院管轄教士之權，且進而擴充教會自身之法權，及於教外俗人。中世國家政權分化之勢，大有促成教會擴充法權目的之發展。何以言之？蓋在此種地方割據之下，君主每懾於諸大諸侯之潛勢，故在此大諸侯領地內之教會，取得君主批准其行使法權，自屬輕而易舉之事；而他方面各地方大諸侯對於教會之要求君主，准其在皇室直轄領地內行使此同一法權，自無有不樂於贊助者。時教會之要求大部分已趨實現，舉其要者而言，有如下之數端：凡教會之執事（clerk）犯罪時，不應由俗界之法院管轄審判，雖其人經教會法院審判定罪，黜革教職後，得交付俗界當局執行刑罰。對於教會執事所提起之民事訴訟，須向教會法院爲之；教會執事對於俗人所提起之訴訟，在俗界法院中未得其公平解決者，教會法院仍應管轄審判之；又有上述同樣之情形者（即在俗界法院中未得公平解決者），教會對於孤寡以及一般無自救力者之訴訟，亦應處理之。一般又公認教會對於寺祿與什一稅以及教會其他不動產財產權，應有管轄權，其中尤以對於聖職買賣（simony）或寺祿買賣（sale of an ecclesiastical benefice）之管轄權，更爲重要，良以此種買賣之標的不僅包含教會之財產權，且教職買賣之本身即爲一種罪惡故也。

從此同一觀點出發，換言之，即從管轄犯罪之觀點出發，教會復承認背教（apostasy）、崇拜異教（heresy）、別立教派（schism）、妖術（sorcery）、巫術（witchcraft）、及褻瀆聖物（sacrilege）等爲特別之宗教犯罪。至褻瀆聖物罪，解釋上極爲廣泛，舉凡對於牧師身體之加害，對於神廟或聖地內任何人之加害，以及盜取專供宗教目的而用之物品等，皆屬褻瀆聖物罪之行爲。

復從此管轄犯罪之同一觀點出發，教會又認親屬相姦罪（incest）、通姦罪（adultery）、重婚罪（bigamy）、違背貞操罪（incontinence）、及媒淫罪（procuration）等罪名。同時對於度量衡及貨幣之僞造變造，文書之僞造，毀謗及損害他人名譽信用與僞證等行爲，亦認爲犯罪；此所謂僞證（perjury）者，不僅指宣誓後所爲之虛僞證言，且包含不履行宣誓或具結之情形在內；教會復禁止重利行爲，中世紀所謂重利（usury）者，乃泛指一切使用金錢收取任何利息之情形而言。

教會對於具結宣誓及重利盤剝，既有管轄之權，故結果對於契約亦因之而發生極大之管轄權。凡契約之要約人（promisor）已宣誓其必履行債務時，縱依俗界之法律其債務爲無效或可得撤銷，但爲要約人靈魂上之利益，債務人仍非履行其債務不可；又縱在要約人未明白宣誓，而僅以個人之信用作抵時，教會之態度仍與前述者同。緣中世紀以信用作抵之舉，顯然包含一種靈魂上之意義而言：所謂以一人之信用作抵者，無異謂使債權人對於該債務人靈魂上將來可以得救之希望，發生一種留置權(lien)；此之意義，顯然指以一人之靈魂作抵而言，因此，一般以為縱令債權人不能剝除此抵押品之取贖權，然而魔鬼終不致對之輕易放過，無疑的必剝除此取贖權。至交易成後，雙方握手以拘束交易之習慣，在原始法中大概指債權人，因此對於債權人之身體已發生留置權之義，然至此時，顯然已非古代之意義，而係代表一種信用抵押之象徵。一般言之，有信用抵押或經宣誓之債務，以後固非履行不可，但該契約中如包含有不法行為之情事時，則情形頗為複雜，不能一律而論。在此種情形之下，要約人得免於履行其宣誓之債務，惟如該契約並非特別之不法，而僅因輕率不審慎而為之者，則要約人仍不能免於其履行之責。然在當時一般認為輕易使人背棄其宣誓之辦法，良非得策，往昔曾有一案，其事實為一人曾宣誓：願附加利息償還其債務，亞力山大三世判曰：該債務人既宣誓於前，故其利息仍非償還不可，惟取利為教會所嚴禁，故債務人交付利息後，債權人不能自己收受，教會當局非使之委棄不可。此判決中僅云應委棄利息，並未說明此利息究應歸屬於何人。不過，設此利息仍返於債務者之手，此時自難認為債務者已眞正履行其誓言。因此，在當時判決之本意中，大概以此項利息惟一妥當之歸屬，應為教會(Chap. 6, X, Book 2, Title 24)。

在前述多數情形中，教會並無排他性之專屬管轄權，究不過與普通法院管轄權相競合之管轄權而已。蓋教會所處罰之多數道德上的罪惡(sins)，同時即為法律上之犯罪，故普通法院亦有管轄之權。

在教會管轄權範圍內最重要且爭辯極少者，厥唯教會在婚姻案件中所行使之管轄權。其所根據之理由，乃以結婚屬於宣誓聖禮(sacrament)之一，故婚姻事件由教會管轄，寧屬當然。緣最初並不以結婚為必由牧師主持之一種聖禮，當時不過是雙方當事人憑藉其婚姻合同，彼此互相執行之一種宣誓聖禮。在十六世紀武蘭特宗教大會(The Council of Trent)以前，結婚之宗教儀式，尚非婚姻關係有效成立之要件。仍如羅馬民法之規定，婚姻關係之成立，以男女雙方之同意為要件；至同意年齡，男為十四歲，女為十二歲，此與羅馬民法之規定，亦復相同。在羅馬民法中，復不問當事人之年齡如何，家父（pater familias）之同意，乃結婚之必要條件，在有監護之情形，則被監護人之結婚，亦以有監護人之同意為必要。然在寺院法中，則不然，結婚無須父母或監護人之同意。其尤為重要者，苟認為雙方當事人已有同意時，則縱為無證人或牧師到場之秘密結婚（private marriage），亦完全有效。但當時習慣上往往將準備結婚之事實，在一個或數個本地之教會（proper church or churches）公告之，此習慣與古代應在教會中舉行訂婚宣誓或為同意表示，並應由教會祝福及臨祭壇祀神之習慣，大致相同；不過，在忒蘭特宗教大會以前，即當事人未遵守此儀式時，固應受教會之非難；且有罰以苦修之可能，然而，婚姻關係仍為有效成立。由於秘密結婚——尤其未成年人結婚所引起之弊害，層出不窮，故忒蘭特宗教大會乃議決一原則，以一切結婚須與教會合作，應舉行婚姻宣誓。

寺院法中嘗列舉種種嚴格阻卻婚姻之原因。其中有稱為阻卻婚姻成立之原因(impeding unpediment)者，其最重要之效果，乃教會得根據此原因，拒絕與之合作，換言之，即教會拒絕與之主持婚禮，不過，在宗教婚姻尚未成為強制婚姻之際，此種原因實際上仍無影響於婚姻之效力。此原因之最重要者，乃當事人之一方以前曾與第三人有訂婚之事實。

至絕對阻卻婚姻之原因（fatal impediment），乃指使婚姻無效或構成可得宣告撤銷婚姻之理由等而言，此種阻卻原因，約有數端：（一）無有效之同意者。此或由於未成年人，或精神病，或欺詐，或錯誤等原因。人之錯誤，自屬重大之錯誤，惟在中世紀中，除人的錯誤之外，一般尚認為關於一人社會地位之錯誤，亦屬重大之錯誤，如誤農奴為自由人，或誤平民為貴族，尤以錯誤係因虛偽的意思表示（misrepresentation）所引起者，俱屬足以構成撤消婚姻之理由。（二）婚姻亦得根據不能人道（impotente）之理由而撤消之。（三）重婚自屬可得撤銷之例。（四）當事人之一方以前曾宣誓永抱獨身主義者。（五）宗教信仰不同者。然而宗教信仰不同之一點，僅以當事人之一方從未受基督教之洗禮為足，即可構成重大之撤銷原因。

同時，教會更以深識遠見，禁止親屬相婚（marriage based on consanquinity or affinity）。在一二一五

年以前，凡七親等以內之旁系血親(consanguinity)，皆禁止結婚，惟至教皇印洛森三世(Innocent III)時代，關於旁系血親相婚之禁止，已縮小其範圍，僅限於四親等以內之旁系血親，不能結婚；換言之，即再從堂(或表)兄弟姊妹(third cousin)以內，不能結婚。至於姻親(affinity)間，亦禁止結婚。在一二一五年以前，亦以七親等以內之旁系姻親不能結婚。惟自後亦縮小其禁止範圍，僅限於四親等內之旁系姻親不得結婚耳。又在一二一五年以前，凡旁系從姻親(secondary affinity, secundi ordinia)間，(註)亦不能結婚，但親等較遠者，不在此限。至與此相對者，則為主姻親或稱普通姻親(primary or ordinary affinity)，此乃指由於婚姻之結果，一方當事人與他方當事人之血親間所發生之親屬關係而言，羅馬民法上僅認此一種姻親關係，自一二一五年而後，一般法律亦僅認此一種姻親關係，從姻親間已不認為有親屬關係矣。

除此而外，教會復承認由於共同參加聖禮所構成之宗教上的姻親關係(spiritual affinity)。凡參與洗禮之證人(sponsors)與受洗者之間，即構成宗教上之姻親關係。

最後尚有一種由於苟合(illicit connection)所發生之所謂事實上的姻親關係，(carnal affinity——譯者按：此種姻親關係乃由於男女非法苟合之結果，按原文直譯應為「肉慾的姻親關係」，但此種譯名頗覺刺耳，不如譯為「事實上的姻親關係」，以與前述種種法律上的正當姻親關係相對稱，較為允當。)在此種事實婚姻關係之中，一方與他方之血親間亦不能結婚。

關於根據血親或姻親關係上所生種種阻卻婚姻之原因，已如上述，在此種種阻卻原因之中，亦有可取得特恕(dispensation)而排除其阻卻性者，不過在未取得此種特恕時，則合乎此阻卻原因之婚姻，即為無效之婚姻。惟婚姻之無效及其撤銷，僅以其阻卻之原因於結婚前或結婚時已存在者為限，至根據結婚後所發生之理由而請求離婚者，則所不許。但於不消滅婚姻關係(vinculum matrimonii)之限度內請求別居，仍在許可之例，

(註)從姻親者乃指配偶一方之血親與他方血親間之親屬關係也。如以法律文句表示，即指「血親之配偶之血親」而言。近代各國法律皆不認此種姻親關係，我民法亦然(中國民法九百六十九條參照)——譯者。

此處所謂不消滅婚姻關係者，乃指當事人雙方在生存期間內皆無再婚之可能而言；至於允許別居(separation)，教會所採取之政策頗爲寬大放任。

在中世紀中，尤其在中世初期，阻卻婚姻之原因既如此之多，而禁止相婚之親等又如是之廣，因而解釋上亦有種種之不同。在宗教大改革之時，新教徒所給與之解釋，頗爲簡明。彼輩謂雖然教會否認離婚，然而可據以撤銷婚姻之原因，種類繁多，故仍然極易使婚姻關係歸於消滅，結果，終因此產生再婚之權，是實質上仍歸於與離婚同一之效果。又謂教會禁止親屬結婚之整個的制度，顯然不外增加教會收入之一淵源。何則？蓋當時在禁止之例之親屬，祇須向教會輸納一筆款項，則照例可取得教會之特恕，准其結婚；又提起請求撤銷之訴時，起訴者對教會律師須支付手續費 (fees)，對教會法院須繳納訟費 (costs)。

竊以此種財政上之理由，對於以前業經建立之制度雖不無可以特別支持之處，但不必卽足以解釋此制度之起源。如布洛勒氏，新教徒也，卽不陷於此流俗之論。據氏之解釋：自中世初期土地私有權極度發達而後，日耳曼人漸不願允許親屬團體以外之婚姻。又古代之村落，最初大半由親屬團體所組成，故結果遂產生一種不良的傾向，自然而然趨於種族繁殖或同族結婚(endogamy) 之一途。加以全中世紀時代，各地交通極爲困難，故除教會而外，各村之人民必繼續維持其村落內部之結婚或與其鄰村間之結婚，此亦事勢之所必然。惟其後一以根據血親關係阻卻婚姻之原因，範圍既廣，復以姻親之形式，又不一而足，同族結婚之趨勢遂大受阻礙，於是青年男子勢不能不於村落之外尋求妻子，而青年女子亦勢必於村落之外尋覓丈夫不可。因此，同族結婚之制遂演變爲異族結婚 (exogamy) 之制。

在寺院婚姻法之發達中，顯然可見有羅馬觀念與日耳曼觀念相衝突之處，亦有二觀念相調和之處。如羅馬法中以訂婚 (sponsalia) 乃一種單純之合意 (agreement)，尙不能稱爲契約 (contract)，蓋羅馬法中對於婚約不履行者，不能請求損害賠償故也。他方面，條頓法中訂婚契約，卽構成初步之結婚 (inchoate marrige)，以結婚爲須經訂婚，過門 (delivery of the bride) 及同居 (cohabitation) 三步驟之一程序，故訂婚屬於婚姻契約之一部。在當時寺院之婚姻法中，皆多少承認此二種觀念而調和之；時有二原則：其一以婚姻預約（pre-contract）雖最後並未目爲可使結婚無效或可得撤銷之必至的阻卻原因，但有時仍不失爲阻卻結婚原因之一（即因此教令，得對於婚姻當事人拒絕參與婚禮）；其二以訂婚後即行同居者，仍構成合法之有效婚姻。此外在十二世紀高盧教會中，已發動一種主要對於羅馬觀念之反動。在日耳曼觀念支配之下，sponsalia（訂婚）一詞，以前乃混指訂婚與結婚時同意語詞之交換而言。反觀羅馬之觀念，則不然，可見 verba de future（對將來拘束之語——如 accipiam）與 verba de praesenti（對現在拘束之語——accipio）之間，有極嚴格之區別。僅使用拘束將來事物之語詞，尙非初步之結婚。至以訂婚後之同居有合法正式結婚之效力一旣成原則，此時在寺院法中雖未加以廢棄，然而在解釋上，則推定同居當時已有現在之同意（present consent），且以此假定有絕對效力，不容舉反證推翻之。又在寺院法原則之中，或可發現他一條頓觀念之蹤跡，即寺院法中規定：凡由 verba de praesenti 所外立之婚姻，如尙未正式完婚時，仍可由特恕或當事人一造舉行獨身生活之宣誓，而解消其婚姻契約。

教會旣對於婚姻事件有管轄權，故結果對於子女認領（legitimacy）之問題，亦隨之發生管轄權。教會採慈愛之羅馬法原則，以非婚生子女因生父與生母嗣後結婚者，即當然視爲婚生子女，取得其合法之地位。不寧惟是，教會且大爲擴張此原則之適用範圍。緣羅馬民法中，此原則僅適用於「自然」（natural）子女之認領，所謂「自然」子女者，乃指長期結合中所生之子女而言，如妾所生之子女，亦屬之。但不適用於 spurii（無婚姻關係所生之姦生子女）。然而教會則將此原則大加擴充，除有配偶與人通姦或親屬相姦所生之子女外，適用於一切非婚生子女，但無論何種情形，恆以結婚當時夫正式承認妻所生子女爲自己子女者爲限。教會復建立他一人道之規則，凡婚姻關係經撤銷時，其子女不必即因之降爲私生子女之身分。如被撤銷婚姻關係之當事人，有一方之行爲爲善意無過失者——即有一方爲不知有阻卻婚姻之原因或結婚有瑕疵者，則子女仍視爲婚生子女。

如前所述，教會對於此種種親屬法上問題之管轄權，係以結婚爲聖禮之理論作其根據者也。而教會自身實際上復舉行結婚登記與洗禮登記，故教會在行使此婚姻事件管轄權上所得之於此兩種登記之助益，委實不少。教會既對於婚姻事件有管轄之權，隨而對於婚姻財產關係，亦發生多少控制之力，不過一般言之，婚姻財產關係仍受地方習慣之規律。但在歐洲許多國家中，尤其在英國方面，教會除管理遺囑檢認(probate)及遺囑執行(execution of testaments)外，並亦管理無遺囑遺產之分配問題。

在以上最後所述之種種問題中——換言之，即關於婚姻財產問題，遺囑及無遺囑遺產分配等問題，教會之管轄權大部分僅限於動產之範圍，蓋不動產之土地仍一律受封建法之支配故也。緣自封建領地制度成立而後，關於土地之處分，即不能以遺囑爲之，土地之繼承概依封建法決定之。因此，在婚姻關係上所影響於土地之處分者，亦受此封建制度之支配。

關於子女認領問題，在歐洲許多國家之中，教會理論與封建理論常相衝突。貴族與騎士一般否認事後結婚當然認領之原則。所以英國諸男爵會針對此點，在墨頓(Merton)城發表一有名之宣言，其中有言曰：「吾人決不願輕易變更我英國之法律」。是寺院思想之不容於封建勢力，可見一斑。誠如學者梅特蘭之所云，其結果所至，一子女就其對於動產之繼承權一點言，固以之視爲婚生子女，惟就其對於不動產之繼承權一點言，則仍未可即認爲婚生子女，因而遂有同一人而兼有二種正相反身分之怪現象矣。在大陸多數國家之中，亦有與此相同之差別。有時復可見城市法與寺院法亦互立於反對之地位，當時各同業公會(guilds)不僅不承認私生子之地位，且不承認私生子可由其生父母事後結婚而當然認領爲婚生子女之辦法。

中世教會中復發達一種法院之制度，以行使其廣大之管轄權，教會法院之制度極爲完全，遠較當時大陸各國之法院制度爲優。其正當之第一審法院，爲主教法庭。主教或主教命以代行其審判權之教士(此種授權行爲通稱爲sub-rogatio)，曰「寺院裁判官」(ordinary judge)，或簡稱之曰「the ordinary」。此外尙有下級法院，如副主教(archdeacon)之法庭，副主教法庭行使小事件管轄權(petty jurisdiction)。然而此種小事件管轄權較諸高級法院之普通管轄權，更深入普通人民生活之中，與人民之關係益爲密切。自不待言，吾人今日之警察法庭，其情形卽爲如此。在多數情形之下，爲期與封建之理論趨於一致，故教會法院制度之中，亦有所謂主教管轄區內之免除特權區別。如中央寺院牧師團(cathedral chapter)，大修道院(abbey)，皇宮禮拜堂(the chapel royal)等皆可有自身獨立之法院，行使普通管轄權，排除主教法庭(episcopal court)之管轄。對於上述各特權區法院之判決不服，與對於主教法庭判決之不服同，皆可上訴於羅馬教皇，至對於教皇法庭，則不能有地方免除特權之存在，故教皇法庭乃一切教會法院之共同的最高法院。

羅馬城之最高教會法院不僅審判一切上訴案件，且與羅馬帝國最高法院同，尙有其自身固有之管轄權，不過此種管轄權，並非教皇法庭之專屬管轄權，而係於一切案件中與普通下級法院所兼有者。教皇乃所有基督教王國之「共同審判官」(universal ordinary)，對於第一審法院判決不服者，皆可上訴於教皇，教皇亦與羅馬皇帝然，對於此等上訴案件，極少親自審理，換言之，卽在羅馬城最高法院中，極少有審理此類上訴案件之機會；蓋教皇對於上訴案件照例皆授權當地寺院裁判官判決，或派特別教庭代表(special legate)前往判決。又教皇亦如羅馬皇帝然，如上訴案件中事實部分已明白陳述者，每用訓令將原案發還，於訓令中指示其應適用之法律，令原審法院據此判決。無論在羅馬帝國中，抑在中世教會中，凡對於適用於案情之法律有疑義時，往往皆直接訴諸中央管轄權，以資解決，又在羅馬帝國或中世教會中，將原案發還下級法院之訓令，卽不外代表中央最高法院對於本案事實所下之一判決。在羅馬帝國中根據上訴人請求所發下訓令，曰上諭(rescript)。在教會中則稱此訓令曰教令(decretal)，教皇之教令有普通命令之性質，故在規定教會行政或教會懲罰時，亦可頒布教令，此時所頒布之教令，卽成爲寺院公法(public canon law)之一淵源。至前述之二種教令，卽教皇在私權爭議上，根據直接申訴所發之訓令，以及對於上訴案件指定應適用何項法律之訓令，乃構成寺院私法主要淵源之一。在教會之理論上，以爲在案件審判前所爲之判決，僅當本案審判中發現該判決所根據之事實與所陳述之事實完全相同時，則該判決始能對本案適用，但於法律發達之目的上，則此種判決與上訴中所下之判決，實有同等之價值。又在教會理論中，一判決中所確立之法律，僅對於本案適用，但如一判決其後歷經贊成並援用時，則認為此判決已有最高之權威。

教會法院之司法程序，係完全模倣後期羅馬帝國法院之程序。在刑事案件中，裁判官或根據告訴 (accusation) 或根據告發 (infermation)，均可開始審判程序。在所有案件中，皆由裁判官親自訊問、調查證據及制作判決。在日耳曼人領域內諸教會法院之中，昔常採用中世初期條頓民族之證據方法——即宣誓法，誓證法及各種神判法，惟至十三世紀中，稍近合理之證據方法的採用，始漸趨普遍。刑事案件中，教會之司法程序乃採糾問主義之程序。所謂糾問主義之程序者，乃法院根據特別告發或共同報告而開始偵查之程序也。今日吾人稱糾問一詞，即聯想到一種專事搜求被告罪咎為目的之程序，恆目之為一種不公平之程序。緣糾問程序創始之初，制非不善，惟至中世末葉糾問程序落沒時代，始流弊滋生，寖假而成為不公平之程序，壓迫人民之工具矣。如一二〇〇年左右印洛森三世所確立之規則，即規定被告須親自到案，並將該偕同證人對之起訴之原告姓名及其證物，告知被告，藉使被告得就原告對於自己所為攻擊，提出防禦，在被告防禦原告之攻擊時，並許其得傳喚或提出有利於己之證人或證物。由此可知糾問程序其初並非以壓迫被告為主之程序。惟當使用糾問程序以壓迫異教徒為主要目的時，則情形不同，此時漸至准許對被告得使用拷問刑訊，又對被告為不利舉證證人之姓名，亦不告知被告。此誠如近代一新佛蘭西派修道士 (Franciscan monk) 某氏之所云，在此種糾問程序之下，即使徒彼得 (Peter) 與保羅(Paul)，亦將不能逃乎異教之罪。是後來糾問主義之黑暗專橫，實可想見一斑矣。

教會法院之民事程序，由於當庭之直接言詞證據大部分代之以書面證據，復由於採用書面起訴之結果，終至手續日繁，進行日緩。尤以重要案件在上訴中所移送之申辯及證據更多，結果，程序之進行益流於遲滯，故一重要案件每至遷延時日，不能收迅速了結之效。

至寺院法一般所公認之淵源，概有后列諸端：

(一)新約全書(The New Testament)。至舊約(Old Testament)僅就其包含關於倫理的根本原則之部分，始認爲寺院法之淵源。

(二)使徒教律(Teachings of the Apostles, Didaskalia Apostolon)。使徒教律一書始刊於三世紀西里亞(Syria)。其中包含倫理，禮拜及少數法律等規則。

(三)使徒約章(Constitution of the Apostles)。此約章之制定，亦可溯源於四世紀之西里亞。其中所包含者，係使徒教律與教會大會議決案之摘錄。

(四)宗教大會之教令。在四世紀及五世紀中所舉行之地方及全國宗教大會，不計其數，故宗教大會中所議決發布之重要教令，爲數亦夥。此種教令與前述各種寺院法之淵源同，概以希臘文寫成。至最初希臘文之教令集，至今概已失傳。

(五)五世紀中，所見宗教大會教令之拉丁翻譯本及教令集，爲數不少。其最重要者，厥維五世紀末羅馬修道士狄奧尼修(Dionysus)所編之教令集。其中所包含者不僅有宗教大會之教令，且有使徒教律之拉丁譯文。約在五〇〇年頃，狄氏復編有一部教皇教令集，其中所註年代最早之教令，爲四世紀末之教令。狄氏所編各教令集，流佈甚廣，通行於西歐各國。

(六)前已言之，在六世紀西班牙內已有一種重要教令集之編行，曰伊西多林那教令集；雖然，伊西多氏與此教令集原來之第一次編纂，誠屬風馬牛毫不相關者也。又如前述，九世紀中葉法蘭西所編之種種僞教令，後來亦經編入所謂伊西多林那教令集中。而教會當局甚且對此種種僞教令，信以爲眞，結果，此僞教令亦因以成爲寺院法之一淵源。

當十一世紀之中，意大利各大學中對於優帝法典之研究，又臻復活，極一時之盛況；又在十二世紀中，意大利各大法律學院如雨後春筍，極爲發達，萬千學子紛紛從歐洲各國負笈來此，爭相習律，自此而後，寺院法遂成爲大學教程中之一必修科目。時專門致力於羅馬法之研究者，稱爲「法律家」(legists)或「民法學家」

(civilians)，稱專門致力於寺院法之研究者，曰「教令學家」(decretalists) 和「寺院法學者」(canonists)；法律學院對於彼輩學者，分別授與民法博士，寺院法博士或兩科法學博士 (Doctor of Both Laws, J. U. D.) 等學位。

由於當時各大學中對於寺院法作系統的研究，結果遂產生不少專門論著及註釋一類之著作。十二世紀之初，卽有一部寺院法大法典之編纂，無論在研究寺院法方面，抑在適用寺院法方面，此部寺院法典已成爲風靡當時之著作，起而代替前此所有教令集之地位矣。此卽格雷田 (Gratian) 氏所編之「歷代教律提要」(Concordance of Discordant Canons)，通稱之曰格雷田教令輯要 (Gratian's Decretum)。此集係於一一三九年至一一四二年間編輯而成，肇近代法律彙編（或稱法典—— digest）之先聲。格氏此集之特點，乃氏不照錄原條文，而將寺院法之主要規則及教律，一一用自造之文句記述之，並於每一寺院法規則之下，遍引聖經 (Holywrit)，教會大會決議教令及教皇教令註釋之。如前所述，教皇之教令太半係羅馬城最高教會法院之判決，格氏之教令彙編亦大部分集此種性質之教令而編成。因此，氏之著作又可稱爲一部教會成文法與判例法合編。時所有各基督教王國無不以格氏之作奉爲金科玉律。嚴格言之，氏所編之寺院律例，尙不過一種資料而已，至正式法律規定，仍非從格氏所引諸權威資料中求之不可。惟就實際上觀之，一般自來卽已公認格氏之作爲正式法律之記述。

至爾後關於寺院法之種種編纂，皆不過對格雷田教令集之補遺或增訂而已。惟自格雷田時代而後之百餘年中，乃羅馬教庭判決使寺院法極度加速發展之時代。在此期中，對於一一三九年以後所頒行之教皇教令，雖有種種私人所編教令集之刊行，然而此私人所編教令集均爲教皇格雷哥里九世 (Gregory IX) 治下所編之官刊教令集所取而代之，此官刊教令集係於一二三四年刊行。此官刊教令集內分五編：第一篇規定教會法院及其管轄權，第二篇訴訟程序，第三篇教士之義務與特權，第四篇婚姻法，第五篇刑法。自後各種教令集之編纂，俱採此種編制方法。此教令集之標題，均按韻脚綜爲五項，曰 judex, judicium, clerus, connubia 及 crimen。擧要鈞元，極爲醒目。

自此教令集刊行而後，就其後所頒布之教令，復繼起有三種官刊教令集之編纂：其一爲一二九八年教皇蓬尼腓斯八世（Boniface VIII）時所編者，通稱爲 Liber Sextus，其二爲一三一七年所編者，其中所包含者爲教皇克里蒙五世（Clement V）（皇歿於一三一四年）之教令，此教令集稱爲克里蒙教令集（Clementinae）；其三爲一五八二年教皇格雷哥里八世（Gregory VIII）時所刊之教令集，此爲本期中一最後之教令集，集一三一七年以後教令之大成。在格雷哥里八世期中，同時對於格雷田教令集及各初期增訂教令彙編，亦令由官家增訂刊行。上述一五八二年官刊教令集，即寺院法大全（corpus juris canonici）。

當此時也，由於新教徒大改革（Protestant Reformation）之結果，諸基督教王國之陷於分崩離析者，凡五十餘年，教皇之命令已不能達於北德、荷蘭、斯坎地那維那或大不列顚諸地。然而在此類地方，新教教會法院在各新教君主及諸侯統治之下，依然長期繼續行使其管轄權，與宗教改革以前教會法院所行使之管轄權，毫無以異。其所執行適用之法律，仍爲宗教改革時尚存之一般寺院法，惟於必要時，始加以變更耳。迨皇室法院及諸侯法院成立而後，以有訓練之專門法學家執行法律，於是對於俗界事務之管轄權，始漸從特別教會法院中完全轉移於普通法院，而教會法院之管轄權，遂僅限於教士懲罰之事務矣。然而在十九世紀以前，並非各國皆已完成此制，尙有少數國家中之情形，尤未脫舊制之窠臼。

時至今日，羅馬天主教會仍維持一種遍全世界各國之法院體系，在此類教會法院之中，仍執行寺院法，又對於普通教會法庭之判決不服者，仍可上訴於羅馬教庭。即令今日天主教國家內關於某一類事件，如關於婚姻事件，寺院法之地位雖爲普通俗界立法所取而代之，但一天主教徒不欲維持其在教會中之地位則已，苟欲維持其地位，則仍有再訴諸教會法院請求解決之必要。譬如在法國即爲此例，婚姻之雙方當事人固可取得法律上之離婚，而有爾後再婚之權，但是當事人之一方爲求可以再婚並能仍舊維持其在教會中之地位計，則仍有訴請教會法院爲之撤銷前婚婚姻關係之必要。

今日天主教教會法院所執行之法律，乃教皇利奧十三世（Pope Leo XIII）所制定之一新寺院法彙編中所包含之法規。此新寺院法已代替十六世紀寺院法大全之地位，自毋待言也。

第三十節　寺院法對於近代法律之影響

數百年中，羅馬天主教會在多數今日目爲俗界法律之範圍中，已行使立法權與司法權，結果，羅馬教會在此種種法律中之權威，直至宗教大改革以前，一般莫不視爲當然；抑有進者，縱在宗教大改革而後，新教教會仍保有前此舊教教會所行使之種種管轄權，爲時頗久，因此二種原因，故俗界法律，無論爲公法抑爲私法，其中有不少之原則與制度，完全脫胎於寺院法而來。

至言國際關係，教會對於以無條約之外國人不能享受法律權利之思想，極爲反對。教會主張基督教民族相互間之正常關係，乃平和關係，而非戰爭狀態，且謂無論何處之基督教王國，其中一切基督教徒皆秉賦有天賦之人身權及對於其財產之自然權利，此種自然權利，應被尊重。此外，教會並堅持一切基督教國家相互間，應認爲係組成一國際社會，國家集團。考此種種思想之由來，並非發源於寺院法，而係淵源於基督教之本身。時至近代，基督教國家社會一觀念，復因承認文明國家社會之思想故，更爲之擴張矣。

寺院法認定凡基督教君主間與民族間之爭議，務求合乎基督教之原則，以平和協商（negotiation）之方法解決之。教皇向以仲裁國際糾紛之大任自居，且要求各國承認自己爲正當之仲裁者，而此種要求亦往往爲一般所是認。即或有未承認教皇之任何仲裁權者，遇有國際糾紛發生時，亦每每自動提交教皇裁判。如昔德意志與西班牙關於各自在卡羅林羣島（Caroline Islands）上權利之爭，即曾提交教皇利奧八世仲裁，是爲自動提交教皇仲裁之最後一例。

中世教會復力求使戰爭法趨於人道化，或至少力求減少戰爭之殘酷性。如教皇印洛森三世之禁止基督教民族間使用特具破壞性之弩礮，乃發乎前古之所未有，導源少數近代國際法之原則——如開花彈之禁止使用是。

對於後世戰爭法之人道化，實啟其先聲。

近代國家之組織與行政，多少亦應歸功於中世教會之創制。教會對於教會本身與國家關係之看法，自然尚未爲一般所承認，故吾人不能卽謂寺院法對近代公法有何直接影響，實毋待言。不過，近代國家尤其歐洲大陸方面之國家，其國家組織之設計，大部分係採取教會之組織；又教會之教職政治，亦卽後世專制王國中行政集權制之楷模。因而，寺院組織與寺院法對於後世之公法，仍不無間接影響也。

在刑法及訴訟程序方面，教會所表徵之思想較當時俗界國家所採之思想，更爲寬大進步。緣古代日耳曼之刑罰思想，或稱爲原始之刑罰思想，乃以刑罰爲對於社會或被害者之滿足——換言之，卽復仇慾望之滿足，然而教會卽反對此種應報刑之思想，而以刑罰爲對於破壞神的秩序之犯罪者，所加的一種害惡（或痛苦）。從此種觀念出發，則刑罰思想上所以有近代俗界之刑罰觀念，以爲刑罰乃對於破壞社會秩序之犯人所加之處罰者，宜爲當然且易致之結果也。顧此後一種思想，在羅馬法中固已完全發達，不過在中世世界中，教會對於此種思想更重新加以確認之耳。

又教會更發展一種刑罰上之重要區別。教會分刑爲二種，除爲維持社會秩序所必要之刑罰外，復主張應承認以改善犯人爲目的而加之治愈刑(healing penalties, poenae medicinales)。顧近代刑法上，迄於最近始對於此種改善刑之思想予以相當之重視，是教會刑罰思想之進步，可見一斑。

不寧惟是，在寺院法中，復一反後期羅馬法及中世日耳曼法之理論，而特別標舉「法律之前萬人平等」之大原則。教會在執行其法律時，不認君主與賤民之差別，類皆一視同仁。

大體言之，教會對於區別刑事犯與道德犯之企圖，未能謂爲成功。何則？緣乎教會對於道德上犯罪之管轄權，實卽其整個刑事管轄權所由發生之張本，故教會之必力求強制道義責任之履行，及以一切道義上重大爲非作歹之行爲，悉視爲犯罪而處罰，必至不遺餘力，是理有固然，勢有必至，宜乎其弗斤斤於二者之區別也。

如前所述，教會之刑事司法程序，乃專制王國下刑法執行所據以組成之楷模。緣十八、十九世紀歷次革命以前，大陸各國之刑事司法程序，概爲糾問程序。惟自十八、十九世紀以來，由於歷次革命所生之一結果，即刑事案件中之陪審制，因以輸入大陸各國。陪審制之採用，在理論上判決之權既由裁判官而移轉於陪審官，則於刑事程序之進行上必可改變裁判官之態度，換言之，即可因此除去裁判官審問之權利與義務，而使裁判官僅爲一爭鬭中之公斷人 (umpire)，立於攻擊與防禦之間，對此公開之競爭爲之評判是非曲直；然而事實上此種理論之結果，迄至今日大陸各國之刑事法庭中，尚未完全實現，是不可不注意者。實際言之，此種判決權之轉移，即在英國，亦非成功於一朝一夕之間，觀乎葉福雷院長 (Chief Justice Jofferey's) 所行刑事審判之方式，即爲一例。緣夫習慣之爲物，一經發生發達，即未可驟然改之，僅因情勢之轉變，始徐徐隨之而更改；在歐洲大陸各國中，刑事陪審制尚爲一較新之制度，故裁判官於刑事案件中，未即改弦更張，膺服新制，而猶多所墨守古代糾問之習慣者，寧屬當然也。

在私法方面，教會原則對於近代法律之影響，當以親屬法方面爲最大。

此外在其他事務方面，教會因多少受條頓觀念之影響，故又採用二種爲羅馬民法中所無或至少在羅馬民法中尚未完全發達之制度，此即代理 (Agency) 與遺囑執行二制。現代民法上所謂代理人不能以代理人之行爲，爲自己取得權利或負擔義務，其因此所取得之權利和負擔之義務，概直接歸屬於本人。此一原則係從寺院法之觀念所演繹而來。又近代法上遺囑執行人及無遺囑時指定遺產管理人之制度，亦由寺院法而來。至原來羅馬民法中遺囑之執行及無遺囑財產之管理，乃由遺囑所定之繼承人或法定繼承人 (testamentary or statutory heirs) 爲之。

至教會對於放債取利之禁止，已太半爲俗界法院所接受，並且已產生不少奇特且有趣之結果，請舉數則以言：如在商業交易上爲欲規避此種限制，往往利用種種規避法律 (evasions of the law) 之行爲，以達其取利之目的。譬如吾人今日所用之 interest (利息) 一詞，其原義本指此一種規避法律 (evasion) 之行爲而言。利用此種脫法手段巧取利息時，乃於契約中訂定：如債務人不履契約時，則須賠償一定數之金錢云云。在羅馬法稱此種損害賠償曰 quod actoris interest。反是，羅馬法所謂 usurae 者，原指使用金錢所生之利益，迨後則轉為專指不法利息或超過法定限制之重利而言。

同時，利息之禁止，對於所謂 commandita 之隱名合夥 (silent partnership) 制度的發達，影響亦大。所謂隱名合夥者，乃合夥形態之一，其中有一人或二人以上之合夥員，對於合夥經營之商業或其他企業，投以一定額之資本，如營業獲利，則參與分紅，如失敗虧本，則其資本亦隨同而損失；惟此隱名合夥員 (commanditist) 之負責範圍，僅以所投之資本金額為限，又對於合夥業務之執行，無參與之權，對外亦不能為合夥之代表。由是觀之，隱名合夥人對合夥組織之地位，換言之，即其對於出名營業人之關係，實與放債取利之情形無異，故隱名合夥之組織，實禁止利息下脫法行為之一產物也。

當中世後期由學識豐富之專門法官所組成之皇室法院或諸侯法院紛紛崛起，代替庶民法院之後，民事司法程序亦如刑事司法之程序然，完全以教會法院之司法程序為張本，而教會法院之民事程序，原係以後期羅馬帝國法院之程序為基礎，結果中世後期皇室法院之民事程序，終歸以後期羅馬法院之民事程序為基礎。此種民事司法程序極為煩瑣遲滯，又因關於起訴答辯及證據上專門技術規則之發達，尤以一切重要案件中，須將全部起訴答辯及證據概以書面為之之習慣，以致司法之進行益形遲滯，不能收敏捷之效。歐洲大陸各國亦如英語系諸國之情形，近代之趨勢乃在務使訴訟平易化簡單化，司法敏捷化，舉例以言，如儘量使聲明得於法庭前以口頭為之，僅在法院正式程序進行前所為之準備書狀 (preliminary indication) 中，始用書面之申訴，以陳述爭執之焦點。又憑誓證書之採證方法，亦復大受限制，於可能範圍內務使證人到庭，以言詞舉證，並採用詰證法 (cross-examination)，使訴訟程序益趨直接和敏確。

第三十一節　自治城市之勃興

羅馬帝國中所謂 municipia 之諸城市，原非羅馬自身之城市制度，此種城市在紀元後最初幾百年中，所享有地方自治之程度頗高。如在共和時代之羅馬然，此種城市之市民皆有選舉市長之舉，市長在任期終了後，即成爲市參議會之終身參議員，故此種市參議會極似於羅馬共和時代之元老院（senate）。市參議會之參議員，稱爲 decurions。迨後來帝國政府益趨專制之後，此種市參議會新參議員之補充，遂不復由人民選舉。市參議會之本身，即享有任命市長之權，故爾時市政組織之終極的形式，不外一種參議員之形式，而由參議員中相互推選市長，以繼續維持市政府之組織者也。

逮乎後期羅馬帝國之中，勞工階級之地位已發生變化。在四、五世紀中，國家對於工業之統制，已漸臻完備，帝國工場中之技工勞動者，實際上已變爲不自由之工奴，受工作場所之拘束，不能自由離去，其情形與農業勞動者之農奴受農地拘束者，毫無二致。工奴如逃出城市，則必加以追緝，縛回原市工作，其情形又與對於農奴逃去農場之處置，亦復相同。

在建國羅馬領域上之各條頓王國中，城市則置於郡之下，受郡之管治。復由於封建領地制發達之結果，國王每將城市分封於其忠信隨臣，作爲食祿或采邑，於是城市之統治又落於此類皇室附庸之手；有時亦有將城市委托主教治理者。又對於一城市之首長，無分僧俗，如賜與免除特權時，則此城市實際上已等於一采邑，其治理者已成爲一領主矣。

自佛蘭克帝國瓦解而後，僧俗二界領主之政權大增。通常治理一城市之主教，每享有郡伯之權力。考條頓諸國中所成長發達之新興城市，自來即如采邑之組織。條頓諸國中亦如其他歐洲各國然，在佛蘭克時代終結之際，諸城市中亦可見有貴族或騎士，自由地主，佃農及農奴等階級之區別。又如城郊敞野之采地情形然，城市中之技工勞動者大部爲工奴，與農奴之地位等。

由於十一世紀而後工商業發達之結果，城市中人口日繁，財富日增，於是城市力求取得地方自治之地位，或以金錢，或以實力，購買或爭取其自由，以脫離封建領主之支配，徵之實際，當時城市之爭取自治，大部分已收成效。當皇室權力或君權強盛之時，各城市於爭取自治之努力上，已得地方諸侯之協助，最後諸城市復轉而幫助國王或君主攻擊其共同之公敵——即封建貴族。

西班牙國內城市自治之發達，極為特別且饒興味。當西班牙北部諸基督教國家與摩爾人作戰時，已將其疆界線漸向南移，乘勝之餘，從回教徒手中已奪回不少之城市，顧此等城市既陷於基督教諸國之手中，遂成為當時北西基督教徒發展之標界，保障進攻之前哨。惟其然也，故此等城市中之居民，實際上俱已成為邊防兵，直至爾後再有勝利，更南向建立新防線而後，則邊戍之責始轉於新防線上新獲各城之人民。或以為在此種情況之下，吸收諸力強體壯之基督徒於此克服之城市中，且設法使之安居樂業於是，於軍事上甚有必要，惟事實上與其吸收外來之基督徒，居於城內，毋寧採取一種寬大之懷柔政策，對於各城市之居民 (populatores) 准予自由、平等、自由保有租地，免除封建制度下種種苛稅徭役，以及賦以大量之自治等，反為有益，良以居民既受切身之益，自必啓同仇敵愾之心，當無患於邊防之不固矣。當時有見及此，故國王於批准人民憲章 (chartae populationis or cartas pueblas) 時，已採用此種政策，正式於憲章中承認此種種特權。在此類憲章中，尚包含其他更可怪之特權：如犯罪人之得免除追訴，債務人之得免於債權人之請求履行等是，由此等等規定觀之，即可知此種邊陲城市中，有少數與植物灣一帶不無相似之處。其後當西班牙基督教各國一再進展，次第克復之失地益多，在軍事上已無建立此類根據地之必要，此時各國君主遂轉修內治，亦如歐洲其他各國之情形然，以城市曾有功協助君主摧毀封建貴族之勢力故，所以各國君主無不力求保護各城市自身之獨立與自治，藉報勤王之功，西班牙城市之自治地位，至此遂益臻穩定。

考西班牙城市之自治特權之由來，亦與歐洲各國之情形同，不僅因國王對於其直轄之城市，賜與自治特權，且僧俗二界之權貴，對於其采地內之城市，往往亦賦與自治特權。

自城市取得自治及獨立之地位而後，於是全歐洲各地市民之地位，亦漸趨平等。當時有一種極普遍之現象，即一般皆力求將貴族與騎士等階級，排除於城市之外，又使半自由之技工勞動者或工奴成為完全自由人之地位，此亦為當時一般之趨勢。雖然在法律上之差別，時已不復存在，惟社會地位之懸殊，終無法消滅，仍有永續維持之勢。蓋中世城市之政治，最初乃少數政治、貴族政治（aristocracy）。政治大權大部分落於商人之手，故工人階級無法抬頭。其後不久，工人階級遂起而力爭平等之參政權，於是在不少之城市中，其政治亦因此演變爲民主之制。

至就法蘭西及意大利二國之城市而言，關於後期羅馬帝國中之市參議會制在此二國之古代舊城市中，後來究竟繼續維持多久？又歐洲中世城市中一般流行之政治形式，在法意二國各舊城市中，最初創始於何時，又最初如何建立？凡此，吾人究不得而知。但是中世紀城市之新政治形式，乃一種代議政治，至屬顯然；市參議會乃由大多數之城市教區居民代表所組織。由是可知，在古代世界中所未發達之代議政治，其最初之出現於歐洲，或始於法意二國之城市，又吾人尙有應注意者，即代議政治之發達，最初始於拉丁國家者，與代議原則之擴張，最初見於西班牙者正同，蓋城市教區代表之參加市參議會，最初見於法意各城，故謂其肇代議制發達之端；至城市代表之參加中世國會，乃始於西班牙，故謂其啓代議原則擴張之漸。

一般西班牙法律史家皆主張：由代表各教區之分子所組成之市參議會的城市政治新形式，乃由於西班牙基督教各王國戰勝回教徒克服各城市時所產生者。

在歐洲少數國家中，中世諸自由城市之權力不僅及於本城，且擴張及於隣郊一帶之區域，此種情形，尤以意大利諸城市爲然。有時諸城市中尙有開疆拓土，建立海外殖民地者。舉其著者而言，如威尼斯（Venice）城即建立有所謂東地中海帝國（East Mediterranean Empire），且維持至數百年之久，當時城市之勢力，可想而知。

中世諸城市爲謀相互之保護計，屢建立城市同盟，城市同盟中最著名之一，即北德之漢薩同盟（Hansa），漢薩同盟昔在波羅的海及北海一帶，曾雄據一時，不僅爲一商業上之勢力，且爲政治上之一大勢力。

中世城市在歐洲大陸法律之發達上，所占之地位頗爲重要。何以見之，蓋於中世城市之中，不特普遍商法之制度，業已建立，且普遍地方法之更進步的新形式，亦已臻發達。

交易與商務往來之結果，遂啓交易行爲與商業關係發達之端，此種交易行爲及商業關係與普通日常生活上之往來與關係，固不相同，其與鄉村生活及農業生活上之往來與關係，尤復有異。規律商人及其行爲與關係之規則，卽以之包括於普通法律或一般共同法律之中，固無不可，但此種規則在不少的方面，仍與規律非商人之法律行爲與關係之規則，究不盡同；商法終歸構成普通法中之一特別部門，卽退一步言，至少與普通法可以分別，而成爲一種特別法。

第三十二節　商法（或稱商人法 Law Merchant）

至商法所以逐漸有成爲一特別體系之趨勢者，尙有一特別理由。緣乎商務之爲物，對於各地法律之歧異及因此所產生之法律牴觸，向來卽不能相容，良以商業之活動非局部的活動，不受地方或區域之限制，而係不分畛域，超越國際界限之活動。因此，商業永遠在努力於普遍規則之完全，海上商業，尤其如此，無時不以更大之努力，以求實現此目的。其理想之目標，乃一種全世界普遍通行之法律，而由各國特別商事法院以執行之。事實上，約莫二千五百年以來，或較此更久，本已有一種商法之存在，此種商法實質上本已具有國際共同性，且與各國國內之普通法律逈乎不同。誠然，自紀元前第一世紀至紀元後第五世紀六百餘年中，西歐文明世界完全在羅馬一國統治之下，所以用普遍羅馬法之一部規則以規律商務，本已綽有餘裕；但自羅馬帝國滅亡以後，於是此種商法漸變爲萬民法（jus gentium），各民族莫不共同遵守，且各國尙特設專門法院以執行之。然而在最近二百年來，因爲各國國家主權說之勃興與立法事業之發達，於是彼富於國際性之普遍商法，遂轉變爲各國之國內法矣。除英語系國家而外，他國皆採民商法分立主義，商事法另成一特別法典，與一般民法分開，商法之法規由特別法院執行之。在英國除海事法院外，至特別之商事法院大概在三百年以前，已歸消滅，在十八世紀中，英國之商事法已歸併爲英國普通法（common law）之一部矣。

至此種商法分化爲各國國內法之局勢，何以絲毫不受一般人之攻擊與非難，揆諸原由，厥有二端，蓋一方面近代各國之商法典中，仍大部分因襲以前諸富有國際性之規則，他方面英國乃至一切英語系國家之普通法中，大都尚保留此等國際性之商法規則。然而，近代立法上不欲於商法範圍中加以變革則已，苟欲於商法中加以重要且徹底之變更，則非由文明國家間造成一積極有力之運動，以國際條約之方法建立種種普遍規則不可。徵之史實，在中世紀多數地中海國家中，以條約建立普遍商法規則之實例，所見不少。又在近代國家中凡設有種種獨立之立法機關或議會者，亦可見此相同之趨勢，以國際協約創立一普遍商法，爲條約國共同遵守之準則。

據近代少數學者之意見，商法之歷史係始於紀元前二千餘年之巴比侖。當時巴比侖法律中關於商業方面之法規，極爲發達，此史實昭然，毋庸或疑也。就發掘所見之多數契約石磚，及就其大部分已經考古家辨識者而言，卽知巴比侖法係一最適於商業需要之極精美完善的法律；後世地中海法制中，有一部分卽以巴比侖法爲楷模。自來有人以爲：此巴比侖商法曾由巴比侖商人輸入腓尼基及地中海諸國。但此種推定，頗難成立，因爲此推定完全根據巴比侖與地中海諸國制度之相似一點，作爲其論斷之前提。惟吾人應知，一制度之相似，決非卽爲一後世制度淵源於古代制度之絕對的證據。往往由於人類本性上大體相似之結果，卽在相異之民族間，於相同之條件下亦產生相同之結果。因此，欲特別證明後世某一國家之制度係淵源於古代某一國家之制度者，自非於各個場合，具體指明其歷史上之關係不可。如上述之情形，吾人卽不能指明二者在歷史上必要之連繫，因爲吾人對於腓尼基法之內容，毫無所知，今以此而謂巴比侖法制與腓尼基法制及地中海各國法制有歷史上之連繫，以後者係導源於前者，寧不爲自欺欺人之論乎。

關於地中海商法之發展，吾人在研究希臘法，尤其在研究雅典法時，始覺「脚踏實地」。蓋在希臘法與雅典法中，不僅可發現種種適合商業需要之制度與規則，且可見有不少之證據，證明當時確有通行於地中海各地之普遍商法的存在。如在雅典卽可見有直接對外國商人司法之事實，又可見在商事案件中有適用特別程序之事實。同時復可見後世商法中之少數制度，在雅典當時業已發生，譬如海上借貸（maritime loan——卽以載貨證券爲抵押之借貸），卽爲一例。亞歷山大(Alexandria)與羅度(Rhodes)二城，在紀元前第三世紀時已成爲東方貿易之主要中心。在亞歷山大城中，已見有匯票(draft)及其他有價證券之流通，在羅度城中，其海商法已極爲發達（如羅度海法 lex Rhodia de jactu)。

同世紀中，羅馬人已開始其征伐生涯，結果，在武功方面征服了全部地中海沿岸各地——卽當時文明世界之全部；在文化方面融合了地中海各法系而成爲一大法系。此融合法系之步驟，大約在紀元前第三世紀中葉左右，已發端於羅馬城外事裁判官法院之中。其後此種顯已爲地中海各處所公認之國際商法，復經羅馬法學者加以有系統的編整，以之訂入裁判官法令(praetorian edict)中。迄乎紀元前第二及第一世紀中，此種商法復經輸入城市法中。在全盛時期之羅馬法（卽紀元後第二及第三世紀中之帝國法）中，尙無特別之商事法。緣當時尙不感覺此種獨立商法之需要，因爲（一）羅馬法之本身已完全商法化，譬如其動產法與契約法所採之形式，卽爲一種完全可滿足商業需要之方式；（二）羅馬帝國法律乃規律當時文明世界全部之法律，故羅馬法本身已具有所謂國際性，其中所包含之商事法規自適用於羅馬治下之各國。在當時雖無規律普通商人階級及一般商行爲之特別商法法典，但普通民法之中，仍有規律銀錢業者、陸上運送人、海上運送人及旅店營業者之特別法規；此外又可見海法上之特別制度，如船主對於締結海上借貸契約之默示的授權，羅度海險投貨法(Rhodian law of jettison)等，皆已實現其最大的法效。當時羅馬人且坦白自認其自身並未創造此羅馬法中之商法部分；羅馬法學者及裁判官往往將買賣、僱傭、合夥及經理商等重要之商事契約，劃爲萬民法範圍之內；又羅馬人心目中，以海法規則是特別超越羅馬人政治權力支配範圍之法律，往昔一羅馬皇帝曾有言之：「朕誠爲陸上之主，但海法乃海上之王，」是羅馬人對於海法之態度，可由此一語道破之矣。

德國商法史家哥德許密(Goldschmidt)氏對於古羅馬帝國中商業發展情形之描寫，切中肯綮，氏之言曰：

『此世界帝國（指羅馬帝國）版域廣袤，西起蘇格蘭高原，東至幼發拉底河，南起撒哈拉大沙漠，北迄伏爾加(Volga)大草原，計人口總數在九千萬以上；此帝國已構成一實質上自由貿易之大經濟區域；其中除少數之國家獨占事業外，實業自由之現象，到處皆然，又承認一般遷徙移殖之自由；復於陸上及海上建立前所未有之治安秩序及法律上之保障與安全，如抑止戰爭，撲滅海盜，及以嚴格之刑罰抑制殺人越貨之強盜等是；當時祕密之軍道，同時即爲商業大道，嘗考東方諸國自來即無此種種商業大道，即在西歐各國亦僅於十九世紀中，始再見有此通商大道之存在——總而言之，羅馬帝國之中，乃包含一切大商業民族及古代文明各國實業區域之全部，又羅馬帝國時代世界商業之發達，幾臻極盛，乃至十九世紀以前各期之世界商業，亦望塵莫及，無足與羅馬帝國時代相倫比者。當時之商務不僅行於大西洋及北海、波羅的海一帶，且在非洲東岸印度洋乃至中國方面，亦發生商業交易。』

在四、五世紀中，乃至在羅馬帝國滅亡以前，西歐之繁榮，日漸式微，而地中海之商務，漸呈衰落之象。商業中心遂東移於康士坦丁帝新都之古拜占庭。雖然蠻族之入侵，固足以促成西地中海各國經濟崩潰之速，但全中世初期，東方商業在康士坦丁堡方面，已頗活躍；康士坦丁堡方面，仍依據羅馬法而生活，直至十五世紀東羅馬帝國陷入土耳其人手中後，羅馬法始喪失其效力。

近代商法之形成，始於十世紀至十二世紀間法、西、德、意諸國自治城市之中。在內地諸城市中，商法乃發達於定期集市(periodical fair)之中，（考定期集市之制，在今日俄國諾夫哥羅多 Novgorod 地方，尚存其制，至少在世界大戰以前爲如此。）所謂集市者，乃指各種商人從遠方趨至一地相集爲交易之市場而言。至在終年可寄舶之不凍港灣，則商法仍日在繼續發達中。在集市及口岸之法院中。各國之商事習慣皆會於茲，因而彼此間發生一種互爭優勢之平和鬬爭，結果所致，往往較優之習慣取得優勝，而至有長久維持之勢。同時在此種交易頻繁之下，商賈皆麕集於城市，極感覺應有一種適用於商人之共同法律，以排除城市之特別法；因此在當時常有混合法庭之設立，在混合法庭中，由外國商人與本地商人會同審判，庶免歧視客商之弊。混合法庭所下之定期判決，後來漸至與城市法分道揚鑣，而有發達爲一種特別習慣法之趨勢。結果，遂因此產生集市與商場之習慣矣。

在地中海諸城市中，尚可見地方商人之直接利益與整個商業上更大而間接之利益間，長期衝突不已。當時對於外商極端妬視，且極不願承認外商與土商得享有同等之權利。然而，差別待遇之結果，勢必引起報復行為，故為商業上之利益計，最後又非採取比較自由寬大之政策不可；是此中已發生二種利益間之衝突，直至爾後各國之間，或由於相互禮讓，或出諸特別條約，在外商大致取得與本地商人同等權利之後，於是歧視報復之風始削，利益之衝突始歸於調和。

特別在口岸城市之法院中，共同商事法極為發達；昔地中海習慣之所以東山再起，致成為歐洲之共同海商法者，即肇端於意大利諸城市法院之中。此新興之歐洲海法，從意大利復經傳播於西班牙、法蘭西諸國，又沿海上貿易線再傳於荷蘭、德意志、英國及斯坎地那維亞諸國。其中一部分可適用於一般商業之規則，復沿陸上貿易線，從海埠傳入內地。至其他本非海商習慣之商業習慣，則兼由海陸兩道，漸次向外傳播；又若巴塞隆納(Barcelona)海法之取法皮沙(Pisa)海法，與內隆(Oléron)海法之取法巴塞隆納海法，維斯比(Wisby)海法之取法與內隆海法，以及布利士托(Bristol)海法之復取法維斯比海法，如此輾轉相因樹立歐洲海法系統者然，當時侖巴德銀錢業者(bankers)之習慣，亦經輾轉相因，傳佈全歐，以致創造一規律匯票、支票統一法之系統矣。

意大利對於統一普遍商法之發達，所以影響特深者，顯然由於意大利諸城市乃最先與康士坦丁堡爭取在東方貿易上之優勢，又係最先大舉復興地中海商業之故，但同時亦由意大利諸城市未如德法二國之情形，在商場或海埠創造全新之法律，有以致之。至意大利城市所以未另創造新法律者，因羅馬法中所包含之地中海商人習慣，當意大利與東方接觸之時，尚未失其效力故也。不僅自十字軍興而後，意大利之商務已臻發達，且同時地中海上之古代萬民法，亦復東山再起。所以意大利城市根據此種種基礎而建立之法律，自然優於德法二國中所創造之法律多矣；如當時西、法、德各國就意大利商法中之適應各國國情者，所編述之種種書籍，已成為中世商法之權威著作，故謂意大利之商法爲中世各國商法之典型之母法，誠非過言也。

自十世紀至中世末葉，意大利各城市間雖興替循環，隆衰互見，或彼隳而此起，或一衰而他盛，然意大利仍始終爲西歐、中歐及東歐、非、亞之商業中心，其商業上之領導地位，猶未有所動搖也。惟至中世後期，因漢薩城興起，此時在漢薩城中，始見有某種商務，其重要性足與意大利諸城相抗衡。

意大利城市中所發達之商法，大部分係以羅馬法爲基礎，惟其中所根據者，多爲尙殘存於東地中海習慣中之羅馬法，而非羅馬成文法，是不可不留意者。同時意大利法院就寺院法中之足以適用者，亦復借襲不少，舉其著者以言：如代理法是，代理法在古羅馬法中尙未完全發達，揆諸理由，蓋吾人今日以自由代理（free agency）所能適應之需要，在當時人事簡單之環境下，大多以奴隸代理（slave agency）制卽可應付裕如，故無足以促成代理發達之需要。因此後世關於代理之法制，自非他求於寺院法不可。又地中海各地法院，復從德意志法中借取動產善意買受人保護之原則，此外又發達一種城市自身所建立之新原則——卽保護公開市場(market overt)中買受人之原則。

今日一般皆謂中世之商法，究不過一種商人之習慣耳。然而吾人應知無論在何種情形之下，凡謂一習慣之成爲法律，則必指該習慣已爲法院所承認及執行者而言，中世紀之情形自不可例外，所以當時惟一有拘束力之習慣，自亦不外指經法院承認並執行之習慣，並非一切商人習慣皆轉變爲商法，是不可不留意者。至所以使商人之習慣能大部分變爲法律者，乃由於商人有自身之特別法庭故。同時各個城市法院中所建立之多數規則，復因訂於城市間商務條約或通商協定之中，故其重要性亦日加大。

時意大利各城市中，行政作用與司法作用尙未嚴格區分，如舊日 consul 一詞，於用法上亦不加區別，混指市行政長與裁判官而言，因爲在當時事實上市行政長與裁判官，往往爲同一人故也。商事法院有時卽爲城市之普通法院，由市行政長充任院長，但同時各種同業公會亦有其自身之法院，由其會長充任院長，職司裁判，又在意大利，一如他國之情形，商人同業公會 (merchant guilds) 有時對於外商商務上之事件亦有管轄之權。

此種法院稱爲 consulatus maris。

在此種所謂 consulatus man's 之特別法院中，與所有歐洲各國商人法院（trader's and merchant's courts）之情形同，其訴訟程序頗爲特別，其與其他中世法院所不同者，卽訴訟程序之全部概爲簡易程序，起訴與答辯採不要式主義；證據方法以採書面證據爲主；抗辯及防禦之範圍，採限制主義，不得超過一定之限度；判決之基礎乃根據衡平觀念（equity），而非嚴格法（strict law）。而衡平觀念之解釋，則嚴格限於商業上之誠信公平；至抗辯及防禦之限制，乃不外表示視法律之穩定性（certainty）與衡平有同等之重要，判決之執行，亦採簡易立行之手續，允許上訴之例，殊不多覯。由此可知此種特別商事法院之程序，一般皆能收簡便迅速之效。

至外國商人，非必常常受本地法權之管轄。有時一商船常隨船帶有一隨行領事官（traveling consul）——卽一種司法官。凡在同一城市中，僑居之外國商人爲數極多，則常設一本國之常設領事駐紮該城，以處理其相互間之爭端。此種特權常以條約保證之。

在中世紀中尙有某幾種正式海法法典，已取得全歐各國一般之公認。當十三世紀中，巴塞隆納已有一部海法典之編纂出世，此海法典在卡泰龍（Catalon）稱之曰海上習慣法（Costumes de la mer）。後來在十四及十五間所刊行之一版，則名曰康梭拉得海法（Libro del consolat del mar）。此康梭拉得海法曾從卡泰龍文翻成法文、意大利文及拉丁文多種。其流行最廣之一拉丁翻譯本，則顏曰 Consulatis maris（參閱 Goldschmidt, pp. 208—9）。此部法典在本質上堪稱爲一部眞正之海法典。其中包含公法與私法二部，如關於海上戰爭中處理私人財產之規則，尤其關於處理中立國船上敵人貨物及敵船上中立國貨物之規則等是，又因爲歐洲各國皆承認此部海法典乃商法之記載，故此海法遂成爲後世國際公法與國際私法之淵源。

此外，海法中他一對於後世商法影響極大之古代海法典，卽法國羅歇伊（La Rochelle）附近奧內隆所編之海法典。奧內隆法典（Charte d'Oléron）乃十三世紀初期之產物，其所包含者均爲十二世紀中之判決。因此，此法典又稱爲奧內隆裁判錄（Rolles des jugemens d'Oleron），亦稱爲海事判例集（Jugemens de la mar）。此法中所規定者，幾完全爲船舶法（shipping law），且僅爲平時法，而未涉及戰爭法之規定。此法在佛蘭德（Flanders）、荷蘭及英吉利三國享有特別權威，此三國莫不奉之爲圭臬。往昔有一奇特之傳說，以說明此法所以在英國發生權威之由來，據說昔英王李査德（Richard）當十二世紀末從巴利斯坦（Palestine）返英時，道過奧內隆，乃順便將此奧內隆海法典攜回英國云云，此傳說在後世英國學者中亦有引爲典據者，如李非斯氏（Reeves）所編之英國法律史（History of English Law）中，即正式引用此傳說作爲一史實。

此外，根據前述法國海法典爲藍本，又有一低原德語（Low German）之海法典的編纂，此法典曰威士皮海法（Water-recht of Wisby），威士皮海法流行於北海東岸南岸及波羅的海全部。

綜上所述觀之，可得一結論，即此三部法典可謂：「在外表上似若形成海法發展上一繼續不斷之連鎖，觀其發展之路線，乃從波羅的海極東岸出發，中經北海，復沿大西洋海岸線直入直布羅陀海峽（Strait of Gibraltar），最後進抵地中海極東岸而止。」

第三十三節　地方法（Local Law）

封建法、寺院法及商事法固歐陸三大法制也，然此三大歐陸法制，並未舉所有歐洲之法律而包括之，在此三大法制之外，尚有其他法律之存在。譬如犯罪之爲封建法院管轄者，僅以該犯罪可視爲重罪者爲限，所謂重罪（felonies）者，乃指違背對上級封主應盡之忠順義務之情形而言。至教會法院中所處罰之犯罪，乃着眼於道德上罪惡（sins）之觀點，惟從俗界之觀點，則此種犯罪中亦有屬於普通區域法院之管轄者。教會法院對於犯罪之管轄權，大部分不僅與封建法院競合管轄，且與普通區域法院亦競合管轄。至於商法，則其適用之範圍尤狹，僅及於商人與商行爲而已。誠然，商事法院對於商人與其顧主間所發生之一切爭議，固有管轄之權，但對於雙方當事人均非商人之爭端，則無權管轄。因此關於某部分刑法上之犯罪，幾乎侵權行爲法之全部，封建租地以外關於自由保有土地之不動產物權法，以及當事雙方均非商人之動產法與契約法等等問題，大部分概保留於普通區域法院管轄範圍之內。至婚姻財產法方面，則管轄權大部分屬於封建法院與區域法院。此外，自主土地(allodial land)之繼承，悉依地方法決之。又關於無遺囑動產遺產之分配，大陸方面之教會法院，亦無可與英國教會法院相幾之管轄權。

在歐洲大陸方面，由於政權分裂之結果，此種種普遍法或輔助法之全部，完全落於各地區域法院管轄範圍之內，對於區域法院之判決不服，通常不能上訴。

當時一重要之法律，乃封建采地內所執行並發達之法律，此種法律就其對於近代歐陸法律之影響言，固較次要，但就其對於當時歐洲人民生活之影響言，則殊爲重要。溯自佛蘭克帝國崩潰而後，羣雄割據，采邑之免除特權大爲擴張。時采邑法院已漸至對於一切案件保有排他的專屬管轄權，而非前此之僅處理輕微案件也。至普通郡法院(county court)，對於爭議當事人之一方非屬采地內住民之案件，仍保有管轄權；退一步言，至少在此采地內住民不能在采邑法院中得其救濟時，仍得向普通郡法院起訴。然而在封建采邑內，事實上所有住民概已成爲農奴，故其生命與財產已完全在采邑法院掌握之中。中世後期之法國與歐洲其他各國同，司法上分爲上、中、下三級；但是在國王及地方諸侯能開始行使較大之權力以前，易言之，即在新王朝開始發展之前，上級及中級司法之權，仍未落於政府法院之手。又主權者對於以拖延訴訟及偏頗不平爲理由而上訴之案件，亦不能行使其固有之權利以處理之。

在理論上，采邑法院應由於采邑法院法權支配之下之人民所組成。人民自身即爲下判決者；至領主或其執事究不過法院之主席而已，要於判決上無何管權之可言。又無論何處只要采地內有自由佃農時，則采地內必有二個法院，一爲自由佃農之法院，他爲關於農奴之法院。然而事實上由於一切外部之支配控制力完全消失之後，領主或其執事之權力日張，對於采邑法院之判決亦影響甚大。此種左右判決之勢力既日增大，結果所致，自由佃農遂不免於犧牲，乃逐漸被迫而降爲農奴之地位。又對於農奴司法時，自由佃農原有解釋采地習慣之發言權，不特逐漸削減，且太半歸於消滅。

在視城市爲采邑之時，則市民自當受封建采邑法院之管轄。然而事實上則不如此，對於城市之教士，僅教會法院有管轄之權，自由騎士則惟在郡法院中始能審判，至城市中之自由佃戶則大半爲商人，此種自由商人既不能使之降爲農奴之地位，故對之仍設立一單獨采邑法院以管轄其事務，此種自由商人在此特設之采邑法院中，對於解釋采地習慣之發言權，且仍有決定之效力。其後當城市藉其財富挾其實力爭取城市自身自由之初，通常其第一個要求乃在取得設立城市法院之權。概觀中世後期中，在采邑之外關於不屬封建法寺院法範疇而又非商法領域之補助法律的執行與發展，在鄉地區域則屬古郡法院，在城市之中則屬城市法院。

郡法院乃由郡內自由地主所組成。在大多數情形中，郡法院所包含之分子，幾全爲住於境內之貴族與騎士，不過凡在有自耕農及自主土地之處，若歐洲大多數國家之情形，此等自由農民亦有出席郡法院參與審判之權(voice)。英國之州法院(shire court)，其情形亦然，緣英國之州法除在其地位尚未爲皇室法院所取而代之以前，亦由州內之騎士與自由小地主(yeomen)所組織而成。在大陸各國中，習慣法之發達，乃完全受此種區域法院之勢力所左右之。一般學者皆承認區域法院所執行之習慣，並非嚴格限於當地之地方習慣，而係國內之習慣，不過，當時各區域法院仍有發展特別地方之自由，並且在全歐洲中，此種地方法之效力反較各國一般國內法爲優。

自佛蘭克帝國崩潰而後，屬人法之制度漸趨消滅，代之而興者則爲屬地法，當時各國國內法及地方法，亦皆轉變爲屬地法。無論何處，凡其人民之大部自來係依羅馬法而生活者，則其地方習慣自然大部分係羅馬之習慣。惟此種羅馬法乃極簡陋通俗之法律，係在羅馬帝國傾覆前曾開始發達於高盧及西班牙中者也。譬若亞拉利克撮要一類之羅馬成文法，即曾一度適用於各區域法院之中；復舉實例以言，如法蘭西南部各省甚至在繼受優士丁尼羅馬法典以前，竟已有成文法區域(pays der droit ecrit)之稱，其所受羅馬法影響之深，可以想見一斑。此外在自來即受日耳曼部族法支配之歐洲各地，其地方之習慣仍然大部分爲日耳曼習慣。惟因日耳曼之成文部族法早經廢棄不用，故日耳曼法之流行於各地者，俱已變爲不成文之習慣矣。譬如在法國北部各省乃日耳曼法之領域，故有習慣法區域(pays coutumiers)之稱。至德國自身固有之地方習慣及本國習慣，在全中世紀中仍繼續以古代部族之名稱名之；如各地之區域法院，仍謂其係執行斯瓦賓法或薩克森法等等是。北意之情形亦然，其一般通行之地方法仍爲倫巴德法律。雖然，概觀各國之情形，所有地方習慣或地方法中，莫不攙雜羅馬與日耳曼二大因素，從未見有純爲羅馬法律或習慣，或純爲日耳曼法律或習慣者。至多亦不過或以羅馬法(或習慣)爲主，或以日耳曼法(或習慣)爲主耳。至歐洲其他部分如勃艮第者，其情形又稍有不同，其人民中，羅馬因素及日爾曼因素，既均不能謂爲優越，又其地方習慣乃代表二者混融化合後所產生之一新奇結晶品，故與單獨羅馬因素或日耳曼因素適不相同。

歐洲各城市自達到設立城市本身法院之目的而後，其城市法院中所適用之法律，原來本爲本國法或郡法，但不久此種本國法或郡法旋經積極變更與發展，使適應於都市生活之新需要。其後城市中階級之差別，亦逐漸歸於消滅。多數城市之中，貴族與騎士或因外力之強制，致不能不遷移於城外之敝地區域，或發覺其環境與自身極不相容，而自動脫離城市。於是城市人口中所有半自由或不自由之人，爾後漸進而取得完全自由之人格矣。中世後期德國內如農奴逃出采地而平安無事繼續住於自治城市之中，達一年零一日未經原主尋獲者，則此農奴卽因此取得完全自由之人格。此用當時一原則表之，卽「城市之空氣使人自由」(the air makes free)。同時又承認其一反對之原則，卽無論何人，縱其生而爲自由人者，苟以農事勞動者之資格繼續居於采地之內，達一年零一日者，卽降爲農奴之身分，此原則稱爲「采地之空氣使人不自由」(the air makes unfree)。

在城市之中因其主要利益乃工商業利益，故所有各城市之法律後來均日趨商事化。就城市中之土地而言，因當時封建產地制已歸消滅，所以一切土地或爲完全所有權者所保有，或爲自由承產人所占有，舉凡封建制下之義務與稅捐，其後漸經免除之矣。在城市中契約法之發達，遠較城外敝地區域內爲速，此蓋身分差別之消滅與商業之必要，所以使然。

卽令在城市之中，當時因爲城市法院中尙無受過法律訓練之專門法官，以致法律對於新社會情況經濟情況之適應，每格於此事實上之困難，而遲遲不易有成。城市中之法律，乃藉市行政長之判決而發生發達者，但市行政長本人決非一有訓練之法律家。至城外鄉村區域內，其法院乃完全由地主所組成，故其情形亦然。加以無律師公會(bar)一類之組織，以便從其中擇選有學識經驗之法官專司司法一事實，則其結果勢必有礙於法律之專門發達者，當可斷言也。

兼理司法衙門 (lay court) 所下之判決，極流於偏重衡平觀念之發展，而致有犧牲法律穩定性之弊，故在此種審判衙門中，往往因難斷之案件所造成嚴酷惡法之情形，較之由專門法官所組成之法院，尤有甚焉。當時無論城市法院或鄉村法院中非專家之承審官 (lay judge)，往往猶以「根據旣成習慣與自己敏活之五官」制判決一點，引爲自豪自誇。

如設吾人認爲羅馬法與英國法所藉以發達之方法，乃正常之程序，則自佛蘭克帝國崩潰至十世紀終了之間，歐洲大陸法律發達之程序，可謂殊屬異常。何以言之，緣古代社會中，判決乃受專家之支配控制，法律之發達乃由專家所領導所指示，此所謂專家者，最初乃指祭司，其後乃指由個人天才秉賦所自然造成之俗界專家而言。在往昔羅馬城中，此種非官吏身分之專家，潛勢力極大，事實上左右彼輩非法律專家審判官與陪審官之裁判者，不知凡幾百年矣。在羅馬帝國之最初數百年中，若正式法院形式之組織，業巳發達。當時司法之辦法，乃任命有訓練之專門法學家多人至各行使司法權之行政區內。至英國方面，當亨利二世在位期中，亦採此同樣之步驟，國王常從彼輩天才秉賦而非官吏身分之「宣法者」或「智人」中，抉選所謂 sapientes（智士）者五名，審判國內一切爭端。此卽英國民事高等裁判所 (court of common plan) 之起源，亦卽英國專門司法機關發達之初步。然在他方面，中世後期歐洲各國之司法則不然，關於案件之判決，仍由非專家以承審官爲之，亦無專家爲之指導。此蓋一方面天才秉賦之專家巳歸消滅，而他方面由於後天人爲學習之專家——卽有學識經驗之法官——尙未出世，以致發生此靑黃不接之現象。此時不諳法律之承審官，乃完全憑藉其擁有土地之資格，而出席法院參與審判，在此種承審官中自非個個愚諳，有時亦偶然可發現一二具有法律頭腦者，此種人吾人誠可稱之爲天才法律家（natural lawyers），此輩天才法律家對於判決之影響極大，有時倘且著書立說，闡述其一向所習知之法律。當時關於地方習慣或本國習慣最重要且極有權威之種種詮釋，有一部分卽出於此種天才法律家之手。然而就一般言之，究竟因無受過法律訓練之專家的緣故，所以大陸各國之法律終遭受一大阻礙，不能在各地區域法院中達其充分滿足之發達；當時大陸各國中，不僅裁判官皆未經法律之專門訓練，多屬不學無術之徒，並且在法律職業方面，除偏於一方面發展之人才外，亦無所謂律師階級之發達。此處所謂一方面發展之人才者，乃指當時天才秉賦之訟師（export pleaders）而言。此種訟師雖最低限度對於正式起訴之程式，極爲熟習，但未必皆精於其他法律部門，事實上此種人除訴訟程序外，通常皆不精通其他法律。綜上所述，可知在法律發達上無專家爲之指導一點，乃大陸法律發展程序之所以異於羅馬法與英國法者一也。

在他一重要之方面，大陸法律之發達又表現一異常之程序。往昔羅馬初期帝國時代，在羅馬城中已建立一最高法院，享有對一切上訴案件之管轄權。據事理言之，凡在有無數案件源源從一大區域內集中於一單獨中央法院之處，則其他所發達之法律，顯然較諸彼法院所受理之案件，僅以本地一小區域內所發生者爲限之處所發達的法律，必更爲完善優美。夫法律之發達，正如自然科學及其他社會科學發達之情形然，凡由歸納法所得之一原則，其價值與其歸納所根據材料之數目，幾成正比例；易詞以言，卽一歸納原則所根據之材料愈多，則其價值愈大，其一般之妥當性愈強，是知羅馬法之完善，當毋待言。然而返觀大陸各國法律發達之進程，則何如？在歐洲大陸各國中，於十二世紀頃無論何處，皆未見此種控訴法院之發達。不特此也，甚至在中世結束之時，歐洲國家中尙有多數未設立此類控訴法院。各地兼理司法衙門中所發達之地方習慣，在十三世紀以前，大部分尙爲不成文之習慣法。又有不少的法律史家往往稱第十、第十一及第十二諸世紀爲「古文書考據」時期（"diplomatic" period），因爲吾人所得關於當時法律之知識，大部須根據當時之種種文件書契，故與考證古文書之情形殆無以異也。至地方法之成文記載，最初乃見於十世紀西班牙、意大利少數自治城市中。其所註年代之最早者；乃自十世紀始；此十世紀中之成文地方法爲數極少，雖至十一及十二世紀中所見之成文地方法，其數亦不甚多。惟自十三世紀而後，始產生有種種記述城市以外之國內習慣或地方習慣之典籍。

此種種古代地方法典之中，大部分乃出於私人之編纂。至立法權發達且實際運用而後，始見有官家編訂法律之事實，官訂法律之事實最初發生於西班牙及意大利自治城市之中。再後至立法權之範圍更加擴張發展而後，則與往昔西班牙各獨立王國之情形然，遂正式以立法之手續編訂法律。此種制定法律之程序，多半不外對於一已爲一般公認具有權威之私人所編法典，加以立法上之確認批准耳。又一般言之，幾乎所有此初期用立法手續所編訂之法典，顯然皆不外旣成習慣之成文記載，初無何創制新律之可言。

十三世紀中國內習慣及地方習慣成文記載所以盛極一時，爲數特多之一理由，乃因爲自十二世紀而後百餘年來，歐洲諸大學中精心研究查士丁尼羅馬法典之故，關於羅馬法之研究，最初起於意大利諸大學，爾後漸傳播於其他歐洲各國大學中，因爲一般研究羅馬法之結果，於是彼輩參與地方法之執行而又多少精通羅馬法者，每不免爲下列二種慾望所衝動，卽不僅一方面欲求其地方法成文化之實行，同時在他方面且欲求所以學以致用，冀利用其從羅馬法中之所學，對於地方法加以科學的整理與說明。此外，當時地方習慣法中缺漏百出，每不足以適用一切案情，故有時執行地方法者遇習慣法有缺漏時，則又利用羅馬法以補充之，關於此點容後當有詳述。

自中世後期歐洲大多數國家「繼受」羅馬法，以及優士丁尼法典成爲各國之權威補充法律而後，歐洲大陸各國中關於國內法及地方法之編纂，又有他一原因。蓋自包含受羅馬法訓練之專門法律家的公法院（official court）起而代替庶民法院之後，隨而在各國公法院中發生一種傾向，凡未明白主張或證明有反對之地方法或地方習慣者，則一般皆適用補充性之羅馬法以斷案。但是欲證明不文習慣之規則，極爲困難，因此遂引起一般人士一種本能的慾望，務期所以保持地方習慣不爲羅馬法之高潮所浸滅，故此種內在之動機，又爲不文習慣所以成文化之一新生有力的理由。惟吾人應知此種動機自十六世紀而後，其作用之大，影響之深，較之在中世後期尤有甚焉。

在當時大陸各國中，對於城市內或城外敞地域內區域法院之判決不服，通常旣不能提起上訴，故在每一管轄區內所適用之地方法，勢必與鄰區所適用之地方法，日趨差異。不過當時已有某種力量，日在努力於法律歧異之消滅，至少希望能多少阻止其流於無限制差異之趨向。良以在相同之環境與需要之下，必至產生相同之法律，此事理之然，固不待論，除此而外，當時尚產生其他種種統一法律之力量。此統一法律力量中之最重要者，乃法律之模倣(imitation)，其次者爲完全假借(borrowing)。後一種情形，尤以城市法爲然。在當時城市中最先取得獨立地位，並已發達重要商業者，其所發達之法律自必早具規模，因此其鄰近後起之城市往往完全借取其法律，有時遠方之城市，亦然。城市最初之成文法典，大部分卽城市法院判決之彙編。此等後起或次要之城市，要求借用彼先進諸重要城市中完美之法律，旣如此迫切，故有時一城市最初所以編製成文法之目的，卽不外在使他一城市之需要能得其滿足。因此如一般法律史家之所言，在中世諸城市之中，有所謂「母法」(mother law)與「子法」(daughter law)之別。在適用母法而發生爭執時，則通常仍提交母法城市之法官以解決之，因此遂發達上訴審之現象，此上訴城市中所受理之案件，乃由所有各子法城市中所提交者。至積極促成此種上訴法院之發達者，乃由於建立城市同盟或城市聯盟之結果，當時建立城市同盟之主要目的，本在相互保障，以對抗封建權貴之勢力，但其結果復於無形中促進司法機構之發達，故城市同盟對於歐陸法制之發達，厥功匪小。城市同盟中最著名者，乃漢薩同盟；此外在德意志西部及南部與歐洲其他各國中，亦有多數小同盟之建立。

綜上所述觀之，可知歐洲大陸各國固有地方法之發達，其初在無上訴審機構爲之統一調整，致釀成各國法律爭相分化一點，又與羅馬法及英國法發展程序上所以不同者二也。

玆於以下各節，擬就歐洲大陸西部各國地方法及國內法之發展大概，作一簡要之敍述，以見歐陸法律分化之眞切情形。

第三十四節　中世後期法蘭西之法律

逮乎十三世紀中葉，法國王室之勢力日漸陵夷，結果所致，每一地方區域已各自發展其自身之習慣法。時屬人法之制業歸消滅，所有之習慣概成爲屬地法。在法國北、南二部之法律發達上，卽可見一極顯明之區別。在法國北部與南部之間，於國民生活方式乃至語言上，均有實質上之差異。北部所包含之日耳曼因素極強，其語言爲北方語（langue d'oïl），法國南部之語言爲南方語（langue d'oc）。北法之習慣法除爲寺院法法規所限制者外，大體上爲日耳曼法，惟爾後在優士丁尼法典研究復興之後，因接受少數特別羅馬法規則之故，習慣法雖亦稍有變更，但仍無損於其爲日耳曼法之本質。至法國南部則不然，其人民大部分仍繼續生活於簡陋樸素之羅馬法下，若亞拉利撮要一類之羅馬法典，仍賡續適用，故其習慣法根本卽羅馬法。惟其是也，故法國南部諸省稱爲成文法區域，而北部諸省則稱爲習慣法區域。雖然，尙有不可不注意者，縱在法國南部，成文之羅馬法亦不過僅有補充適用之效而已，每一省區及特定地方區域，仍有其自身之習慣（coutume）。

至法國其他混合日耳曼與拉丁二因素程度極深之地方，則其地方習慣常代表二法系多少之混合。有時在一省之內亦有如劃分北法法律與南法法律之分界線，將一省分爲二部者，如奧非涅（Auvergne）省，卽爲此例。

十三世紀以前，地方習慣或國內習慣之見於成文記載者，尙微乎其微。最早之成文法乃城市法律。城市之成文法最初爲君主或城市直接封主所賜准之成文憲章，其後乃漸次加入多少民法與刑法法規，至此等民刑法規之由來，大部分係由城市法院之判決所發達者。

降至十三世紀中，大部分地方習慣已化爲成文形式。法國國內之種種習慣法法典，亦與其他各國之情形同，大都係私人之作品，且多爲匿名著者。此類私人所編法典中之一最重要且最著名者，乃諾曼底大習慣法典（Grand coutumier of Normandy），此法編著於十三世紀後期（一二七〇年至一二七五年之間）。此法典以內容明晰編排得法而著名，確係一才能非常學識淵博者之作品。同時從此法典中所包含之證據觀之，又足徵著者係一精通國內各普通法院判決之基督教徒。

當十四世紀初，一英國王室採訪團在英屬海峽羣島(Channel Islands)從事調查時，羣島居民皆聲稱彼輩自諾曼底脫離英王統治之後，卽採一諾曼人莫塞(Mancael)所編法典作爲其習慣之成文記載。此法典曰莫塞法律大全(Somme de Mancael)。法國法律史家達爾第(Tardif)嘗謂此部法典顯係前述之諾曼底大習慣法典，因爲在諾曼底大習慣法典之各原稿中，有不少卽名爲諾曼底法律大全(Somma de legibus Normandiae)故也。此諾曼底習慣法典最初本用拉丁文寫成，惟在十三世紀末以前，業已翻成法文。當中世末期法屬王室命由官家修訂國內習慣法及地方習慣法時，其最後一次所修訂之習慣法，卽諾曼底之習慣法典(時在一五七七至一五八三年)，可見此法典在諾曼底所取得一般之承認與權威，有如此者；至當時諾曼底人所以要求法王亨利三世修訂其習慣法之惟一理由，乃以該法典原來係用古法文寫成，極不易看懂之故。

除就地方習慣所編之種種成文法典外，在十三世紀中尙有不少有系統之專論，已開始問世。其中最著名者，當推波曼諾瓦領主(Sire de Beaumnoir)腓力普(Philippe de Remi)之作，氏之著作乃討論波瓦西(Beauvoisis)省克勒蒙(Clermont)之習慣。氏出貴冑，歷任各郡領主執事大總管及巴黎議會議員等職。其著作乃於一二八三年寫成，在法國北部流行甚廣，極爲一般所推崇，誠爲當時一有相當權威之著作。著者在書中所討論者，並不限於克勒蒙習慣法之敍述，且對於克勒蒙習慣法與其他北法各地之習慣法，尙加以比較說明。由其著作中觀之，可見著者顯係一精通羅馬法之學者，但其思想並未爲羅馬法所支配。作者在思想方面，極爲進步，對於改革思想，亦表同情。

在各種關於城市法之成文記載中，有不少對於後來其他城市法之形成與發達影響極大者。其最重要者之一，當推巴黎之習慣法。巴黎習慣法之所以特別重要者，蓋巴黎習慣法早經傳播於法屬各殖民地，並形成各該地法律發達之起點故也。譬如法屬坎拿大(Canada)直至十九世紀以前，仍完全受巴黎習慣法之規律，惟當習慣法有不足時，後來始由立法之手續加以補充耳。

十三世紀乃代表法國法律發達史上之一大轉變期，其理由乃因十三世紀法國王室權勢大增之故。統一國法乃藉王室法令之力量，而開始產生。如發端於路易九世時代之改革運動，主係關於改革司法之問題。當時領主與城市之司法權，雖未完全歸於廢止，但其行使之範圍亦經固定，後來漸加以限制削小。至上、中二級之司法權，亦次第從區域法院撤回，而交由王室官吏行使。王室法院中之訴訟程序，已有一定程式之規定。時改革司法程序之第一步，乃法王路易九世廢止王室法院中之決鬬神判法。然而，當時王室法令中大部分係關於行政法司法組織及司法程序等方面之規定，此外涉及刑法方面者實不多見，而關於私法方面尤少，乃至可謂絕無僅有之事。

但當時上訴審王室法院之組織，於私法方面，較有重大之影響。當時司法之機構，乃由參事院(council of state)中產生一最高法院，此即巴黎之議會是也，在十三世紀末葉，所有法國北部各省之案件，皆可上訴於此。於是由此最高法院之判決，後來漸次發達一種法國北部之法律，實際上此種新興之法律不僅無損於既存地方習慣之效力，且補充地方習慣法之不足。此種補充效之判例法(judge-made law)與英國之普通法同，大部分皆具有條頓習慣法之性質，不過其中之種種缺漏，因繼受羅馬法之故，亦為羅馬法規則所大大補充之矣。在十四、十五世紀中，法國南部勃艮第及波爾多(Bordeaux)各地亦有其他議會之成立，此處所稱議會者，非一般之意義，乃指享有上訴審判權之王室法院而言。在此等王室法院中，當地方習慣及國內習慣皆無規定時，則其所適用之補充法律，乃優士丁尼帝所編纂之羅馬法。

至中世結束以前，法國各省及各區地方習慣法，已由各皇室巡按使彙集整理，編為種種官訂法典，此種法典之內容，多半就古代各種成文資料，加以增訂而成，凡此前已言之詳矣，茲不贅述於此。

第三十五節　中世後期西班牙之法律

在中世後期西班牙境內內昂、卡士提及卡泰羅尼亞三處，西哥德法典仍繼續有效。今日一般皆推測西哥德法典當時在拉瓦爾及亞拉根二地，亦有效力，惟此種推定所據之證據極零碎稀少，其說是否確實，尚有待證明。雖然，卻有一點吾人可以斷言者，即在當時西班牙各地所發達之習慣法，性質上彼此差異極大，且變更靡定，故無論在何處，此西哥德法典必已成爲補充法律，惟其然也，故必於習慣法未有規定時，始有採取西哥德法典之必要。至西班牙各地習慣法差別極大變異靡定之特性，由當時各地地方法制所用名稱之多，即可以見之，如有稱慣行(usages)者，有稱慣例(abservances)者，有稱習慣(customs)者，種種名稱，不一而足。

當此種種習慣成文化之初，原來係用拉丁文，其後始用西班牙文。又在十一世紀中，國王或國會已有正式批准種種習慣爲法律(Fueros)之舉，顧此等習慣化爲成文且經國家正式確認之初，已見有二類顯然不同之法律：其一爲貴族法，其他爲城市法。除此二類法律以外，尚有一種專適用於貴族領地及教會采地內佃農之法律，不過其爲數極少耳。至此種種法律最初何由形成，揆之史跡，亦甚瞭然。緣貴族既僅在國王法院中始能受審判，則國王法院判決中所確立之規則，並由仲裁中所制定之規則加以補充者，自不外貴族之習慣，故貴族法乃從國王法院中所發達者。城市之法律，其情形亦然，亦由城市法院中所發達者。至采地習慣之發達，自亦由於采地法院之判決所以促成，此與德法二國所見之情形，殆無二致也。

大多數大陸法學者一向抱輕視判例法之偏見（直至最近始表現有承認判決造法之傾向），影響所及，幾乎所有西班牙法學者無不特別注重造法之形式，以貴族法及城市法在當時必須經國王或國會之正式批准，始能有效。又縱爲貴族階級或市民數百年來所依據之法規，如尚在國王或國會正式批准爲法律以前，有時西班牙法學者乃至亦否認其爲法律。但是據西班牙法學者自身所引證之事實與文件，卻又證明前此實際上並不如是，對於未經正式批准確認之習慣，一般仍以法律目之。如在一三五六年經國王或國會正式修訂之卡士提爾法(Fuero Viejo)序文中，即可見后列一段關於該法修纂之經過：「一二一二年國王亞爾豐項八世(Alphonso VIII)，對於前王亞爾豐項六世及七世所頒賜之種種憲章，正式加以確認批准，同時並命其大臣與貴族搜集過去史料，並記下各貴族前此所有之良法美俗與判例，然後提出修正案。當此工作完竣之後，雖一再請求，然未卽蒙國王之批准。但是王室法院之判決，仍根據此修正草案上所載之種種法律判例爲之（換言之，卽仍依據此未經正式批准之法律爲之），直至一二五五年亞爾豐瑣王公布新法（Fuero real）爲止。」由此可知事實上習慣法在未經正式批准以前，仍不失其法律之效力，西班牙學者未免拘於一偏之見，而抹殺事實也。至於非王室所屬之城市，其法律已經本城所正式批准者，而西班牙法律史家仍堅持同一見解，以其在當時必有再經王室正式批准之必要。但事實上當時是否確有此批准，多無證據可資。西班牙城市法中一最完善之法典，而流傳於今日者，厥維卡泰羅尼亞之多托沙（Tortosa）城法典。此法乃於一二七九年制成成文法形式者，維時乃正當市民與城市地主（此係指寺院騎士而言）關於本城現行法問題長期爭鬪結束之後。此種爭鬪係於寺院騎士團（templars）之一合法代表與市民之代表經長期磋商之結果，乃告解決，協商之辦法乃雙方同意制定一城市成文法，以爲本城之共同法，此法典遂因以產生矣。

在當時之情形，凡習慣法經國王或領主批准時，在外形上極似一種契約關係，而非立法行爲，不僅上述之情形爲如此，卽其他批准法律之場合，亦莫不然。至在國會批准或通過一成文法時，其行爲爲契約關係，抑爲立法？雖不易區別，但吾人可斷言中世國會之一切立法，實質上不外國王與貴族、教士、平民三階級間所訂立之合同或契約而已。

至貴族法典所以另成一類者，良以此種法典中雖亦有關於他階級之法規，但大體上仍以包含貴族所遵行之法律爲主，故別稱爲貴族法典，貴族法典中別饒風味者，乃 Fuero de los fijos-dalgo。此法典又名判決與仲裁大全（Book of Decisions and Arbitrations），亦稱拉基納法令或拉基納法（Fuero of Nagera）。由此後一名稱觀之，可知此法乃一一三八年在拉基納所開國會所批准者。

據云城市之批准，早已有此事實，遠在九世紀中已有國王或城市領主頒布或批准城市法之舉，惟就西班牙城市法中所流傳於今日者觀之，從未見有一註明十一世紀以前之年代者，足徵上說尚有未洽，容待他日之證明。就確鑿之史料以言，西班牙城市之有正式成文法，蓋自十一世紀始。自十一世紀而後，城市法之數目大增，幾至稍爲重要之城市，亦無不有自身之特別法律。爾後之城市法，其範圍日見擴張，內容益形充實，不特包含設定城市特權之憲章，且包含城市中一般遵行之私法法規，此私法法規之記載，頗爲完全，殆可謂已粗具私法法典之規模矣。

考西班牙各單獨王國法律中，其最初有編製國內普遍法之企圖者，乃內昂法及卡泰羅尼亞之優沙提西法(Usatici)（一〇六八年）是也。

在十三世紀中，西班牙已有統一法律之趨勢，當時關於統一法律之頒布，已日趨普遍，此種種頒布之法律中，不僅其所編訂之每區習慣，益臻完全，且往往將貴族法與城市法合爲一單一法典。在卡士提內當一二一二年時，已有所謂舊法（Fuero viejo）之頒行，在一二五五年復有新法（Fuero real）之公布。卡士提法律爾後迭經修訂，舉其著者，如一三四八年之亞加拉（Alcala）法令，一四八五年之蒙塔窩（Montavo）法令，一五〇五年之托羅（Toro）法及一五六七年之 Nueva recopilacion 等是。

就世界法發達之歷史以言，卡士提法頗饒興趣，何以言之，蓋卡士提法與巴黎習慣之輸入法屬殖民地然，亦先後輸入西班牙所有殖民地內故也。

亞拉根於十三世紀中，已有一共同法典之編纂，一般通稱此法典曰許士加法（Fuero of Huesca）。其後來復經多次增訂，內容上充實不少。拉瓦爾於一二三四年（或謂一二三七年）中，已制定一普遍法，其後於一三三〇年又經修訂。瓦倫西亞（Valencia）之普遍法（general juers）係於一二三九年所頒布者，後於一二七〇年增訂之。實際上此法典後來在一五四八年中，爲一久具權威之私人所編瓦倫西亞法典所取而代之矣。卡泰羅尼亞一〇六八年之古拉丁文法典——即優沙提西法，後來爲一四一三年所頒布之一 recopilaciòn 所取而代之，此 recopilacion 後來於一五八八年復經增訂。

由上觀之，可知在中世結束之際，尙無通行全西班牙之普遍法律。雖其中少數王國後來漸合爲君合國，但每一王國中原來尙繼續有國會者，仍各自繼續維持其特別國會。又各國仍各自保持其獨立之司法機構，各有其自身之特別法律。各王國法典中所確立之普遍法律，亦並未完全根滅貴族法與城市法之差別，又其效力亦未至超越旣成地方法之上。

第三十六節　中世後期意大利之法律

意大利至中世後期，尙無類似統一民族國家之組織，若法德二國之情形者。德意志選皇——卽神聖羅馬皇帝——雖爲北意名義上之主權者，惟實際上之統治權，皆旁落於僧俗二界諸侯及共和城市之手。意大利中部教會所據之地盤，則在教皇最高統治權之下。南意與西西里二部因爲諾曼人征服之結果，遂爲一諾曼君主所統治。其後由於男系皇族失敗，嗣女入承大統，復以此女王與荷亨斯多芬朝王子結婚之結果，於是南意大利王國曾一度於德皇腓德力克二世（Frederick II）時，與德意志結爲一君合國。

意大利北部由於民族混合之故，屬人法之存在較其他各國爲久。雖至爾後十五世紀中，在北意一部尙有一部分生活於佛蘭克法律下者，及其他生活於倫巴德法下者。至南意方面，因薩拉遜人（Saracens）及諾曼人入侵之結果，亦產生民族之混合，故其屬人法制度繼持更久。在意大利北部 scabini（或稱非專家承審官 lay judges）之制，亦維持頗久，因爲北意民族複雜，各生活於屬人法制度下之主要團體，往往各選一 scabini 爲團體之代表。雖然，意大利各部亦如法國之情形，至後來均次第有屬地法之發達。至於混合區域內，亦已發生各民族法律混合之現象，其他無民族混合之區域內，或其優越之屬人法制早已變爲屬地法矣。

至倫巴底一城，乃至在佛蘭克帝國崩潰以前，卽已有統一法之雛形，緣倫巴底在八三〇年左右，已有編訂倫巴底法律中普遍規則之舉，其編制頗有系統。此部拉丁法典當時名之爲 Concordia de singulis causis 或 Capitula legis regum Langobardorum。

意大利城市成文法之出世，爲期頗早，如十世紀之基羅亞（Genoa）城市法，十一世紀之畢士拖瓦（Pistoia）

城市法，以及十三世紀之皮沙(Pisa)城市法等是。迨至十三世紀時，所見之城市法典爲數尤多。當時在許多方面，立法事業極爲活躍。學者但丁嘗譏諷佛羅侖丁人(Florentines)，謂其法律、錢幣及服裝無不朝定而暮改，徒見其更異不已耳。

同時在意大利方面，亦有模倣及完全借襲他法之例。如西西里之母法城(parent or mother cities)卽巴勒謨(Palermo)卡泰尼亞(Catania)及墨西拉(Mossina)諸城。又佛洛稜斯之法律及畢士拖瓦法爾後之修正法，大概亦係模倣波侖那(Bologna)城市法。此外，其他倫巴底城市之法律，亦無不以米蘭(Milan)城市法爲楷模。

意大利有時亦如西班牙之情形，一區域內通行之普遍法亦常化爲成文形式。如十四世紀中米蘭之成文法，都爲八册，適用於全郡及全主教管轄區。又汎尼地亞制定法(Venetian legislation)，自十四世紀而後亦適用於汎尼地亞全境。在十五世紀中，羅馬城之制定法，亦適用於各基督教國家之內。

雙西西里王國法律之發達，與西班牙各大王國之情形極相類似。十二世紀中王國立法府(state)已制定不少之法律。一二一三年在國王腓德力克二世倡議之下，已制定一有系統之諾曼·西西里法典(Norman-Sicilian Laws)。此法典卽所謂之西西里王國憲法(Constitution of the Realm of Sicily)者是，乃當時最完善之一法典。其第一編規定公法；第二編規定司法程序；第三編規定封建法，並附帶規定普遍法律。但其中所包含之私法法規極少；私法方面，仍由地方習慣支配之。此法典直至一八一九年以前，名義上仍繼續有效。

意大利北部降及十三世紀中，在兼領意大利王號之神聖羅馬帝國皇帝主持下，已舉行定期國會。經此種國會批准之法律，卽以帝國法律之形式公布之。此類法律以規定封建法與公法二者爲主。迄優士丁尼法典研究復興以後，有不少之帝國法其最初本包含於原稿中者，此時復將之正式編印於優士丁尼法典中，作爲該法典之補編。

由上觀之，可知意大利與法蘭西及西班牙之情形同，其私法之發達，在本質上極富於地方性(particularistic)，完全由各地方區域各自獨立發展。又在意大利中，凡地方性愈深之地方法，其效力愈強，往往有優越於普遍性法律之效力，此與歐洲大陸其他各國之情形，亦毫無二致也。

第三十七節　中世後期德意志之法律

在中世後期德意志國內，所有佛蘭克帝國之成文法，不問其為關於部族法之記載，抑為皇室法令，均已不能適用。其所以不能適用者，大半由於社會組織及政治組織俱已發生變動之故。惟促其所以積極歸於消滅者，大概尚有一部應歸究於此等成文法本身之原因，卽此等成文法原來俱以拉丁文寫成，以致一般所謂 Schöffen 之非專家承審官對之多不能了解，事實上無法引用。由是以觀，則知從十世紀至十三世紀中德國各區域法院所適用之法律，所以大開倒車復返於不成文之傳統習慣者，其原因在此。

德意志亦與其他各國之情形同，采地法權極度伸張，往往排除郡法院之法權，而對於多數人民行使其管轄權。如不自由騎士本為其所事領主之附庸，故以前亦曾一度受其領主法權之支配，而領主對於此等不自由騎士，亦特設一獨立之采邑法院以管轄其事務，此種采邑法院與管轄佃農之采邑法院，完全不同。厥後由於自由騎士與不自由騎士間身分之差別消滅後，於是彼所謂不自由騎士階級，始脫離采邑法院之管轄。騎士階級就其祿地而言，則受普通封建法院之管轄；就其他關係而言，則仍受郡法院中所執行的一般法律之規律，不寧惟是，騎士憑其保有土地一資格，復可成為郡法院之承審官(schöffen)。

郡法院中所適用之習慣法，乃根據通行郡內之古代部族法。此種習慣法多半仍沿用古代部族之名稱，如薩克森法或斯瓦賓法等是。地方法之成文記載，始見於十三世紀中。考德國地方法中最著名且最重要者，為薩森法典(Sachenspiegel)。其編著者為李甫考(Eike von Repkow)氏，氏為一薩克森騎士兼承審官。此法典約於一二三〇年左右制成。其初乃以拉丁文寫成，爾後經何耶(Hoyer von Falkensteins)伯建議，李氏乃將之翻成德文。此法典包含二部：第一部規定郡法院中所執行之普通法(卽 Landrecht)，第二部係規定封建法

(lehnrecht)。第一部中所設定之種法規，實卽當時在馬德堡(Magdeburg)及哈柏斯達德(Halberstadt)二教區內實際上所適用之法律。緣李氏乃一極富於保守性之人，特別固執傳統之習慣，故其所編法典亦極重此點。

設吾人將此薩克森法之成文法典與當時法國波曼諾瓦氏關於北法習慣之記載，加以比較，或將法德二國之此種成文記載，任擇其一與當時布拉克吞(Bracton)關於英國法之敍述，加以比較，則可發現其間皆有一種別饒興味之差別。薩克森法似屬於法律發達初期之法律，內容粗俗簡陋，學理上之分析亦較遜。尤以與布拉克吞所編述之英國法較之，益屬相形見絀，殆不可同年而語，蓋布氏所編述之英國法，乃歷來中央皇室法院中所發達之英國習慣，故皆為完善且有系統之法規。

在薩克森法律所支配之全法域內，大都適用薩森法典，換言之，卽薩森法典之效力區域，爲北德、中德及德國東北部一帶。

大約在十三世紀中葉，德國南部亦有一部著作出世，該著之目的在闡述一般德意志法，其名稱爲德意志人民法律大全(Spiegel der deutschen Leute)。此著亦係以李甫考之作爲藍本。其第一篇全部及第二篇之一部，乃就南德之習慣稍加修改；至其餘各篇，乃僅將低原德文翻成高原德文而已，在內容上，絕少變更。此外尚有一不知名姓之教士，復以此著爲藍本，外加佛蘭克時代之古成文法，又編成一部法律，著者自稱之爲帝國國法與封建法合編(Kaiserliches Land-und Lehnrecht)，因爲此法律合編中注重南德習慣，尤其注重斯瓦賓習慣，所以後來通稱之爲斯瓦賓法典(Schwaben Spiegel)。此法大概於一二五九年至一二七五年間所公布者。

此南德意志成文法，與薩森法典同，流行極廣，權威頗高。十四世紀中一般皆認爲此二部成文法，均屬帝國立法之產物，又法院中亦每以之作爲帝國法而援引判案。此薩克森法鑑(Mirror of Saxon)不僅流通於拉丁語及低原德語中，且已翻成荷蘭文與波蘭文；斯瓦賓法鑑亦已翻成拉丁文、法文與波希米文。此二部法律均經後人一再「註釋」——所謂「註釋」者，乃指於法文之側，加以種種旁註（marginal comments）而言，又在爾後所加之種種註釋（glooses）中，常引用不少羅馬法爲註脚。由於此二部成文法流佈之廣，聲望之高，以致於無形中刺激其他次要之國內法與地方法之制定，故此二法對於後來成文法之發達，厥功非小。

此種種關於地方實體法與封建實體法之著作，其後復加入關於討論區域法院或封建法院程序之種種論著，以補充之，於是其內容益臻完備。當時雖亦有關於采邑法（hofrecht）之著作，惟其數極少耳。

十三世紀中，德國城市法典亦紛紛崛起，爲數特多。德國各城市法與歐洲其他各國之情形同，亦以國王或地方領主之賜准城市憲章，爲其起點。後來於城市憲章之上，復加以城市法院判決所發達之習慣。除此而外，自十三世紀而後，所有市參議會之法令與承審官之特別判決，概行編入城市憲章之中，而承審官之特別判決，往往且變爲正式宣示之法律。

在德國大多數之重要城市中以及波希米亞之城市中，保存判決紀錄者，有「判決錄」（books of judgments）一類之文卷。當時既見將私人間之法律行爲記載於司法紀錄中，顯屬有利無害之舉，所以往往將私人間關於財產轉讓、抵押與設定地租等法律行爲，作成筆記，而加入此類司法紀錄之中。關於載入此等法律行爲所採之辦法，最初乃用擬制訴訟（fictions suit）之方法爲之（關於擬制訴訟之方法，請參照英國法罰金與損害賠償）。其後則視爲當然，以爲無須先出擬制訴訟之必要；又少數城市中並備有獨立之記錄册，專載一切影響於不動產之法律行爲。在此種種所謂土地登記簿（grundbücher）中，有一部分尚繼續爲今日不動產登記制（lot and block sy tem）中所採用。

德國城市法之以文字記載，與地方法之情形同，皆始於薩克森。薩克森境內通常採用馬德堡法律爲範本。薩克森城市法中之最早者，爲薩克森市管轄法（Weichbild），此法實即一部判決彙篇，其稍有與尋常判決錄不同者，即於其編末附有種種討論城市法院管轄權及其訴訟程序之論文而已。就此法所流傳於今日者觀之，在形式上似若一部論文集，其中乃收集各作者所撰之論文。其最早之原稿所註年代，乃十三世紀之末。此薩克森市管轄法經翻成拉丁、波蘭及波希米亞各國文字，在波蘭及波希米亞二國，此法亦有權威，其中大部分規定歷經各城市法院援引為權威之法律。此法亦迭經註釋，且在嗣後所加之註釋中，並註入多少羅馬法規則。

十四及十五世紀中，其他種種討論德國各城市法律之專著，亦屢見不鮮，屈指難計。

德國在十三世紀以前，尚無帝國統一立法之事實。惟至荷亨斯多芬王朝時代，始見有少數經帝國國會中貴族同意而公布之制定法。此種制定法之大部分（指從一一二二年瓦姆斯宗教大會之政教法令至一三五六年之黃金勅令 Golden Bull 為止，其間之種種制定法而言），概為組織法或憲法。

同時在刑法方面，亦有帝國統一立法之規定。緣當時中央政府之力量極弱，以致不能藉直接之行政作用，以抑止私鬬復仇及破壞平和等舉動。因而惟一維持治安之道，祇有由國王與各地方大諸侯訂立公約之一法耳。爾時國王時時頒布種種「地方治安法」(land freidens gesetze)，每一治安法，僅於一定年限內有效，國王一方面須自己宣誓遵守此等法律，同時在他方面又要求各權貴諸侯亦同樣宣誓遵守。此種種公約之中，不僅包含對於破壞治安者之處置，且有處罰刑事犯罪之法規與其他關於刑事程序及預防上種種取締手段（police measure）之規定。此種協定法律之最早者，從一一〇三年始；其最後者，為一四九五年瓦姆斯宗教大會所通過之永久地方治安法(ewiger landfriede)。此法後經多次大會一再制定，並增訂不少。

在中世後期自十三世紀而後，德意志皇帝(emperor-kings)之權力漸趨削減，而俗僧二界諸侯之權勢日增，各自紛紛獨立，據地稱雄。各地方大諸侯在其領域內已握有一般立法權，只要取得本區內各權貴階級之同意後，即可頒布種種法律。在十三及十四世紀中，地方立法所以極臻發達，為數特多者，即以因此。此種地方法大部份係行政法或刑法。其涉及普通私法者，百無一焉。

歷此期全部，已有一皇室法院之組織。此皇室法院乃君主自身所直轄之法院，最初凡君主所在或所幸駕之處，即隨時隨地開庭。皇室法院之判決非由專職之判決發現者為之，乃由貴族皇室官吏及御前從士為之，凡貴族皇室官吏或御前從士遇有案件到手，均得隨時判決之。在中世紀末了以前，德國已有常設帝國法院之組織，與皇室參議會之組織完全分開，成為一獨立之機關。然而不論為巡迴不定期之皇室法院，抑為爾後所建立之常設帝國法院，實際上均不能發達通行全國之普遍法。何以故？因為十三世紀以前德國之皇室法院，與歐洲各國之情形同，其所管轄之事務，僅以貴族間之一切爭議為主；降至中世結束之時，常設帝國法院在理論上固享有全國之一般管轄權，但事實上從來卽未有從各重要區域法院向帝國法院提起上訴之事，此蓋當時凡屬重要之區域，其地諸侯皆已享有「不上訴之特權」(privilege of non-appeal, de non appellando) 故也。

第三十八節　中世後期對於不法之反動

歐洲大陸政權之分化，不特妨礙各民族統一國法 (National Law) 之發達，且使地方法之執行亦至失其效力。當時在維護平和及保持地方秩序方面，已無有效之政治機構，足以發揮其力量。於是歐洲秩序大亂，不特在歐洲多數國家之內，復仇私鬥之風，死灰復燃，又作為解決爭端之手段；同時公然蔑視法律，侵害私權之事實，亦層出不窮，洵可謂為一「強盜貴族」之時代也。

如前所述，在德意志國內已特別謀劃一種救濟辦法，希圖藉君主與地方諸侯之公約為手段，以達維持治安之目的。此種所謂地方治安法之執行權，大部分係由各諸侯司之。然而在大多數情形之下，地方諸侯事實上仍多半不能制服其治下所屬附庸之行為，故地方治安法亦不過一紙法律，徒有其名而已。

在此種混亂局面之下，教會卻嘗行種種足以減少復仇或私鬥弊害之舉動。舉其要者以言：如教會禁止在祭神聖地內格鬥是。又教會復力求阻止戰鬥狀態之延長，其所採之方法：如提倡所謂上帝之休戰 (Truce of God)，此辦法乃指每週星期五至星期日不准戰爭，又在聖誕週 (Christmas Week) 內及復活節前一週 (Holy Week) 內，皆不得有戰爭行動。

當此時也，在歐洲多數國家中已有城市同盟之組織，其目的半在於維護同盟城市自身之獨立地位，半在於保護商業。城市同盟中組織最大，效力最強者，厥維北德之漢薩同盟；此外在南德及法蘭西、西班牙各處，亦建立有其他較小之城市同盟。西班牙境內之城市同盟，有時稱為 comunidades。在西班牙內，有時城市與貴族復聯合組成地方同盟(territorial leagues)，其目的或為對於國王以保護各自之權利，或僅在維護公共之秩序。此城市同盟及城市與貴族所合組之地方同盟二者，當時皆通稱為「同胞」(hermandades)。後一種型式之同胞，既以維護公共秩序為目的，故不僅為國王所容認，且國王常鼓勵多建立此種同盟組織。此種法律與秩序同盟中組織最大，效力最強者，乃一四七六至一四九八年之所謂神聖同胞(Holy Brotherhood, Santa Hermandad)者是也。

此外在歐洲其他部分，亦有相似之發展。所有此種種維持公安之同盟中最著名者，乃祕密刑事審判廳(Holy Vehm or Holy Fehm)之組織。此種同盟之組織與活動，曾引起不少文藝家與小說作家之注意(如安・基爾斯坦 Anne of Geierstein)。此種同盟組織係發端於德意志之威斯特發里亞(Westphalia)。緣在威斯特發里亞地方，古佛蘭克式之庶民法院仍繼續維持其組織，較之歐洲其他各處為時稍久。此種庶民法院乃由各郡之自由小地主與騎士所組成，惟在威斯特發里亞境內，自由小地主或自由農民之人數遠較德國他部為多，故此地貴族分子已失其優越之地位。又其地方諸侯之權力，亦較德國他處發達稍緩。

逮乎中世後期，威斯特發里亞各郡羣趨分裂，各郡之首長，為一自由伯(free count; freigraf)。此獨立自由伯之保有此一小郡，雖大多經過四五次手而轉得者，換言之，即多依次從各直接上級領主輾轉取得此一小郡，但在形式上仍直接從德意志皇帝處取得其土地(bann)。每一小郡內有一郡法院，此種郡法院歷全中世期中，一向在自由伯主席之下照開常期會審及特別會審。法院中與審分子之資格，亦與其他各處之情形同，皆以保有一定土地為條件，此種資格當時稱為自由參審員席(freistuhl)，其中參審分子則稱為自由承審官(freischöffen)。此類法院之管轄權亦擴充及於犯罪之審判，其程序乃採取略羅林時代曾加以多少變更之古日耳曼式程序。舉其最重要者言，厥為糾問權，此所謂糾問主義者，乃法院當案件無私人為追訴時，即得根據一般報告而以職權開始偵查審判之程序之謂也。

迄至十三世紀後半期，在自由承審官團體之中，又產生一種祕密的核心組織，斯即所謂智人團（wissende or "initiates"）者是。此核心組織之分子且可開祕密庭，以處理某種案件，事實上當時祕密開庭之辦法，確已見諸實行。不久以後，此種智人團體從原來胚胎之祕密小組織中，發育生長，終擴大爲一大團體。當時凡蟄隱閭里，出身自由門閥，且享有公民權之忠厚人士，雖在郡法院中無自由參審之席，然由其身分與地位，仍可當然取得自由承審官及智人（wissender）之資格。此種大規模之祕密組織，後來一般稱之爲祕密刑事審判廳（Vehm），因而構成當時威斯特發里亞之一大警衛團體。此組織在十四及十五世紀中，已達於最大的擴充，握有極大之實力。十五世紀中所有高級低級貴族與威斯特發里亞各城市參議官，無不爲此同盟組織之分子。同時其中分子之人數與活動，亦逐漸擴充於德意志全部，即普魯士境內德意志騎士團所占據之地域，亦包含在內。又其勢力復侵入瑞士與波希米亞二處。當時如西紀斯蒙皇帝，柏蘭登堡（Brandenburg）選侯腓特力克二世，以及其他多數諸侯與主教等，不僅爲該同盟組織之會員，且爲其核心組織智人團之團員，其勢力之大，可想而知。

此同盟組織之會審，時爲公開，時爲祕密。當其公開在威斯特發里亞開庭會審時，所有郡內之自由承審官自然皆經召集到庭。至祕密開庭則不然，僅召集全體智人團之團員到庭而已。據吾人揣測，大概在初期規模尚小之威斯特發里亞組織中，僅當有人對智人團中之一團員提起刑事追訴時，始開祕密庭審理。迨後來祕密刑事審判廳組織之職權漸趨擴大，益具有警衛委員會之性質而後，於是對於一切作奸犯科之徒，不問其是否爲智人團之分子，悉開祕密庭審究其罪責。至十四世紀中，此祕密刑事審判廳確已完全脫離其原來胚胎之基礎，換言之，即完全與威斯特發里亞之郡法院截斷其關係，而其所開之庭概爲祕密審理。於是祕密審判廳組織，至此已臻發達之極點，而完全發揮其特質矣。

祕密刑事審判廳組織中各法庭所適用之程序，大體上係循古日耳曼法系之途徑。無論何時何地，凡一犯罪者在行爲中經三人以上之祕密刑事審判廳分子所當場捕獲者，則不須再經任何審判程序，可就近立將犯人縊死於樹上。至其他案件，則適用糾問程序（rüge）。祕密刑事審判廳組織中之全體成員——即全體自由承審官，就喀羅林王朝時代之字義以言，即所謂之終身會審官（official jurati）。換詞以言，即此組織中之所有分子，不僅有根據自己所見或所聞而提起追訴之權利，且有此義務。設所經告發之犯罪，祕密刑事審判廳予以受理，則據此追訴而傳喚被告到案。如被告之所在不明，則將傳票（summons）張貼於十字路口，教堂大門或其他公共集會之場所。如被告之所在已明知者，則由執行傳喚人祕密親往傳喚。被告經傳喚而不赴祕密庭到案時，則原告可偕同宣誓輔助人六員，正式向祕密庭宣誓被告有罪，於是祕密庭遂根據原告一面之宣誓，爲缺席裁判，對被告宣示放逐法外（verfemt）之刑。此時則派一人或二人以上之自由承審官執行此祕密法庭之判決。於必要時，所有智人團之分子尙有幫助此判決執行之義務。執行判決之方法，一向用絞刑爲之。

反是，如被告到庭投案，則關於本案之裁判，乃根據古日耳曼法系之辦法爲之。不過此時與日耳曼法制稍有不同者，乃決鬬法已禁止使用。在一二一五年以後，各種神判法概行廢止。因此關於案件之判決，悉憑宣誓及輔助宣誓一方法爲之。被告與舉證之利害關係，較爲密切，故得先行舉證，被告可宣誓「自己爲第七人」（即除自己以外，尙有宣誓輔助人六人），而主張無罪。不過被告所提出之宣誓人，須從祕密刑事審判廳組織之分子中求之，換言之，即其宣誓輔助人僅限於此種組織之分子。至提出倍數之宣誓輔助人，亦在允許之例；舉例言之，如被告提宣誓輔助人六人謂「自己爲第七人」，而宣誓自己無罪時，則原告仍可加倍提宣誓輔助人十三人謂「自己爲第十四人」，以證實其控訴。此時被告如欲求可以免罪，則惟一之辦法，乃非更加倍提出宣誓輔助人二十人，而宣誓「自己爲第二十一人」不可。在此種情形之下，其最初所提出之宣誓輔助人六人，大概仍包括於此二十人之數內計算，故除原有六人外，再提十四人即足。

一方面此種祕密刑事審判廳組織所握有之實權極大，固足以維持中世後期一時之秩序，但是利之所在，弊亦隨之，故他方面惟其權力太大，因以流弊叢生，種種腐敗之現象，殆歸無法避免。其中在職之分子，往往爲自私所動，或爲金錢之目的所利用，於是貪贓枉法，比比皆是。最後復以此組織傲慢自大，引起一般人深惡痛疾，終至促其崩潰之速。譬如此祕密刑事審判廳曾有一次竟以放逐法外爲恫嚇，傳喚皇帝排惠力利三世到庭，其夜郎自大，作威作福之情形，可見一斑。此組織於十五世紀終結以前，已完全消滅。同時在當時亦無此種組織之需要，何以言之？蓋當時各地地方諸侯之實力，已日趨強大，故各諸侯皆能發達一種效力極強之司法手段，以維持各地之治安秩序，自無此種組織之必要。

逮乎十九世紀之初，在威斯特發里亞及其他地方，尙可偶一發見此種祕密審判組織之遺跡。此種種間歇性之特發組織，吾人或可稱之爲地方息爭所 (local private courts)，其管轄之事務頗爲籠統，且涉及本地一般人民之道德問題。

第三十九節　羅馬法之復興與繼受

史稱所謂羅馬優士丁尼法典研究之復興者，乃指最初發端於意大利各大學中對於優帝法律積極的擴大的研究風氣，爾後傳播於西歐大陸各國乃至英國各重要大學中之情形而言，嘗考此種風氣影響之所及，不僅使各國繼受羅馬法之一般原則，作爲權威之法律原則，且在西歐大陸各國法院中，大多數復將其所繼受之羅馬法原則，更付諸實際上之應用；凡此種種現象，就其外表上觀之，誠不失爲法律史上極奇特之一節。何以見之？緣優帝法典係制定於第六世紀中，其所用之文字，亦僅學者文人所能懂會，而竟能適用於後世，又不特適用羅馬帝國所屬各國，且適用於從來不屬羅馬帝國所統治之各國，此就其外表以言，吾人能不引爲驚奇？不寧惟是，縱然中世期中社會及政治組織，已大趨變動，然古羅馬法又竟能在此種情況下，爲多數國家所繼受，且以之作爲現行有效之法律而適用之，故就其實質上言之，亦不能不引爲怪事。

雖然，吾人尙有應注意者，縱在繼受羅馬法爲權威法律之處，羅馬法在理論上並未排除後世任何現行成文法之適用，亦未摧毀既存地方習慣或區域習慣之效力，事實上不過繼受羅馬法作爲一種補充法而已。其與後期法律及習慣之關係，正同英國普通法與美國法律及習慣之關係然也。前此世人莫不以羅馬法視爲歐洲大陸之共同法（Common Law），直至歐陸各國近代統一國家法典起而代替羅馬法之地位而後，一般始改變此傳統的觀點。

揆諸羅馬法所以爲歐洲各國接受爲補充法律之主要原因，乃中世後期社會情況已大趨變動，因是欲求所以適應新經濟情形之新法律的需要，遂日趨迫切。緣當時歐洲已渡過以土地構成財富主要形式之經濟制度，而急速進入動產主要性日增及其種類日繁之經濟制度中。財富之基礎與尺度，已非土地，而爲金錢。在此種經濟變更之下，其所需要之私法體制，當然非當時歐洲各國現存之法制，而係一種發達更完善更精密之私法。古代羅馬法所適應之經濟制度，既較中世歐洲之經濟制度更爲進步，則羅馬法原則與法規之能適合於當時一切需要，以及其中大部分尚能適於近代歐洲之需要，寧屬當然。

此外，繼受古羅馬法之他一原因，即當時歐洲大陸大多數國家之中，尚無足以發達此所需新規則之立法與司法機關。緣中世歐洲封建法院之管轄，既不涉及動產或契約等問題，而寺院法院所涉及動產之範圍，又極有限，僅關於婚姻關係及繼承問題上始涉及動產問題耳；關於契約之問題，當時寺院法院所能管轄者，僅以債務人對於契約之履行曾正式宣誓，或曾以信用擔保，或高利貸契約三種情形爲限。至言商法，則更無論矣，苟非當事人間至少必有一方爲商人者，則對於動產或契約所關之案件，根本無管轄之權。在此種情形之下，對於非商人間關於動產或契約之涉訟（此當然係指雙方當事人均非商人之情形而言），其惟一足適於解決此訟爭之管轄機關，僅普通區域法院而已。但區域法院中所適用之地方習慣，又不足以適應當時之需要，於是羅馬法中之一般原則遂得應運而興，成爲權威之補充法律，至區域法院何以不適於將地方習慣適應新經濟狀況之理由，前已言之詳矣，茲不贅述於此。

羅馬優士丁尼法典之所以爲歐洲大陸各國接受爲現行有效法律者，推原厥始，並非起因於所謂永續帝國（continuous empire）之理論，而實有其他之根本原因在，此所謂永續帝國之擬制，即或有之，亦不過一般使此羅馬法之繼受易於實現而已。緣夫中世末葉以前，一般莫不假定中世時代之一切政權，皆從古羅馬帝國所演繹而來，一切國王與諸侯就某種意義以言，皆不過羅馬皇帝之繼承人而已，因是之故，羅馬法律只要尙未爲他種法律所正式排斥以前，當然繼續有效。關於此種理論之基礎，前已約略及之，茲更就事實上之表現，復進而言之。吾人已知自五世紀而後，紛紛建國於羅馬領域上之諸條頓王國，莫不力求其新政權與羅馬帝國發生一種關係，以期其取得合法之根據。自佛蘭克國王承襲羅馬皇帝而後，此種帝國永續之理論，又取得一新的根據，其後至神聖羅馬帝國時代，羅馬皇帝之尊號與德意志君主合而爲一，德意志之君主卽爲羅馬皇帝，於是此帝國永續之理論基礎，遂更臻強固。當十及十一世紀中，嘗見兼稱羅馬皇帝尊號之德意志王，如奧多三世、亨利二世及三世諸帝，每將其從羅馬法中所借取之種種規則，引用於其所頒上諭中，並謂之爲先代神聖皇帝之法律。又當十二及十三世紀中，荷亨斯多芬朝皇帝腓德力克一世及二世與教皇相爭之際，每引用羅馬法爲根據，以證明教皇教令之無效。一一六五年腓德力克一世卽公開宣示自己乃步前代諸羅馬聖帝——尤其如康士坦丁大帝及衞倫丁尼（Valentinian）與憂士丁尼諸帝之後塵，繼承先帝之遺志，秉理國政，同時腓帝並宣稱自己尊敬諸先帝之神聖法律，奉之爲神之諭旨（divine oracles）云。

此外，永續帝國理論之發展，尙不僅止於諸神聖羅馬帝國皇帝所提出之種種要求而已，其盛焉者，尤爲德意二國一般皆接受此種理論。當時意大利諸法學家較諸德意志皇帝之要求，實際上更有甚焉，彼輩往往宣示謂：所有基督教民族本隸屬於羅馬帝國之下，自應受羅馬法之支配，此蓋名正言順，事理之當然也。又意大利寺院法學家名雨哥西奧（Huguccio）者，在一二〇〇年左右曾有言曰：「羅馬法乃拘束羅馬人及一切隸屬於羅馬皇帝之人民。或有問之，然則法蘭西人、英吉利人與阿爾卑斯山南麓各民族（ultramontaines），是否亦須受羅馬法之支配，而據此以爲生活之準則乎？余答曰，然也；蓋此等人或事實上已隸屬於羅馬皇帝，或理論上應隸屬於羅馬皇帝故也，換言之，卽在基督教世界之中，雖在皇帝統治下之各大區域尙有各區之國王，惟究其最高之頂點，僅有一皇帝已耳，列國君主皆隸屬於此一最高皇帝之下。是法英等國人民應受羅馬法之支配，理所當然也。」

此種理論當然不為英、法及西班牙諸國國王所接受，但以其流行之廣，潛勢之大，顯然仍有足使彼輩君主感覺不安不滿之處。徵之史籍，相傳某次有兼攝羅馬皇帝尊號之德意志國王某，欲往訪英國，時英國堅持非彼德意志王明白宣示其對於英倫三島無何統治權，則不許其登陸云云，由此可見當時英國對於此永續帝國理論之不滿。同時在他方面由於此永續帝國理論普遍流行之結果，以致英國與西班牙二國之統治者，亦受其影響，間有僭稱「皇帝」號者。如英國伊利薩伯女后，即往往為英人稱為女皇帝。良以此種種表示或可認為係有一種特別目的，欲藉此指明：縱令一切政權原係出乎古羅馬帝國，但古羅馬帝國今已名實俱亡，領域分離，大權旁落，故德意志民族之所謂神聖羅馬帝國皇帝，當然非彼輩歐西各國君王之最高主宰。

至就實用上繼受優帝法典之情形以言，換言之，即就各國法院中適用羅馬法之情形以言，其所需之必要條件，蓋有二端：其一，研究羅馬法理及從適用上研究羅馬法使之完全足以適用於訴訟案者，其人數必相當充足。其二，必使受羅馬法訓練者，能取得司法上之職位，方有利用羅馬法以判案之機會，關於第一問題，即羅馬法學者之訓練一問題，在各大學中已得其解決。至第二問題，唯當歐陸各國君主能採行英國君主幾百年以前所實行之政策——即建立包含法學湛深之專門法官的政府法院或公法院時，則此問題始有解決之可能。徵之事實，此種政府法院在中世後期西歐各國中，幾已普遍成立。如在英國，此種公法院早已起而代替古代包含非專家承審官(lay judges)之庶民法院或村鎮法院矣。德國法律史家嘗謂此後一種促成適用上繼受羅馬法之運動，究其極以言，誠不外一種專門司法機關之發達過程也；顧此專門司法機構之發達，唯待有公式法院起而代替普通平民法院之後，始有可能，斯亦事理之至明。至於適用上繼受羅馬法之時期，以及優帝法典在各國所享權威之程度，均隨西歐各國而不盡同。雖然，此全部過程係以優帝法典系統研究之發達而開始，又羅馬法之研究與繼受最初係發端於意大利，是不可不知者也。

第四十節　羅馬法與意大利

往昔中世紀中關於羅馬法研究之復興，有一種極風行之傳說，謂優士丁尼帝所整理編訂之羅馬法，除西西里與薩地尼亞（Sardinia）二處外，其他各處既未認其為法律，又未認其為一種法律科學；復謂羅馬法之最初成為正式研究之對象者，乃始於十二世紀北意之波侖那城；復次又以羅馬法研究之所以可能者，係因於一一三五年至一一三六年間在亞瑪斐（Amalfi）地方發掘一優士丁尼法典大全（Pandects）原稿之故，此發掘之一原稿後經運至比薩（Pisa）城，於是大引起北意法學家之注意，研究古羅馬法之興趣，遂以此起，此種傳說在今日少數英國史及美國史中，尚可窺見其遺跡。但是此傳說之眞確性早已為多數學者所懷疑，如一七〇〇年時，意大利學者多拉拖達斯提（Donato d'Astl）氏，已開始對此傳說表示懷疑，自後至距今約百餘年以前，德學者薩微尼（Savigny）氏於其所著中古羅馬法史（History of Roman Law in the Middle Age）一書中，乃根本否認此傳說之眞確性。據薩氏之所示：所有西歐大陸各國寺院之藏書庫中，皆有優帝法典之原本，中世初期寺院中之學者已有引用優帝法典之事實。故此傳說之所云，實無足信。

又據最近研究之所得，已知優帝法典之研究，非始於十二世紀之波侖那。緣自七世紀至十一世紀間，意大利多數城市中僧俗二界各已創辦種種高等預備學校（schools of grammar and rhetoric），在此類學校中，對於羅馬民法及羅馬寺院法已作初步之研究。其中已訓練不少之錄事（notaries），此種受過訓練之錄事，遇有當事人雙方俱生活於羅馬法之案件，對其中所應適用之遺囑及契約之習慣方式，亦粗知其意義。同時尚有一種專門學校，其主旨至少是專門研究羅馬法之要義，並多少使用優士丁尼法典。此外並有少數私立學校（free school; private school），私立學校之地位是否重要，以及其教學之性質如何，不論在何特定時期中，概以其中教師之學識能力為轉移。學者許薪阜（Schupfer）與薩維奧利（Salvioli）二氏認為降至十一世紀中葉，在羅馬城中確尚有此種私立學校之存在，此種私立學校不失為往昔優士丁尼帝曾賦與重要特權之羅馬法律學校的繼承者，至少各該學校有此主張。薩氏又謂在侖巴德人及佛蘭克人統治之下，此種學校雖不過一種私立學院之性質而已，但在西哥德人治下，當時確有撥發國帑維持補助此類學校之事實，故至少可謂為半公半私之性質。惟此種私立學校在羅馬城中後來是否繼續存在，極引起後世意大利史家之懷疑。但吾人以爲巴維亞及拉文納（Ravenna）二處之有法律學校，確較波倫那之法律學校爲早，此種說法似可成立。又巴維亞之法律學校對於倫巴底法律之發達，影響殊大，此影響之所由來，蓋巴維亞法律學校之教師，對於巴維亞之律師與法官，實供給不少關於羅馬法之知識故也。當十一世紀中，巴維亞之法律學校蜚聲四境，北法一帶之學生皆頻繁負笈來此，此輩學生學成返里之日，不僅將一部羅馬法之知識帶歸本國，且將當時流行於倫巴底境內之羅馬法教本或便覽等書籍，攜回本土。此外，此種羅馬法教本中有少數於後來且輾轉再傳入阿爾卑斯山北麓一帶。因此種種羅馬法教本普遍流傳之結果，於是產生了中世意大利討論羅馬法最著名之一教本，曰 Petri exceptiones。至納文拉之法律學校，在十一世紀之初，確已有其存在，關於此點，史證確鑿可據，至無可疑。不寧此也，吾人尚可推斷其成立之時期，或且更早。此法律學校之學生，大部分乃從杜斯堪尼（Tuscany）及羅曼拉（Romagna）二地而來。

在此類法律學校中，已發達一種法學文獻，其內容包含二種材料，一爲附有註釋之條文，一爲普通羅馬法教本。當時優帝法典爲數既已有限，而價金又復太高，因是，遂有各種撮要綱領之刊行，有時其編排之形式，乃依各註釋首用字母之秩序爲準。在此種法學著作後世所編行之版本中，有少數在內容上更爲精彩，其中所確立之種種規則，不特以理論之註釋爲之解釋，且舉種種實例以證實之。考意大利在初期研究羅馬法上所表現之成績，爲數不少，其中最重要者，當推前述之彼得羅馬法例舉隅（Exception of Peter; Petri exceptiones），此著係直接取材於優士丁尼法學彙編（Digest of Justinian）與 Brachylogus juris 一部著作，後者有時亦名法律大全（Corpus legum）。此所謂法律大全者，其中所包含之材料極廣，內分四大編，在編制上係根據優士丁尼帝法學階梯（Institutes）之體制爲基礎，同時並參考優帝法學彙編與優帝法典（Codex），此外取材於羅馬寺院文獻者，亦復不少，故其內容頗爲可觀。

自一一〇〇年以後，納文拉之法律學校已不聞名於世。繼之而興者，則爲波倫那之法律學校，波倫那法律學校對於法律之研究，乃採取更合科學之方法，因是聲譽特高，名聞遐邇。傳說波侖那之學校係狄奧多修帝或查理曼大帝所創辦，吾人雖不接受此種傳說，但可推斷大概波倫那學校在其著名以前，業已創立很久。又在此類學校中除習慣上所照例講授之文藝諸課外，確有羅馬法一科，當時擔任羅馬法之講授者，皆屬伊勒留（Irnerius）氏時代以前之諸法律碩學之士，如法學碩士及法學博士諸流。伊勒留氏（一〇八五—一一二五）古代法學泰斗也，氏爲開創註釋家（或評釋家）時代之元勳，後世法律解釋學派之鼻祖也。氏之解釋方法，不同流俗，氏於註釋中已進一步超越法文之文理解釋範圍，而企圖建立法律之原則與學說。時人常譽氏爲「法學之光」（Lamp of the Law; Lucerna juris）云。伊氏最著名之門徒，有十二世紀時之柏嘉奴（Bulgarus）與馬丁奴（Martinus）二氏。柏氏較專拘泥於嚴格解釋法文，而馬氏則反是，嘗企圖發現衡平的解釋方法。斯二氏者，一般視爲當時此二大解釋學派之宗師也。

此類教師已創建了波侖那大學之聲望，一般有「la dotta」之稱，約在一二〇〇年左右，據云波侖那大學之學生已達一萬人，殆可謂盛極一時矣。

波侖那大學之教授，對於十二世紀時之種種政爭，亦有重要關係。往昔當皇帝與教皇關於主教敍爵問題，發生爭執時，伊勒留及其他法學家，即祖護皇帝之要求，他方面寺院法學者，則擁護教會之主張以對之。波侖那法學家並於一一五八年起草欒卡基利亞憲法（Constitution of Roncaglia），於其中特別規定君主權利之範圍，又其中所參考優士丁尼帝新法（Novels of Justinian）之處極多。彼輩法學家又嘗草一憲法，在此憲法中皇帝腓特力克一世對於波侖那大學之教授與學生，給與種種特別權利。

波侖那大學既辦理完善，因是蜚聲四海，外國留學生負笈來此者，紛紛不絕於途，於是其規模日見宏大，誠足以睥睨一世也，影響所及，十二世紀中有其他十二個意大利城市，亦羣起效顰，各創立法律學校。當時波侖那大學及其他意大利大學中，因爲外國留學生極多，故各大學中學生團體概依國籍而組織。留學生中多數係從德國、荷蘭、北法及英吉利諸國而來，當時在此數國中，不僅無研究羅馬法之風氣，且連羅馬法之補充效力亦不承認之。又除教會法院而外，此外任何法院尤不引用羅馬法，在此種環境之下，欲研究羅馬法者，自非負笈他邦不可。此類留學生中多數之目的，顯然在準備將來加入寺院律師會，從事法律實務，既然抱此種目的，所以其研究之範圍不單止於寺院法，且亦研究羅馬民法。然而，其中未嘗抱此種志願，而僅委身於羅馬民法一科之研究者，其爲數尤多。

然而，試問此專門研究羅馬民法之俗界青年學生，將來究從事何種事業？對於此問題之惟一答覆，卽此類學生皆不外準備將來從事行政生涯。緣夫中世初期惟一受教育之智識階級，卽教會之教士，因此當時歐洲各國之君王，對於所有僅由智識分子始能擔任之職務，自不能不概借重於教士。但他方面又發生一種矛盾，蓋此等擔任重要政務之人士既爲教會中之教士，通常當其服務政界時，一向祇能對君主盡部分之忠順義務，其心目中除君主而外，尙有一更重要之教會，故君主每憂其忠順不能集中。適此時意大利各大學興起，由於對羅馬民法作系統研究之結果，於是產生大批有學識之俗界青年，此時君主以公務託於此類智識青年與託於教士相比較，顯見前者爲有利，良以此類俗人之智識青年，心無旁顧，必能對君主全誠竭忠，委以政務，則爲君上者自可高枕無憂，是此類智識青年之所以見重於君主，以及其能活躍於政界者，殆亦時勢之所以使然也。由上觀之，可知自十二世紀而後所有研究羅馬法之北歐人士，其所以最初皆入意大利大學研究，而後則入里敦（Leyden）、巴黎及牛津諸大學者，揆其用意，大概不外準備將來從事行政公務，或入君主參事府任職。又此等人卽令在中央未獲得此榮位顯職，至少有取得低級行政官職之資格，尤以在城市中更不成問題。就今日教育上之術語以言，此輩學生誠可謂爲政治學系本科學生。徵之事實，在後來多數公務方面，此種新智識階級之法學家確已漸漸發跡，而代替舊智識階級之教士之地位矣。

回顧意大利法學之發達史，在後期註釋家中，有一學者最值得吾人特別申述於此者，亞左（Azo）氏是也。氏爲波侖那大學之教授，歿於一二三〇年。氏所著之法律大全一書，一般謂其篇幅較羅馬法學階梯更大，氏尙著有法典研究講義（Lecturae），據云十三世紀中亞氏此二大著作，極有權威，一般人士每以全副心力，精心於此二著作之研究，且較之研究羅馬優帝法典之精神，尤有過之。當時對於亞氏有「Chi non ha Azo, non vada a palazzo」（其意卽「不讀亞左之書者不能居司法之職」）之譽，時人對於亞氏之尊敬，可想而知。註釋家在其講義中所採之教授方法，乃研究優帝法學彙編或優帝羅馬法典(Codex)之標題（titles），附以解釋及評註。同時此輩註釋家所發表之文獻，大部分皆受此種方法之決定，其體裁亦係根據法典之編制。除此而外，有時諸註釋家復搜集當時之判決，刊行各種判例集，又發表一般有系統之著作（如亞左氏之專著是）及種種討論特殊問題之專門論文等。顧此一百五十年來註釋諸家慘淡經營之成績，於十三世紀中又由所謂亞柯修標準註釋(standard gloss of accursius)集其大成。後來，終至一般咸認此亞柯修標準註釋乃優帝法典之權威解釋，時有諺云：「quod non agnoscit glossa, non agnoscit forum」（註釋家所不承認之原則，司法者必不予以考慮。）當時註釋派之權威，可謂登峯造極矣。

其後註釋學派倍受學者之批評，乃至譏諷。緣彼輩註釋家均不通拉丁文獻，故有時關於羅馬歷史之敍述舛錯百出，極屬荒謬可笑。但吾人應知此等註釋家均爲思想極縝密之法律家，彼輩藉其註釋及前後彼此參照之研究方法，使優帝法典能便於中世法院之用，是其貢獻也。在大多數情形之下，固可指出彼輩誤解羅馬法法規之意義，如學者薩徽尼氏，卽嘗指出彼註釋家所誤解羅馬法之處。然而如後來德國法學家布隆斯(Bruns)之所云，薩徽尼氏所認爲彼輩因不通羅馬法而致誤解之處，實際上多爲彼註釋家另有目的，故作如是解釋，以期羅馬法規能適合於中世之情況，非眞有所不知而誤解法文也。迄至中世結束之時，若居查修(Cujacius)一流之法學者，因兼通羅馬史及拉丁文獻，對於羅馬法富有研究，以是往往鄙視註釋家，而形容其爲荒謬可笑及愚拙之註釋家，殆可謂鄙夷備至矣。如學者納貝雷(Rabelais)氏卽爲一譏諷註釋派之最激烈者，按納氏不特爲一人文主義者，且對於羅馬法之研究，造詣甚深，氏嘗將優士丁尼法典比爲一件極貴重材料之大衣，上飾光華奪目之寶石，但邊緣皆惜爲糞士所汚。吾人祇須一翻開羅馬民法大全古代所刊之任何一版，卽可見每一頁之正中心正方形部分爲優士丁尼帝之原文，在此正方形之外，完全爲小號字之亞柯修標準註釋所圍圈環繞，有如一正方形之邊緣，觀乎此，可知納氏之形容殆可謂淋漓盡致。

雖然，全中世紀中意大利之法學仍足以睥睨一世，支配全歐。自一二五〇至一五〇〇年間之意大利法學派，通稱爲後期註釋學派(Post-glossators)。此學派之學者皆特別注意概念之定義與區別。其首要之目標，卽法規之完全論理的定型化，務期一切法規皆能合乎嚴格的論理形式。故其方法在本質上完全爲經典派之方法（古典方法）。後世批評此派者，常謂此派過於注重標準註釋，反將原文置之腦後，未免有捨本逐末之嫌。如古查修氏嘗批評此派曰：「彼註釋家往往廢語連篇，無關痛癢；對於細微末節非關閎旨之事，搖脣鼓舌，喋喋不休；而對於緊難重要之問題，反三緘其口，不涉一言。」雖然，在註釋派中尙不無著名之學者，如巴託魯斯(Bartolus)與其門徒巴爾道斯(Baldus)二氏，卽爲後期註釋學派中二大知名之人物，巴託魯斯氏，西魯斯(Cinus)之門徒，西魯斯則但丁氏之友也。氏爲初期國際私法學者之一。如氏所創關於繼承上法律之區別，今猶屢爲學者所引爲說明純粹拘泥於文字解釋之一極端之例。根據氏之區別：如法律規定曰：「不動產應歸長子繼承」，則此爲一種物法(real statute)；惟如法律規定曰：「長子取得不動產之繼承權」，則此爲一種人法(personal statute)。此種區別之意義當然指前者之情形應受不動產所在地法(law of the site)之支配，後者之情形應受被繼承人住所地法之規律。

適用上之繼受羅馬法（卽以羅馬法作爲補充法律而適用於法院之情形而言），在意大利自優士丁尼法典研究復興而後，其發展極速。又在意大利國內亦如他處之情形，唯待法學專家加入皇室法院及城市法院，質言之，僅當法學專家在皇室法院及城市法院中代替非專家承審官之地位而後，則羅馬法之繼受始能完成。尤其在城市中，更感覺普遍穩定及公平法律之需要，故亦助成羅馬法繼受之實現。

同時促成羅馬法繼受之完成者，尙有種種政治上之原因。如前所述，當皇帝與敎皇相爭時，在皇帝方面有不少羅馬民法學者爲之輔助，此輩學者往往供給皇帝種種足用以對抗寺院法法規之羅馬法條文，以攻擊敎皇之理論。以是，意大利中所有之保皇黨(Ghibellines ——此指立於皇帝方面，一致以俗權對抗敎權之人士而言)

當然極贊成適用羅馬法。此外，羅馬法在意大利所以爲皇帝及王侯垂青愛護者，亦如歐洲其他各國國君及王侯之贊成羅馬法然，乃由於優士丁尼法典中有少數條文已樹立後期羅馬帝國之君主專制原則故，如優帝法典中即主張「princeps legibus solutus」（國王不受法律之束縛）及「quod principi placuit legis habet vigorem」（皇帝以爲是者，亦有法律之效力）等袒護君權絕對之原則，是君主必樂於接受羅馬法，蓋勿待言。

由於利用羅馬法幫助皇帝以對抗教皇要求之結果，致引起教皇對於羅馬法之痛惡，昔教皇何諾留三世(Honorius III)乃於一二一九年下命嚴禁普通教士（即指不入世之教士）研究羅馬民法。然而事實上一般既已認識羅馬民法對於寺院法之發達有莫大之價值，故此禁令究等於一紙空文，既未嚴烈的干涉寺院法學家之研究羅馬民法，又無從嚴格防止意大利法院在適用上之繼受羅馬優士丁尼法典，而羅馬法之研究與繼受仍進行如故也。

第四十一節　羅馬法與法蘭西

如前所述，當十二世紀中因倫巴底研究羅馬優士丁尼法典復興之故，遂吸收南法無數學生來學於茲，同時在法國東南部亦有羅馬法範圍內發生某種學術上之活動。因爲十二世紀法國學生麕集波倫那城研究法律，所以自後約莫二百年中，法國之法學乃完全爲意大利之勢力所支配。逮乎十三世末至十四世紀初法國始發達一獨立之羅馬法學派(School of Romanists)。此派學者企圖借取羅馬法中之原則，使當時之傳統的習慣制度發生活力，產生效果，又擬根據羅馬法之規模，將隱伏於法國固有習慣中之基礎理論具體表現之。

此最初原生之發達爲期甚驟，究不過曇花一現耳。故至十四世紀中葉起，法國之法學遂再度受意大利學派勢力之支配，降及十六世紀初，法國所有法律學校與法院中關於羅馬法之解釋，仍然莫不採取意大利諸法學專家著作中之見解。故亞柯修之標準註釋無論於理論上或實用上在法國所享之權威，實與其在意大利之權威等。

惟至十六世紀中則情形丕變，法國在羅馬法之研究及其成績方面，不僅已奪取意大利之領導地位，且取得全歐陸之領導地位。此新興法學派之領袖人物不特為法學家而已，同時又莫不為人文主義者(humanists)。此輩法學者努力之方針，乃在先探究羅馬法制之史的發展，然後藉此給羅馬法制以眞正之力量，並發現其原來之眞義。質言之，此種方法實不外近代歷史法學(historical jurisprudence)之先聲。同時，此輩法學家又嘗努力於一羅馬法獨立新體系之創建。當時新法蘭西文獻雖仍用拉丁文寫成，但已與前此之法蘭西文獻迥乎不同，以其中所用拉丁語法之優美文雅一點，為其特色。至以前註釋家或後期註釋家所用之蠻族拉丁文及古拉丁文，此時已為人文主義者優美文雅之拉丁文所取而代之矣。此新法學運動中最著名之代表人物，乃居查滲及唐內留(Donellus)二氏。居唐二氏當時乃布塞大學(Bourges)之教授，布塞大學一小規模之大學也。居氏酷嗜羅馬法律史之改造工作，其關於羅馬法律史之著作，至今仍不失其價值。至唐氏則努力於羅馬法之整理工作，企圖將羅馬法法規加以更有系統之編整。其所刊之民法註釋(Commentaries on the Civil Law)一書篇幅極大，都二十八卷。

案唐氏一新教徒也，自法國亨利四世之南特勅令廢止以後，因不容於舊教之法國，乃僑居荷蘭，以終其年。

在法國有一部分地方，其地方習慣大部分為羅馬習慣，或退一步以言，至少在理論上其地之人民均係生活於羅馬法之下，在此等地方自優士丁尼法典研究復興而後，優士丁尼法典在實際上之適用，亦積極見諸實行。又在法國亦與其他歐洲各國之情形同，隨於專門法官之皇室法院起而代替庶民法院之結果，羅馬法之繼受始因之而完全實現。再則法國各處亦不專恃羅馬法而廢棄既成之習慣；羅馬法之本身仍僅有補充之效力而已，此與歐洲他國之情形，亦無二致。

至言法國北部，則情形稍有不同，其地自十三世紀而後，皇室控訴法院極為活躍，又控訴法院之判決已為北法建立一種補充性之普通法，故始終未正式一般繼受羅馬優帝法典。即或引用羅馬法時，亦不過作為理論上辯論之資料而已，並未以權威法律目之。但北法法律在司法上之發達過程中，實際上仍有多數法規與原則確係從羅馬法中所假借而來；因此有時竟謂北法對於羅馬法之關係，乃羅馬法法規與原則之特別繼受，而非一般繼受。就羅馬法所適用於北法之情形以言，以前曾有諺云：羅馬法之所以適用者，「非以其有權力，實因其有理性的權威故。」("non ratione imperii sed imperio rationis")。輕描淡寫，殆可謂一語破題矣。

第四十二節　羅馬法與西班牙

在西班牙境內至少在各獨立王國之內，立法機關之發達較大多數歐陸國家為早，故西班牙內完全繼受羅馬法作為補充法律之處，僅巴塞隆納（Barcelona——即近代所稱之卡泰羅尼亞）瓦倫西里（Valencia）及拉伐爾三區而已。考此三處所以完全繼受羅馬法者，大概由於位置上之關係，所以致之，蓋拉伐爾（昔拉伐爾王國原包括比里牛斯山南、北麓）與南法壤土相連極密，而巴塞隆納一方面與瓦倫西里接壤，他方面與南法及意大利相毗連，其地域與法德二國亦同樣密切，以是極易受法意二國之影響。如巴塞隆納之方言與南法之布羅汶斯(Provence)方言即大同而小異，又西班牙東部與意大利之商務關係，更為頻繁密切。茲分述各地繼受羅馬法之情形：

拉伐爾所繼受之羅馬法，乃附有意大利學派註釋之中古式羅馬法；班龍拿(Pamplona)國會於一五七六年曾明白承認羅馬法之補充效力。

至巴塞隆納之繼受羅馬法，為期更早，當十一世紀中，各法學作者已公認優士丁尼法典有補充法之效力。此輩法學者稱自身固有之地方法曰「國法」("Municipal" Law)，而稱羅馬法曰「普通法」("Common" Law; dret comu)。十一世紀中巴塞隆納已採用地方法法典，曰「優沙提西」(Usatici)，其中所包含者，一部分係從優帝法彙編中所引用之原文，其他各章各節則完全取材於十一世紀羅馬法學文獻中之種種資料。至十三世紀中葉，兼領巴塞隆納及瓦倫西亞王位之亞拉根王詹姆士一世力思所以排斥羅馬法於巴塞隆納之外。蓋詹姆士一世以前曾捲入教政衝突之旋渦，以是與教皇有釁，隱恨於中，故對於一切從羅馬傳來之文物制度，不問好歹，概表示不信任之。王於一二五一年由其參事大臣之建議，曾頒布一道上諭曰：「一切事關俗界之案件，無論於判決中或申訴中，概不得接受、承認及援用羅馬法、哥德法、羅馬政令或教令，所有羅馬法學家(legist)除關於自身之案件外，不得出席任何俗界法院，擅充辯護士；但是即在其自身之案件中，上述各種法律，仍不得援引，一切有關俗界事務之案件之起訴答辯，概依巴塞隆納之慣例及審判地地方公認之習慣為之，無此項習慣可據者，則訴訟之進行須依自然法為之。」事實上此種禁令顯然極少有人遵守，終等於一紙空文。一四〇九年巴塞隆納之國會(cortes)復正式宣布：衡平法院之司法應依據巴塞隆納之習慣，國會通過之法律，地方風俗及個人習慣，特權特許及自由，普通法，衡平觀念及妥當理由等為之。

瓦倫西亞當同王詹姆士一世統治期中，亦有關於本區固有法律之一成文編纂，但並無欲排斥羅馬法補充適用之企圖。尚且於詹姆士二世在位期中，乃至明白承認羅馬法有補充效力。

至在亞拉根內，詹姆士一世之政策收效頗鉅。一二四七年所公布尤斯他法典(Huesta)即宣示曰：「凡本法（指亞拉根法）所未規定者，概依自然條理(natural sense)或衡平觀念。」自不待言，彼羅馬法法學家當然相信羅馬法乃代表最高之自然條理與衡平觀念，又事實上以羅馬法之聲望及諸大學之影響，固將多數之中古羅馬法學說與原則輸入亞拉根習慣之中，然而，亞拉根之保守性特強，仍能保持其西班牙之固有法，較之西班牙其他各部益為純粹，故其受羅馬法之影響較小，其情形與北法正同，羅馬法雖可於辯論上引為論據資料，但是絕未承認其有何補充效力。

至在卡士提內，斐地南三世（三一七—五二年）及其子亞爾豐琐十世（一二五二—一二八四年）不僅贊成羅馬民法及羅馬寺院法之研究，且常獎勵之。在薩拉曼卡大學(Salamenca)中，亞爾豐琐十世且資助羅馬法講座二人及寺院法講座三人，按薩拉曼卡大學乃創立於十三世紀之初。於此吾人須注意者，當時對於教授卡士提法律者尚無由公家資助俸給之舉，足見爾時對於研究羅馬民法及寺院法者如何獎勵。至一四〇一年中薩拉曼卡大學中之教授，增至二十五人，其中卽有寺院法學者六人，羅馬民法學者四人，而教授西班牙法者反無一人。降至十八世紀之末，所有西班牙各大學中，其情形猶爲如此。惟在各獨立法律學校中，則以系統的方法教授西班牙法，昔西班牙稱獨立法律學校曰法律學院（academias）。

此二王（卽斐地南三世與亞爾豐瑣十世）復延致羅馬民法學家於國王參事府及皇室法院中，時優帝法典雖未因此而爲卡士提所接受，不過中世大學中所教授之羅馬法，已於此時輸入一特別卡士提法典中，此卽著名之七編法（Law of Seven Parts）是也。

當斐地南三世之時，已籌議一大計劃，期將基督教神學、寺院法及羅馬民法完全用卡士提文作系統之記述。結果，此偉大工作僅完成一部分，通稱之曰 Setenario，因此作包含七篇，開端卽研究所謂「七」字一數之神祕性，故有是稱。至亞爾豐瑣十世之時，此成文編纂法典之計劃已完全實現，時已制定一部包含七編之法典，其中僅有五編流傳於今日，且僅包含於一原稿中。雖亞爾豐瑣十世於其遺囑中仍稱之爲 Setenario，但一般西班牙法律史家卻通稱之爲 Especulo，（譯者案：此名係 Espéculo de todos los derechos 之簡稱，卽萬法寶鑑之義。）實則此法典（一二五六——六五年）尙非眞正之七編法典（Code of the Seven Parts），不過七編法典之第一次草案而已。至於編訂之初，當時是否眞正以之作一部現實法法典而制定，至今尙有疑問。雖然，據吾人推測，原來編制此法典之目的，大槪不外二端：或以之作爲教本，以備教授卡士提諸王子之用，或作爲一種專門論著，以備一般教授智識階級或特別教授司法官之用。

大約一百年而後，此法典復經多少修訂，並曾作爲法典而公布之，昔一三四八年之亞加拉法令（Ordinance of Alcala）中，曾明白宣示此法典有補充效力。

旣因此法典對於後世卡士提法律之發達，有重要影響，復以卡士提法律又通行於所有西屬殖民地之內，故吾人於玆對於此法典之編制與特點，實有多少加以敍述之必要。此法典之第一編所討論者，首爲法律、習慣及慣例，次述正宗天主教教義之主要原則及天主教教會之懲罰制度。其第二編規定國王及其與人民之關係；貴族之產權與義務；海戰法規及陸戰法規；以及大學之組織與行政。此編所包含之法律，大體上卽當時有效之西班牙固有法。第三編討論法院之組織及法律程序，其中所設之法規大部分卽羅馬法，僅一小部分爲西班牙法。如其中關於財產權之取得，保護及喪失等規定，卽爲純粹之羅馬法規。第四編討論婚姻與家庭。關於婚姻之法律卽爲純粹之寺院法，至關於婚姻財產法，則完全採取羅馬法之奩贈制（dotal system），良以當時西班牙尙無關於此種婚姻財產之法制，故非借取羅馬之法制不可；但此法典中對於實際上所流行之夫妻共同財產制，則未加注意。其次則規定主人與奴隸之關係（實際上當時西班牙已無奴隸之制），最後且有關於領主與附庸關係之規定。此最後一種法制當然爲一般封建法，自毋待言。第五編乃羅馬契約法與當時之商法，第六編係規定遺囑繼承與法定繼承。此編所列之法規亦係純粹之羅馬法。第七編爲刑法。此部分法律完全爲中古法律。對於背教、崇拜異教及瀆褻諸罪，皆有極苛刻嚴酷之刑罰規定。

在此簡要之敍述中，以篇幅有限，故對於此法典中前前後後所加以修飾之種種哲理上、語學上及歷史上的附論，概略而不言，用特聲明於此。概觀此七編法不僅爲一部法典，同時又可謂完全如一册當時大學各科大全，顧其中所缺者，惟醫學一科而已。

旣因此法典僅有補充之效力，復以使此法典發生法律效力之亞加拉法令中，敍述當時有效之西班牙法律，極爲詳盡，故此法典中大部分規定必完全無適用之餘地，至屬顯然。然而當地方習慣法與一般西班牙法律均無規定時，仍從此法典中採取其羅馬法之規則，以資適用；又當時法院中之裁判官，均係在大學中受有羅馬法訓練者，且往往目古卡士提法乃多少屬於野蠻民族之產物，一般皆表示多少鄙視之態度，以是遂引起一種傾向，多主張對於西班牙地方法或一般共同法須從嚴解釋，儘可能發現其法規之闕漏，俾能用七編法（Partidas）以補充之（譯者案：此 Partidas 一字乃 Leyes de das siete partidas 之簡稱，又案 leyes de das siete pardidas 卽七編法之另一名稱——詳見 Chapmen, A History of Spain, p. 162）。

此西班牙法律全部發達過程中所產生之實在的結果，可歸納言之如下：優士丁尼帝編整後復經意大利註釋家所解釋之羅馬法，已爲拉伐爾、卡泰羅尼亞及瓦隆西亞所繼受爲補充法律。卡士提雖亦繼受羅馬法，但優士丁尼法典在卡士提卻未享有直接的法律效力。至於亞拉根則情形又有不同，雖其地亦如歐洲他國之情形，每當法律發生闕漏時，亦用特別接受羅馬法中特別學說或原則之方法，以彌縫應急，而補本地固有法之不足，但始終未直接或間接繼受優帝法典。

第四十三節　羅馬法與德意志及荷蘭

當法國統一團結之初，正德意志日趨分崩離析之日。如前所述，德意志王室在十、十一及十二世紀中原較法蘭西王室強而有力。然而，當後來法蘭西王室舉全力以建立其在國內之權威時，而德意志王室卻於世界帝國之夢想中，尤其於希圖統治意大利之野心中，而日漸消耗其實力。考九六二年帝位之復辟，實德意志王室之一致命傷也。何以言之，蓋德意皇帝每思欲得其德意志權臣藩鎮之支助，以統治意大利之政治，故不惜對諸藩臣一再讓步，姑息養奸，於是藩鎮跋扈，地方勢力日與中央權力相對抗，而釀成尾大不掉之勢。是爲德國王室衰弱之一因。

此外，當時法蘭西之王室已成爲世襲之制，而德意志王位之繼承仍沿用選舉舊制，結果所致，每當一屆選舉之時，則新選國王爲維持其位置及取得諸藩鎮之擁戴計，除重行確認以前之讓步條件外，勢非更允許新的讓步條件不可，長此以往，則王室權力之日趨削弱，又不言可知。此德國王室衰弱之又一原因。

一二五〇年，就法國以言，可視爲法國樹立一穩定法律組織之發端；就德國以言，即象徵德國最後一有力王室（即荷亨斯多芬王室）崩潰之年。是年，荷亨斯多芬王室與教皇之爭完全失敗，結果荷亨斯多芬王族歸於傾覆。

自後二百餘年中，在法蘭西方面已勵精圖治，奠定後來政治及法律之基礎，而德意志方面原王室既已傾覆，初則羣龍無首，經過一長期之無政府混亂狀態，繼則鑒於以往王位世襲之弊，特從各族選舉皇帝，輪流擔政，以免天下爲一家之所有，最後於十五世紀中，地方獨立之局益趨於極端，藩鎮跋扈飛揚，終至對於一有力皇朝之建立，亦不復有所懼慮，當此時也，哈布斯堡王室（Hapsburg）遂於此藩鎮蔑視之下，而取得永遠世襲德國王位之權矣。雖然，事實上哈布斯堡王室，並無欲重行建立德意志統一局面之志，同時亦無恢復帝國元氣之企圖；時哈布斯堡王室諸帝所斤斤較量者，僅在如何增強本王室對於地方權力之政策已耳。在此種情況之下，而欲求君主採取何改革法律之有效手段，寧不爲荒唐之夢想乎？誠然，在形式上君主爲一切法律權力之淵源，但事實上奈君主大權旁落，已放棄此權力之行使何！君主對於境域內一切法院執行司法有失公平之時，固仍不失其干涉之權，惟實際上當時德國君主洵無足使此種干涉有效之實力。

德人所稱繼受外國法之現象，乃指寺院法及羅馬民法二者之繼受而言。當時諸現任皇帝既不能對於人民予以有效之救濟，則人民自惟有訢諸古代諸帝（此意義實指羅馬法而言——譯者案）及教皇之一途耳，此處所以謂教皇者，蓋如前述一般公認教皇有立法大權故也。當時一般無不認爲德意志民族之羅馬帝國（神聖羅馬帝國）乃古羅馬帝國之延續，此一觀念極關重要。何者？蓋羅馬帝國永續一觀念，非藉口繼受羅馬法及使此繼受取得合法地位所徒托之純粹擬制說而已，實爲一流行普遍深入人心之信仰，故對於爾時一般之思想，影響至鉅，德國繼受羅馬法程度之所以特深者，卽以因此。

在十四世紀中德國已有創建大學之事實，其最先創立者，乃一三四八年之普拉格大學（Prague），此後在同世紀中德國大學紛紛如雨後春筍，計繼起創設者有維也納（Vienna）、海德堡（Heidelberg）、柯侖（Cologne）及埃爾府（Erfurt）諸大學。迄至十五世紀中德國所建立之大學，已達十所以上，可謂盛極一時。據吾人考究所得，在此等大學之中最初所教授者爲寺院法，而羅馬法直至十五世紀末葉以後，始爲講授之科目。揆其所以然者，蓋當一般人對於羅馬法別有看法，咸以唯志願從事公務之德國人，始有研究羅馬法與獲得法學博士學位之必要也。如前所述，事實上德國諸皇帝時已開始選拔兩科法學博士（doctores utriusque juris）任皇室參事、法律顧問及使節等職，至德國各地小王侯，亦然。因此，學位之榮譽誠不失爲一進身之階，不僅足以提高其社會上之地位，且能與以政治之勢力；在十四世紀中葉，查理四世且詔諭全國：所有法學博士不問其身世如何，皆應認具有貴族之身分，且宜列爲低級貴族之一員——蓋因其有識也（propter scientiam）。

德國對於外國法之繼受，實始於法學博士從事實際司法職務以前。緣德國國內早已流行一種膾炙人口之羅馬法文獻，又以前關於羅馬法主要規則，亦曾編有種種簡要之法律集成，且此等羅馬法簡編，前此於法院中並已開始適用。不寧惟是，德國法學博士嘗有完全準據羅馬法訂立契約、遺囑及其他書契之舉。因之，每當承審官(schöffen)對於某法律行爲有所懷疑時，則往往有一法學博士到庭，爲當事人之辯護人，援引拉丁文，滔滔不絕，直至承審官心昏意亂，或判決其當事人勝訴，或竟不爲任何判決。此種經驗之結果，自然一方面促承審官制消滅之速，他方面積極刺激專門司法機關之設立。

德國法學博士對於德國固有法律之態度，與波曇諾瓦及其門徒對於北法習慣法之態度迥乎不同。德國諸博士均深信羅馬法爲盡善盡美之法律，而對於普通德國固有法則蔑視倍至，以其爲毫無價值之法律。彼輩恆自稱德國固有法曰 jus barbarum, lex sine ratione, jus per homines barbaros et ratione carentes conditum（即蠻族法、非理法等等）。因此，雖然在理論上言，優帝法律大全（Corpus Juris）僅作爲補充法律而繼受之，以其中法規唯於德國法律未有規定時，始能適用，但實際上德國固有法已大部分爲羅馬法所越俎代庖，取而代之矣。一般認爲德國固有法不過一種「地方慣例」而已，凡主張此慣例之當事人非自行舉證證明不可。

此輩博士實際參與司法活動，以及德國法院中一般繼受羅馬法，係始於十五世紀之時。在十五及十六世紀中，非專家之承審官已歸廢止，代之而興者，則爲專門之司法機關。當時引起此種轉變之方法，亦極簡單。原來在皇帝法庭及各地王侯法院中，貴族與騎士爾後已逐漸喪失其地位，於是博士者流遂起而代之。有時古代貴族承審官法庭雖倘能苟延殘喘於一時，然而皇室宰相（chancellor——昔德國之宰相兼代皇帝處理司法事務者）亦發展一大審判權，與貴族承審官法庭競合管轄貴族之訟爭。至各城市之中，其發展之情形亦復相同，古代非專家之承審官終歸排斥於城市法院之外。就此整個運動之發展觀之，則知此運動之所以發生，殆亦勢之所必至，理之所當然。承審官之所以遭擯斥者，似非因人爲的壓迫所致，寧爲環境之力量所使然。何以言之，良以當時人民之法律思想已稍有開通，既無人對於彼承審官之法律表示何種信任，又無人願意遵守承審官所定種種不合理的訴訟程式，一言以蔽之，卽當時已無人願意與彼輩不諳法律之承審官發生任何交涉，求遠之而不可得。在此種環境之下，彼承審官之不安位而去，與專家博士之當才而進，寧不爲當然之結果乎。

値玆由古代庶民法院轉移於新式專門法院之過渡期中，一般取得司法判決所常採取之一方法，卽將案件提交某一德國大學之法律系，由全體法學教授研究案情後提供關於本案判決之意見。此種方法之採用，係始於十四世紀，迨至十五及十六世紀中，其適用益臻普遍矣。

中世紀末期歐洲商業日臻發達，此乃德國與其他大多數歐陸國家所共同經歷之過程，故德國因商業發達所經受之影響，亦與其他各國同，時德國固有法亦已不能適合當時經濟之需要。因爲商業愈臻發達，則其所需要之法律自爲發達較高之法律，而當時德國之固有法極爲簡陋，當然不能適應此商業上之需要。又當商業之範圍愈趨擴大時，則其所需要之法律必爲更普遍適用之共同法；故鄰近區域間之法規，如係彼此背馳，歧異過甚，則其結果必爲商業活動上之一大障礙。最後，商業亦同一切交易活動然，尤需一種穩定之法律（certain law）；商人在爲種種交易行爲時，非知道其行爲與契約係受何種法律之支配不可。今反觀德國之情形如何？當時在德國之內既無可以一般適用之共同德國法，而其代替共同法地位之地方習慣，大部分又乏穩定性，此地方習慣本質之所然，原無足怪。因此，德國固有法遂不能適合此商業之需要，而爲德國痼疾之地方分立主義，復根深蒂固，無法拔除，尤致德國固有法之改革，亦陷於不可能。反是，羅馬法則恰合此種需要。依據當時一般之觀念，咸以羅馬法乃一般之共同法，卽不如多數人士之極端之論，以之爲一切基督教王國之普遍法，然至少可謂其爲一切生活於德意志民族羅馬帝國（卽神聖羅馬帝國）下人民之共同法。質言之，至少可謂羅馬法爲德國、荷蘭及意大利三國之共同法。又羅馬法不特爲成文法而已，且已具有法典之形式，故其爲穩定之法律，當不待言。復從羅馬法之實質言，羅馬法之本身乃發達程度極高且極完美之法律，易詞以言，卽羅馬法之規定確足以適應當時之經濟情形，是羅馬法本已具有商事化之特質。由此以觀，則繼受羅馬法大體上當不無實益也。德國之繼受羅馬法，固不能謂為已獲無上至寶，倘使德人利用羅馬法以改善並補充德國法制，則其將有利於共同德國法之發達，而於德更為有利也，必矣。雖然，事實上不如所期，蓋當時德國尚無中央政權之確立，故欲利用羅馬法以改善補充德國法制，實無可能；惟是，以羅馬法之繼受與維持保守以前德國固有法相較，當然以繼受羅馬法為有利。

自不待言，完全繼受羅馬法並實際上施諸實用，無疑必產生種種不利之結果。何以言之，良以羅馬法自為羅馬人之法律，除其中所固有之普遍性世界性外，大部分所包含者仍富有特別之民族性，其大部分之法規，仍以適用於羅馬人為主，自不能即適合於德意志之人民。竊以一民族之法制一成不變而整套置於他一民族之中，雖不必發生至壞之惡果，然謂其連最少之不便不利的結果亦不致發生者，吾未之聞也。況乎德國羅馬法專家博士者流，每蔑視德國自身之種種制度，而期所以壓抑之排斥之，在此種態度之下，苟完全繼受羅馬法而適用之，則其流弊之所致，當更不可想像矣。有時其結果之惡，為害之烈，竟有達於極點者。舉例以言，如當時德國之農民中，凡自己無土地者，雖均依存於租地而生活，但並未降為農奴之地位。依德國固有之習慣，此種租賃關係不僅對於承租人賦與一種物權 (real right) 而已，且尚為一種永遠之租賃關係，通常承租之土地並得成為繼承之標的，承租人之子孫得永遠繼承之。今也諸法學博士挾其羅馬法而來，結果，當然不承認此種賃租關係之存在，蓋羅馬法上之租賃關係 (conductio)，不過單純之契約關係而已。羅馬法上之租賃關係，不僅不承認有何物權之設定，甚至對於繼承人亦未賦與法律上之占有權；法律上之占有權仍屬於土地所有人所有。承租人對於租地既無法律上之占有權，故對於出租人之任意撤佃，在法律上當然毫無保障，此時其唯一之救濟方法，不外以違背契約為理由，提起損害賠償之訴而已！在此種情形之下，所謂世襲租地之制，自然無從想像，蓋當事人雙方不能為將來之子孫預先訂立契約故也。於茲吾人試一推考此種租賃制，對於一般農民及特別租地繼承人地位之影響，則可知在此羅馬法制之下，一般承租人及其繼承人乃完全置於土地所有者權力支配之下，而自身對於土地所有人之一切權利，概爲之剝奪無餘。苟以此法制完全適用於德國，而廢棄德國原有之制度，寧不大害於德國農民原有之權利乎？

幸而當時環境之力量極強，終至諸法學博士不能不受環境之壓迫，其企圖仍無從實現，德國大部分地方之世襲租地制（erbpacht）仍屹然不動，依舊維持其存在，作爲地方之習慣。雖然，由此一租賃之例，不僅可知一民族之法律完全適用於他一民族生活關係上之危險，將至如何大；抑且可知當時諸博士所以希圖強行其所謂純羅馬主義福音之盲目的偏見與頑固，其程度至如何深，故所舉此例洵不失爲一最恰當之說明也。

所以，雖然羅馬法最初流行於德國，極爲一般人士所歡迎，又專門司法所以能代替古代承審官衙門者，縱亦大部分出於人民之要求而遂其實現，然而凡事操之過急，則反動之發生在所不免，故當法學博士進居法院之職，而開始蔑視德國地方習慣完全適用羅馬法時，自然已伏反動之機，殆所謂事極必反，勢之所然也。

因此在德國羅馬法之繼受完成而後，隨而對於此既成事實（fait accompli）復發生種種反動。此種種攻擊大部分係由騎士與農民所引起，至出於各城市者，則反較少。如一四九七年巴維里亞之騎士團，卽怨聲大起，嘗有言之：「自接受羅馬法之後，反乎旣成習慣之事實層出不窮，一切欺詐、錯誤及紊亂之情，莫不由此以起；此蓋彼法學教授者流，對於吾德人之習慣，毫無所知；縱其知之，然又固執偏見，對於吾人之習慣，亦必不願意表示絲毫之讓步，奈何奈何！」又一五一四年符騰堡（Württemberg）之平民，亦發相同之怨言，對於法學博士羣起而攻之。其初要求符騰堡公任命本地者紳爲評議官及衡平法官；繼則進一步要求公爵於其法院中「擇貴族中賢明敦厚者，擢爲法官；蓋彼輩不屬博士者流，則其判決必能依據旣成之習慣爲之，庶幾吾輩下民能得其公平解決，有所適從，不致橫遭博士之專斷，而漫然無所措手足也。」又在一五六七年一六一九年及一六三二年，第羅爾國會中此種反對博士之聲，亦接踵而起。一五一三年瓦姆斯地方曾因此發生一種羣衆暴動，肇事者聯合要求當局驅逐諸法學博士於法院及參議會之外。尤以盧卑克（Lübeck）之市參議會於一五五五年時公開反對「帝國法」（卽指羅馬法而言）之適用。最後在一五二五年德國全體農民暴動中，暴動者所提出之惟一要求，卽籲請當局完全驅逐法學博士。所謂「改革法案」（reformation）第四條卽宣言曰：「對於一切法學博士，無分僧俗，概不得容許其參與任何法院、任何審判或任何王侯參事室或其他參議會中；此輩博士應完全根滅之。」一要求者更進而曰：「此輩博士往往拘泥於一偏之見，故其欲求了解法律，解決問題，較普通不諳法律者尤爲困難，不寧惟是，苟以此輩博士當司法之任，則非至雙方當事人兩敗俱傷，均陷於貧困破產，倘不能發現解決案情之關鍵也。」尤有甚者，當時更有人建議：此輩博士「可用以宣揚福音（Holy Gospel），以免因其濫竽司法之職，猶豫拖延，濫作威福，而陷人民於敗滅也。」是當時對於羅馬法之反動，對於法學博士之深惡痛疾，於此可見一斑矣。

凡一國家之統一發達之程度益高，則其適用自有委諸一特別階級之法學者專司其事之必要，又當此種法律日趨成長，至超越通俗時期而趨專門化之後，普通人對之已不能了解，此時吾人必可發現普通人與法學者之間發生一種隔膜，彼此背道而馳，結果，普通人對於法律職業必至漫加凌辱，視若眼中之刺。然而此種凌辱妒視之程度，正所以表彰普通人依賴法律家程度之精確尺度，又所以表徵普通人對於法律意見與勞務所應支付報酬額之精確標準也。使如羅馬共和時代法律家之幸運，對於任何事件提供意見，均不收費，則若輩德國法律家必爲他人優遇禮待，自不待言也。惟德國情形有所不然，其適用之法律爲外國法律，又所以表現法文之文字俱爲外國文，一般人對於適用於自身之法律，茫然莫之所識，在此種情形之下，則一般普通人對於法律家所以必表示更大之妬視與厭惡者，本屬意中事；況乎德國法律家對於地方習慣一向抱蔑視之態度，此尤足使德人所痛心疾首者，職是故也，概觀舉世各國文字之中，其用以漫罵辯護士貪婪恣肆及拘迂自大之詞，從來未見如德文之多者，當時一般人且將法律實際運用中所生之一切錯誤，歸咎於辯護士，使其直接負責。一般目辯護士不外藉其奸猾詭譎舞文弄法之技倆，而阻礙公平實現之徒。此種妬視法家之觀念，影響特深，又此種對於法律職業之看法，亦深入人心，迎合一般之心理，結果所致，遂有普魯士王斐特烈威廉一世（Frederick William I）廢除辯護士而代以有給公吏之舉，其法乃於每一法院中設一有給之公職辯護士，對於當事人所提交之一切案件，有無償代辯之職責。綜上所述，就吾人今日證之，可知往昔德國法律家與普通人之隔閡，所以如是之大，又普通人對於法律職業之痛惡，所以若是之深者，主要由於繼受一種以拉丁文寫成之外國法的結果，有以致之。

至言荷蘭：當德國實際上繼受羅馬法之時，荷蘭與德國之聯合雖不過純粹名義上之聯合而已，惟其法律發展之情形，與德國卻無大異。在荷蘭多數地方，正如德國中之情形，於十三及十四世紀中已逐漸在理論上繼受羅馬法——換言之，即當時以羅馬法有補充適用可能性之信念，已日趨發展。當此時也，復可見最初在契約、遺囑等方面，已有適用羅馬法之事實。又在荷蘭亦如德國之情形，於十五世紀及十六世紀前半期中，已藉專門司法機關爲媒介，而發生實用上繼受羅馬法之事實。又荷蘭各大學中之研究羅馬法，復使羅馬法在適用上之繼受益臻便利。譬如一四二五年創立之盧溫大學（Louvain），自始即設有羅馬法一科。

然而，荷蘭法院中在十五世紀後半期以前，尚未見於實際上適用羅馬法之例。雖自一四二四年，勃艮第公（Duke of Burgundy）猶命令法官須依據既成習慣及其自身之五官而爲判決。惟至一四六二年勇毅查理（Charles the Bold）始訓令其據萊登（Leyden）城之代表（statthalter）須依成文法之內容與程式而進行審判，按此所謂成文法者，乃指羅馬寺院法而言也。

至就接受民法大全之方法以及其法律上效力之範圍以言，荷蘭與德國亦有相同之發展。質言之，在荷蘭儘管理論上以羅馬法僅爲補充性之法律，然而在事實上因爲每一案件均要求證明地方習慣之結果，終至羅馬法起而代替地方法之適用矣。

第四十四節　羅馬法與其他歐洲各國

當德國已大致決定繼受羅馬法之時，瑞士已脫離德國之羈絆，而自立建國矣。在瑞士從無一君主獎勵研究羅馬法或延致專門法學博士入法院以代替承審官之職務者，此羅馬法之繼受最初所以不見容於瑞士之一原因。

其次，在比較簡樸之瑞士人民生活狀態中，並不如德國之情形，感覺古代日耳曼法之不適於生活。緣當時瑞士之商業關係，尚未臻擴大發展，故其經濟狀況亦同樣簡單，以古日耳曼法規律之，尚未感其不能適應，此羅馬法之繼受最初所以不為瑞士人所歡迎之又一原因。

因此，一般言之，在十五、十六及十七世紀中，瑞士法律尚屬於日耳曼法之一支，惟瑞士各州（canton）法律，不盡相同，此蓋適應其日耳曼人之分州獨立主義（particularism）。所以在當時瑞士繼受羅馬法之事，尚未之有也。在瑞士至今猶流傳一奇趣之逸事，敍述一位專門法學博士如何企圖將羅馬法祕密輸入瑞士圖爾高（Thurgau）郡，以及後來又如何未成功。其中謂有博士某從康士坦斯（Constance）而來，其人膽識頗大，不問青紅皂白，某次逕向圖爾高郡內佛洛恩費德（Frauenfeld）城之承審官大引用其羅馬法，在辯論時左引一段巴托洛斯著作之說，右引一段巴爾都斯著作之說，滔滔不絕，振振有詞。時承審官因此厭惡中生，不待其詞畢，即插言阻之曰：「博士乎！君其聽之！夫一瑞士之公民（eidgenoss）安知君所引之巴托洛斯、巴爾都斯、或其他法學碩學為何許人！吾瑞士人自有吾自身之習慣與法律，焉用君贅引羅馬法！何子之不憚煩乃爾！」言畢，遂將此博士驅之使出，自後即無有向承審官援用羅馬法者。

惟至十八及十九世紀中，瑞士之情形丕變，時正經過所謂理論上接受羅馬法之時期矣，質言之，即此時由於瑞士各大學中研究羅馬法之故，於是羅馬法對於瑞士法律之科學的結構及其發達，漸至與以極大的影響。今日瑞士各大學之中猶如德國各大學之情形，羅馬法仍為法律系學生主要科目之一，又今日在瑞士法院中仍援引用羅馬法以決案，退一步言，至少在辯論中乃常引羅馬法為資料者也。

如前所述，當七世紀中，西班牙之哥德王曾經頒布一法典，意欲使此一法典而拘束羅馬及日耳曼二民族。此法典中所包含者，大部分當然為日耳曼法律，因此可知全中世紀中，西班牙法律仍舊大部分沾染日耳曼觀念之色彩甚深。惟至十三世紀中，意大利羅馬法復興運動之影響，已達於西班牙。所以當時西王睿智者亞爾豐瑣（Alfonso the Wise）曾經延用著名法學家入王室法院供職，又獎勵羅馬法之研究不遺餘力。即在一二六五年，根據既成習慣所編制之七編法草案中，亦經輸入不少之新規則。自不待言，此種新規則當然亦係從羅馬法中所借來者，此前已言之詳矣。但在此法典中因已改革不少，故當時極爲一般人所攻擊，結果，此法是睿智者亞爾豐瑣在位中尚未施行，實際上在一三四八年以前，猶未見諸實行。其後七編法雖正式公布，但亦僅有補充之效力而已；質言之，即地方習慣仍有優先之效力，惟當無地方習慣時，則此亞爾豐瑣之規定，始有其適用耳。

西班牙之法學，其本身大部分係根據七編法爲主，質言之，即當時爲法學研究之標的者非優帝法典，而係七編法。因此在西班牙國內，除就亞爾豐瑣法典中所編入之多數羅馬法原則一點以言，可謂爲一種羅馬法之繼受外，實際上並無繼受優帝法典之事實。

在挪威瑞典二國，歷全中世紀中，日耳曼法極爲發達，較之在其他歐陸國家中大概更爲純粹，其所混合之外來因素極少；職是之故，斯坎地那維亞之資料在古代日爾曼法之比較研究上，最爲重要。惟自中世末期而後，羅馬法對於丹麥之法學似有多少影響，因而，間接對於丹麥法律亦發生多少影響。

最後，吾人擬就英國法律與羅馬法之關係，略置一言及之。吾人皆知英國司法之完全操於皇室之手者，遠較大陸各國爲早。當英王亨利二世時代，業已奠定司法組織之堅固基礎。亨利二世於巡迴裁判官（justiciarii itinerantes；justice of eyre）名義之下，已恢復古洛羅林朝之巡按使制度。同時，亨利二世復使陪審制成爲民事訴訟上必要程序之一部，開英國民事陪審制之先河。至十二世紀李查德一世（Richard I）期中，英國民事高等裁判所（Common Plea）業已成立。此時英國普通法已因之而有發達之可能性，並且事實上亦立即開始發達，嘗考普通法所以旋即開始發達之原因，雖半由於愛德華治下所頒布之種種皇室制定法，半由於國會法案之施行，有以促其實現，但是大部分仍不能不歸功於司法判決。同時隨於此種種改革法律之結果，在牛津大學中研究羅馬法之風亦因之而起。倫巴底法學家衛卡留（Vacarius）氏曾於一一四九至一一七〇年間在牛津大學講授羅馬法。至英國所受羅馬法研究之影響，在英國古代法學著述中所見極爲明顯，此種影響之所及，並非在著者欲將從羅馬法中所借襲之原則，完全編入著述之中，而在著者應用羅馬法之分類，定義與法律名詞，以討論英國法律。觀乎此種種著作中分析之精密與敍述之明確，足徵彼輩著者對於羅馬法全書（Pandect）確有深刻之研究。彼輩著者中最典型之代表人物，當推布拉克吞（Bracton）氏，氏可謂為英國大法學家中最傑出之人物，又可謂為李特吞（Littleton）氏以前最著名之法律家。布氏著有英國律例通論（De legibus et consuetudinibus Angliae），洋洋巨帙，都為五大册，其中大部分幾皆逐字逐句取之於羅馬法之資料。氏著作中所直接採用民法大全之處，亦復有之；但其所取材於當時一極膾炙人口之意大利名著所謂亞左法律大全者，反而更多。然而吾人應知布氏所取之於羅馬法者，大部分不過日耳曼法律原則中之定義與說明而已。

因此，關於羅馬法對英國普通法所與之影響，其所能為吾人積極是認者，不過為以前英國法學家皆利用羅馬法之分類與概念，將英國普通法加以一番科學的整理而已，所謂羅馬對於普通法之影響，亦惟此一點已也。

學者斐利摩（Philimore）氏嘗謂英國威斯特敏斯特大理寺（Westminister Hall）之法官以往屢屢採用民法大全，尤以新問題發生而無判決先例可據時，為甚。此說尚只能認為大概可信，何則？蓋當時是否確有此事，今日自不能有所證明也。從理論上言之，法官固須從自己腦筋中以發現法律，但是事實上絞腦汁用心血之事，總歸麻煩費神，所以難免不因陳偷巧而竊取優帝法典之成規。徵之事實，吾人試一顧十二世紀英國中勤研羅馬法之盛況，則可知斐氏所謂威寺法官竊取羅馬民法大全之情形，殆亦不無可能。

當中世紀時，英國學者中仍埋頭於羅馬民法與寺院法之研究，不遺餘力。然而，羅馬法研究對於英國法官與律師之影響，仍不如大陸各國法官與律師所受羅馬法研究影響之大。揆諸理由，蓋在英國不以為精通羅馬法乃從事法律職業之充分適當的準備，乃至更不以羅馬法為法律教育之一必要部門，故與大陸之情形完全不同。且自十四世紀中葉而後，事實上僅在倫敦四大法律學院（Inns of Court）中研究英國法者，始有取得律師或法官之資格，此已經一般公認為一確定之原則。又據吾人所知，此倫敦四大法律學院中從來並不研究羅馬法。故所謂英國法官律師之所以受羅馬法研究影響較小者，觀乎此，殆可思過半矣。

至謂英國衡平法學（equity jurisprudence）所受羅馬法之影響甚深者，余以爲乃屬確有之事。何以云然？蓋英國之衡平大法官，自貝克特（Becket）至伍爾雖（Wolsey）以來，莫不爲教士。故彼輩之必精通寺院法及適用寺院法，乃事所當然。又彼輩亦必同時研究並適用羅馬民法，通常亦可認爲大概可能。

最後吾人須得一言及之者，乃英國之商法是也，英國之商法，尤其自曼斯斐德（Mansfield）氏判決所發達之商法，大部分莫不以羅馬法爲基礎。曼氏本人即一勤研羅馬法全書（Pandect）之學者，對於羅馬法之造詣甚深，依據斐利摩氏之所云，曼氏本人亦每自認其所創建之英國商法體系，乃以羅馬法爲其基礎者也。由此可知英國商法大半乃羅馬法之產物。

第一章

Bachofen, J. J., Das Mutterrecht, 1861. (French trans, by the Groupe français d'études féministes, Paris, 1903).

Brunner, Heinrich, Deutsche Rechtgeschichte, Leipzig, Duncker and Humblot, 1887-92, 2 vols., vol, I, secs, 6-23.

Fustel de Coulanges. N.D., La cité antique, 22d ed., Paris, Hachette and Cie,, 1912.

Giraud-Teulon, Alexis, Les origines du marriage, Genève, A Cherbuliez, 1884.

Jhering, Rudolf von, Geist des römischen Rechts, 4th ed., 1883. (French trans. by Meulenaere. 4th ed., 1888), Buch I, Abschnitt I.

Lippert, Geschichte der Familie, 1884.

McLennan, John F., Studies in Ancient History. London and New York, Macmillan & Co., 1896.

Maine, Sir Henry J. S., Ancient Law, London, J. Murray, 1907.

——Village Communities in the East and West, London, J. Murray 1871.

——Lectures on the Early History of Institutions, New York, H. Holt & Co., 1888.

——Dissertations on Early Law and Custom, New York, H. Holt & Co., 1886,

Morgan, Lewis, Ancient Society, New York, H. Holt & Co., 1877.

Pollock, Sir F., and Maitland, F.W., The History of English Law before the Time of Edward I.,

Cambridge, Univ. Press, 1895, 2 vols.; vol., Chapter 2, Anglo-Saxon Law.

Post, Albert H., Ursprung des Rechts, 1876.

——Die Anfänge des Sttats-und Rechtslebens, Oldenburg, Schulze, 1878.

——Bausteine für eine allgemeine Rechtswissenschaft, Oldenburg, Schulze, 1880-81, 2 vols.

——Die Grundlagen des Rechts und die Gründzuge seiner Entwickelungsgeschichte, Oldenburg, Schulze, 1884.

——Einleitung in das Studium der ethnologischen jurisprudenz, Oldenburg, Schulze, 1886.

——Studien zur Entwicklungsgeschichte des Familienrechts, Oldenburg, and Leipzig, Schulzesche Hof-Buchhandlung, 1889.

Starcke, Carl Nicolai, Die Primitive Familie, Eng. Translation in the International Scientific Series, Amer, ed., vol. 66, New York, D. Appleton & Co., 1889.

第二章

Bethmann-Hollweg, Moritz August von, Der Civilprozess des gemeinen Rechts in geschichtlicher Entwicklung, Bonn, A. Marcus, 1864-73, 5 vols.

——Der germanisch-romanische Civilprozess in Mittelalter, Bonn, A. Marcua, 1874.

Brunner, Heinrich, Deutsche Rechtsgeschichte, Liepzig, Duncker & Humblet, 1887-92, 2 vols.

Conrat, Max, Geschichte der Quellen und Litertur des romischen Rechts in früheren Mittelalter, Leipzig, J. C. Hinrichs, 1891,

Continental Legal History Series, vol. I, General Survey, pp. 9-19, 23-70, 95-99, 109-12, 594-601, (Boston, Little, Brown & Co, 1912-).

Ficker, Julius, Forschungen Zur Reichs-und Rechtsgeschicht Italiens Innsbruck, Wagner, 1868–74. 4 vols.

Pertile, Antonio, Storia del diritto italiano, 2d ed., Torino, Unione tipografico-editrice. 1892–1902; 6 vols. in 8.

Savigny, Friedrich Karl von, Geschichte des römischen Rechts in Mittelalter, 2d ed., Heidelberg, J. C. B. Mohr, 1834–51, 7 vols. (French trans. by Charles Guenoux, Paris, C. Hingray, 1839.)

Schäffner, Wilhelm, Geschichte der Rechtsverfassung Frankreichs, Frankfurt am Main, J. D. Sauerländer, 1845–50; 4 vols. (2d ed,, in 1859,)

Schröder, R, K. H., Deutsche Rechtsgeschichte, Berlin and Leipzig, G. J. Goschen, 1912–13. 2 vols.

Siegel, Heinrich, Deutsche Rechtsgeschichte, 3d ed., Berlin, F. Vahlen, 1895.

Stintzing, Roderich von, Geschichte der deutschen Rechtswissenschaft, München and Leipzig, R. Oldenburg, 1880–1910, 3 vols. in 5.

Stobbe, Otto, Geschichte der deutschen Rechtqellen, Leipzig, Duncker & Humhlot, 1860–64; 2 vols.

Viollet, Paul, Droit Privé et sources, Histoire du droito civil français, accompagnée de noticu de droit canonique et d'indication bibliographiques . . . 3 ed. du Précis de l'histoire du droit français, Paris, L. Larose et L. Tanin, 1905.

Warnkönig, L. A., and Stein, L. von. Französische Staats-und Rechtsgeschichte, 2d ed., Basel, Schweighauser (H. Richter) 1875, 3 vols.

第三章

Baxmann, Rudolf, Die Politik der Päpste von Gregor I bis auf Gregor VII, Elberfeld, R. L. Friderchs, 1868-69, 2 vols.

Bracton, Henry de, De legibus et consuetudinibus Angliae, ed. by Geo, E. Woodbine, 2 vols., New Haven, Yale Univ. Press, 1915-22.

Continental Legal History Series, vol. I, General Survey:

For secs. 23-26 (of the Development of European Law) see pp. 71-80, 112-13, 325-27;

" " 27-30, see pp. 92-95, 113-17, 335-36, 344-46, 466-67, 634-36, 705-24.

" " 31-32 see pp. 159-68, 222-24, 242-44, 313-14, 327-30.

" " 33-37 see pp. 80-83, 104-7, 203-5, 213-22, 224-30.

" " 38-44 see pp. 19-22, 87-92, 95-104, 108-9, 117-58, 206-13, 252-58, 334-72, 620-23, 627-34, 645-53.

Dove, De Jurisdictionis ecclesiasticae progressu, 1855.

Franklin, Beiträge zur Geschichte der Reception, 1863.

Friedberg, Emil Albert, Corpus juris canonici, Leipzig, Tauchnitz, 1879-81, 2 vols.

——Lehrbuch des katholischen und evangelischen Kirchenrechts, Leipzig, B. Tauchnitz, 1879.

Gautier, Histoire du droit français, 2d ed., 1884.

Güterbock, Karl E., Bracton and His Relation to the Roman Law, trans. by Brinton coxe, Philadelphia, Lippincott & Co., 1866.

Hindschius, Paul, Geschichte und Quellen des kanonischen Rechts, in Holtzendorff's Encyclopädie,

5th ed., 1889.

Laurent, L'eglise et l'etat, 1866.

Maasen, F. B. C., Geschichte der Quellen und der Literatur des canonischen Rechts in Abendlande bis zum Ausgange des Mittelaters. Gratz. Leuschner & Lubensky, 1870.

Modderman, W., Die Reception des romischen Rechts . . . Autorisirte Übersetzung, mit Zusätzen, hrsg, von Dr, Karl Schuls, Jena, H. Dufft, 1875.

Muther, Theodor, Romisches und kanonisches Recht im deutschen Mittelater, Rostock, E. Kuhn, 1871.

Niehues, Kaiserthun und Papstthun im Mittelater, 1863.

Richter, Beitrage zur kenn niss der Quellen des kanonischen Rechts, 1834.

Riffel, Geschichtliche Darstellung der Verhaltnisse zwisvhen Kirche und Staat, 1836.

Schaeffner, Wilhelm, Das romische Recht in Deutschland während des zwölften und dreizchnten Jahrhunderts, Erlangen, T. Blaesing, 1859.

Schmidt, Reception des romischen Rechts in Deutscheland, 1868.

Schulte, J. F. von, Die Geschichte der Quellen und Literatur des canonischen Rechts von Gratean bis auf die Gegenwart, Stuttgart, F. Enke, 1875-80, 3 vols. in 4.

Scrutton, Sir Thomas Edward, The Influence of the Roman Law on the Law of England, Cambridge, Univ. Press, 1885.

Stintzing, Roderich, Das Sprichwort "Juristen böse Christen" in seinen geschichtlichen Bedeutungen, Bonn. A. Marcus, 1875.

Stolzer, Entwickelung des gelehrten G. Ritterthumms, 1872.

Tardiff, A. F. L., Histoire des sources du droit canonique, Paris, A. Picard. 1887.

（註）本書參考資料中所引用 Brunner 與 Pollock and Maitland 諸氏著作，及大陸法律史彙書第一册歐洲法律史概觀各節頗爲重要，特別希望讀者與本書參照讀之。

敬啟

『民國專題史』叢書，乃民國時期出版的著名學者、專家在某一專題領域的學術成果。所收圖書絕大部分著作權已進入公有領域，但仍有極少圖書著作權還在保護期內，需按相關要求支付著作權人或繼承人報酬。因未能全部聯系到相關著作權人，請見到此説明者及時與河南人民出版社聯系。

聯系人 楊光

聯系電話 0371-65788063

2016年3月28日